刘乃忠　崔学森 主编

中国近代法制史料

崔学森　吴　迪 编

第九册

中华书局

目　　录

第七编　税法、专卖

国税法

国税征收法

（康德三年五月二十八日敕令第七三号）

修正　康德四年六月敕令第一四一号、八月第二三二号、五年四月第六〇号

朕依《组织法》第四十一条，经咨询参议府，裁可《国税征收法》，著即公布。

（国务总理、财政部、司法部、民政部、蒙政部大臣副署）

第一章　总则
第一节　通则

第一条　国税之征收依本法。但关于关税及吨税之征收并其他法律有特别规定事项，不在此限。

第二条　本法称国税征收官者，谓依法令有征收国税权限官署之长官；称税务官吏者，谓该官署所属之官吏。

第三条　国税之纳税义务，在左列时期确定。

一、地税及矿区税，在纳期开始时；

二、前款以外之国税，在课税标准决定时。

第四条　关于期间之计算，除本法另有规定者外，依民法之规定。

第二节　国税之先取权

第五条　国税并因其滞纳所生之督促手续费、延滞金及滞纳处分费，优先于其他公课及债权征收之。

第六条　国税并因其滞纳所生之督促手续费、延滞金及滞纳处分费之征收，依左列次序。

一、滞纳处分费；

二、督促手续费;

三、延滞金;

四、国税。

于前项情形,滞纳中之国税有二件以上时,如缴纳期限相异者,则由缴纳期限在先者顺次征收各征收金;如缴纳期限相同者,则按各征收金额之比例征收之。

第七条　为国税之担保所提供财产之出卖所得之金额,不拘前条第二项之规定,先抵充该国税,并其督促手续费、延滞金及滞纳处分费。

前项之规定,关于为国税之担保所提供之金钱准用之。

第八条　国税并因其滞纳所生之督促手续费、延滞金及滞纳处分费,由为征收其他国税、督促手续费、延滞金或滞纳处分费所开始之滞纳处分所得之金额中征收时,不拘第六条第二项之规定,先取滞纳处分所需之滞纳处分费。

第九条　国税并其督促手续费、延滞金及滞纳处分费,由因其他公课之滞纳所开始之滞纳处分所得之金额中征收时,对于为其滞纳处分所需之滞纳处分费,不适用第五条之规定。

第十条　国税并其督促手续费、延滞金及滞纳处分费,由因强制执行、拍卖或破产程序所得之金额中征收时,对于其强制执行、拍卖或破产程序所需之费用,不适用第五条之规定。

第十一条　国税并因其滞纳所生之督促手续费、延滞金及滞纳处分费,由其国税之纳税义务确定前设定之质权或抵押权之标的财产出卖所得之金额中征收时,不拘第五条之规定。该国税并其督促手续费、延滞金及滞纳处分费,对于依其质权或抵押权被担保之债权,不先取之。但其出卖,如依滞纳处分经执行者,其滞纳处分费不在此限。前项之规定对于该财产赋课之国税并因其滞纳所生之督促手续费、延滞金及滞纳处分费之征收,不适用之。

第十二条　国税并因其滞纳所生之督促手续费、延滞金及滞纳处分费,由质权或抵押权之标的财产出卖所得之金额中征收时,不拘第五条之规定,与延滞金相当金额之国税,对于依其质权或抵押权被担保之债权不先取之。

前条第二项之规定,于前项情形准用之。

第十三条　第十一条第一项或第十二条第一项所规定之债权金

额，定为对于该质权或抵押权之标的财产因国税或其他公课滞纳处分之查封、强制执行、或拍卖之开始、或破产宣告之日之原本金额、利息及其他附带债权金额之总额。

第十四条 第十一条第一项或第十二条第一项所规定之债权，有左列各款情形之一者，依左列规定算定其金额，但不得超过债权人之要求额。

一、附有期限之债权而对于其担保之质权或抵押权之标的财产，因国税或其他公课滞纳处分之查封、强制执行、或拍卖之开始、或破产宣告之日未到清偿日期者，视为当日已到清偿日期，对于不约定清偿日期之债权或清偿日期不确定之债权亦同；

二、未到约定清偿日期之债权之利息，对于依前款之规定视为清偿日期之日止之份计算之；

三、债权之利息，其约定利率超过法定之限制利率者，依法定之限制利率计算之；

四、债权担保之质权或抵押权系为根抵押时之债权金额，于依第一款之规定视为清偿日期之日，其现在额超过国税纳税义务确定前一日之现在额时，则为其纳税义务确定前一日之现在额；

五、未到约定清偿日期之无利息债权由其债权金额扣除，自依第一款之规定视为清偿日期之日之翌日起，截至其约定清偿日期止之期间相当之法定利息而计算之；

六、金额及存续期间确定之为定期金之债权，而依第一款之规定视为清偿日期之日之翌日以后应受给付者，为由其各定期金，准照前款之规定扣除法定利息而所得金额之总额。但其总额如超过依法定利率能生相当于定期金之利息之原本金额时，为其原本金额；

七、金额确定而存续期间不定或不确定之为定期金之债权，而依第一款之规定视为清偿日期之日之翌日以后应受给付者，自依第一款之规定视为清偿日期之日起管以五年，视为其存续期间，准照前款之规定计算之；

八、附有条件之债权，其条件于依第一款之规定视为清偿日期之日，则视为已成就者。

第十五条 第十一条第一项或第十二条第一项所规定之债权标的为金钱以外，或以外国通货订定时，以依前条第一款之规定视为清偿日期之日之时价为基础之评价额为其债权金额。

第十六条　持有第十一条第一项所规定之债权者欲行使其权利时,应对于滞纳处分、强制执行、拍卖或破产程序之执行机关以书状为其主张。

前项之书状应添附证明其质权或抵押权之设定系在国税之纳税义务确定前之公证证书。但对于持有登记或登录之质权或抵押权者,不在此限。

前二项之规定对于持有第十二条第一项所规定之债权者行使其权利时,准用之。

第十七条　第十一条第一项或第十二条第一项所规定之债权,而于对于为该质权或抵押权之标的财产已有因国税或其他公课滞纳处分之查封、强制执行、或拍卖之开始、或破产之宣告之日消灭时效之期间已满者,债权人如不证明消灭时效未完成者,视为已消灭。

第十八条　《民法》第一百四十五条之规定,关于第十一条第一项及第十二条第一项规定之适用不适用之。

第三节　缴纳义务之连带负担

第十九条　有左列各款情形之一之纳税人,对于该国税并其督促手续费、延滞金及滞纳处分费,连带负其缴纳义务。

一、对于共有财产有缴纳国税义务之各共有人;

二、对于公同共有物有缴纳国税义务之各公同共有权人;

三、对于共同事业有缴纳国税义务之各人。

第二十条　数人连带负担国税并其督促手续费、延滞金及滞纳处分费缴纳义务时,对于其中一人,政府依本法所为之手续对于其他全员发生效力。

第二十一条　以法人之财产不能缴足其应缴纳之国税并其督促手续费、延滞金及滞纳处分费时,该法人之各无限责任股东连带负其缴纳义务。

前项之规定对于在法人负担国税并其督促手续费、延滞金及滞纳处分费之缴纳义务后入股或退股之无限责任股东,亦适用之。

第四节　缴纳义务之承继

第二十二条　于开始继承时,对于被继承人缴纳义务已确定之国税并其督促手续费、延滞金及滞纳处分费尚有未纳者,则向其继承人或继承财产征收之。

对于已为限定继承之继承人，以因继承所得财产为限度适用前项之规定。

依前二项规定之继承人之义务，其继承人有数人时，则为各继承人之连带。

第二十三条 于前条情形，继承人之有无不明时，政府依本法对于继承人应为之手续，应对于继承财产之管理人为之。

于前项情形，无继承财产之管理人且亲属会议不选任遗产管理人时，国税征收官得向管辖继承开始地之法院请求选任遗产管理人。

第二十四条 法人合并时，于其合并前对因合并而消灭之法人纳税义务已确定之国税并其督促手续费、延滞金及滞纳处分费尚有未纳者，则向合并后存续之法人或因合并而设立之法人征收之。

第二十五条 政府依本法对于被承继人所为之手续，在第二十二条或前条规定之适用上，对于其承继人亦发生其效力。

第二十六条 法人解散时，不缴纳该法人应缴纳之国税并其督促手续费、延滞金及滞纳处分费而已分配残余财产时，各清算人以该财产为限度连带负其缴纳义务。

第五节 纳税管理人

第二十七条 纳税人在国税征收官署之管辖区域内无住所、居所、营业场或事务所时，为使办理关于纳税事项，应定在该管辖区域内有住所或居所之纳税管理人，并将其姓名及住所或居所申报于国税征收官。变更纳税管理人时亦同。

前项之申报应以与纳税管理人连带签名之书状为之。

第二十八条 国税征收官认为纳税管理人不适任时，得对于纳税人指定期限，命其变更。

受前项命令之纳税人于指定期限以前不为纳税管理人变更之申报时，在本法之适用上，视为无纳税管理人。

第二十九条 纳税管理人变更其姓名、住所或居所时，应以书状申报于国税征收官。

第六节 文件

第三十条 依本法税务官吏作成之文件，倘需非公务员者之签名盖印而本人不能签名时，应令他人代书其姓名；不能盖印时，令其画押或按指印。

依前项之规定为代书者,应记载其理由并签名盖印。

于第一项情形无可令代书者时,得由作成该文件之税务官吏为前二项之手续。

在第一项文件签名盖印者如已拒绝时,作成该文件之税务官吏应附记其意旨并签名盖印。

第三十一条　依本法国税征收官或税务官吏作成之文件,其文字不准改窜涂抹。如有填写或删除,或在栏外添记时,应记载其字数并由该作成官吏盖印。其删除部分应留存可读之字迹。

第三十二条　依本法应作成文件之缮本,依原本作成而标示其缮本之作成年月日及所属官署并由作成官吏签名盖印。

第七节　送达

第三十三条　依本法之文件送达,除该官吏自为外,依差役或邮政。

第三十四条　有纳税管理人时,纳税告知书及督促状送达于该纳税管理人。

第三十五条　送达于受信人之住所、居所、营业场或事务所为之。

送达于受信人于帝国内无住所、居所、营业场或事务所或其有无不明时,亦得于会晤本人之处所为之。受信人于帝国内虽有住所、居所、营业场或事务所者,如不拒绝,受送达时亦同。

第三十六条　纳税人于帝国内无住所、居所、营业场或事务所或其有无不明时,如有纳税管理人,虽系纳税告知书及督促状以外之文件,送达于该纳税管理人。

第三十七条　于应为送达之处所不获会晤受信任时,得对于其家属、事务员、雇人或同居人而有足辨别事理之智能者交付文件而为送达。

第三十八条　受信人或前条所规定之人,如无正当事由而拒绝收领时,得将文件置于应为送达之处所而为送达。

第三十九条　依有左列各款情形之一之事由不能送达文件时,得为公示送达。

一、受信人于帝国内无住所、居所、营业场或事务所时;

二、受信人之住所、居所、营业场及事务所不明时。

第四十条　公示送达应于该国税征收官署之揭示处揭示应送达文件之全文或其要旨而为之。

除前项规定外，国税征收官认为有必要时，得将公示送达事项揭示前项以外之处所或于政府公报、新闻纸或其他刊行物揭载之。

第四十一条　公示送达自揭示之日起算，经过七日发生其效力。但就同一件事情在其后应送达文件之公示送达，于揭示日之翌日发生其效力。

第二章　征收
第一节　纳税告知

第四十二条　国税征收官征收国税时，对于纳税人应以记载缴纳金额、缴纳期限及缴纳处所之纳税告知书告知之。

第四十三条　应令即纳国税于收纳官吏时，得不拘前条之规定，以言词告知书。

第四十四条　向纳税保证人征收国税时，应以准照第四十二条规定之纳税告知书之书状通知之。

第四十五条　国税征收官告知缴纳国税之后，于缴纳前将赋课撤销或减额时，应速以书状通知于纳税人。对于已为前条通知之纳税保证人亦同。

第二节　纳期变更

第四十六条　纳税义务已确定之国税，虽未到纳期，纳税人声请缴纳时，得征收之。

第四十七条　纳税人有左列各款情形之一事由时，纳税义务已确定之国税虽未到纳期，得提前缴纳期限征收之。

一、因滞纳国税受滞纳处分时；

二、因滞纳国税并其督促手续费、延滞金及滞纳处分费以外之公课受滞纳处分时；

三、受强制执行时；

四、拍卖开始时；

五、受破产之宣告时；

六、为法人者解散时，但不为清算之解散除外；

七、继承人为限定继承时；

八、认为有图谋偷漏国税之所为时。

第四十八条　国税征收官因滞纳国税开始滞纳处分时,应以书状将滞纳人之姓名或名称及住所、为滞纳处分标的之财产并其日期,通知于其他国税征收官。

因滞纳国税并其督促手续费、延滞金及滞纳处分费以外之公课执行滞纳处分时,该执行机关应准照前项之规定,向管辖该机关管辖区域之国税征收官通知之。

已有强制执行或拍卖之开始、破产之宣告或限定继承之呈报时,法院应以书状将左列事项及其日期通知于国税征收官。

一、强制执行或拍卖开始时,被执行人之姓名或名称及住所并为其标的之财产;

二、宣告破产时,破产人之姓名或名称及住所并破产管财人;

三、已有限定继承之呈报时,被继承人及继承人之姓名及住所并其继承财产。

受理声请法人解散登记之登记官署,应以书状通知于国税征收官。

第四十九条　依前条之规定通知之事项发生异动时,该机关应随时以书状通知于国税征收官。

第五十条　纳税人遇有罹非常之灾害,得依法律之规定请求减免应缴纳国税之事由者,国税征收官认为有必要时,关于减免之处分完结以前,虽已到缴纳期限者,得缓征之。

第三节　督促

第五十一条　受纳税告知之纳税人经过缴纳期限未缴纳国税时,国税征收官应以指定期限之督促状督促其缴纳。但依第四十七条或其他法律之规定提前缴纳期限征收国税时,不在此限。

第五十二条　为督促时,督促状每份征收督促手续费一角。

第五十三条　受督促之纳税人至指定期限未缴纳国税时,照自缴纳期限之翌日起算,截至其缴纳或查封财产之前一日止之日数,国税额每一百圆一日,按五分之比率计算延滞金征收之。但滞纳系可酌量情节者不在此限。

第四节　缴纳

第五十四条　国税应按纳税告知每一件一次缴纳其全额,因滞纳国税所生之督促手续费、延滞金及滞纳处分费,应与该国税一次缴纳其全部。

纳税人受国税征收官之承认时，得不拘前二项之规定，分割缴纳国税、督促手续费、延滞金或滞纳处分费。

第五十五条　由纳税人以外者声请缴纳国税或其督促手续费、延滞金或滞纳处分费时，得征收之。

于前项情形，已征收之国税或其督促手续费、延滞金或滞纳处分费，视为纳税人所缴纳者。

第五十六条　收纳机关收纳国税或其督促手续费、延滞金或滞纳处分费时，应对于其缴纳人交付收据。

第五十七条　国税之过纳金额以不违背纳税人之意思为限，得抵充其后之纳期应征收之国税。但有左列各款情形之一时不在此限。

一、过纳之国税与其后之纳期应征收之国税其税目相异时；

二、过纳之国税与其后之纳期应征收之国税其赋课年份相异时；

三、过纳国税之会计年度与以其过纳金应抵充之会计年度相异时；

四、征收过纳国税之国税征收官署与以其过纳金应抵充之国税之国税征收官署相异时。

第三章　滞纳处分
第一节　通则

第五十八条　有左列各款情形之一时，由管辖滞纳人财产所在地之国税征收官查封其财产，执行滞纳处分。

一、纳税人受督促，至指定期限尚未缴纳国税并其督促手续费及延滞金时；

二、依第四十七条或其他法律之规定，对于未到纳期之国税，受纳税告知之纳税人滞纳时；

三、依第四十四条之规定受纳税通知之纳税保证人，至指定期限未缴纳该国税时。

第五十九条　为滞纳处分标的之财产如系第三人为滞纳人所提供国税之纳税担保物时，政府关于其滞纳处分依本法对纳税人应为之手续，对于第三人亦应为之。

前项之第三人在本法之适用上，有与滞纳人同一之权利。

第六十条　为滞纳处分标的之财产系共有或公同共有者时，应就滞纳人之应有部份执行滞纳处分。其应有部份不定或不明者，作为应有部份相等而处分之。

第六十一条　为滞纳处分标的之总财产之出卖估计价格,如抵充滞纳处分费后再无生剩余之预计时,不得执行滞纳处分。为滞纳处分标的之财产为第十一条第一项所规定之债权担保之财产时,其出卖估计价格抵充滞纳处分费及该债权金额后再无生剩余之预计时,亦同。

第六十二条　为滞纳处分查封财产时,国税征收官对于明知之质权人或抵押权人及持有该财产上经登记或登录之其他之权利者,应以书状通知左列事项。

一、查封财产;

二、滞纳人之姓名或名称及住所或居所;

三、为滞纳处分原因之国税并其督促手续费、延滞金及滞纳处分费之金额、该国税之纳税义务确定期及缴纳期限;

四、除前各款外,国税征收官认为有必要之事项。

第六十三条　国税征收官就查封财产、解除查封或决定或变更出卖日期时,应速将其意旨以书状通知于前条所规定之权利人。

第六十四条　为滞纳处分查封之财产,不得作为他项之滞纳处分再为查封。

第六十五条　破产之宣告不妨续行在其宣告前已开始之滞纳处分。

第六十六条　民事诉讼之假扣押或假处分,不妨滞纳处分之执行。

第六十七条　为滞纳处分查封已受民事诉讼之假扣押或假处分之财产时,应将其意旨通知于该执行机关。

第六十八条　因拍卖之声明或强制执行经查封之财产,不得执行滞纳处分。

为滞纳处分经查封之财产,不得为拍卖或强制执行之声明。

第六十九条　就为滞纳处分经查封之财产,第三人欲主张其所有权请求解除查封时,应释明其事实,声明于国税征收官。

国税征收官受前项之声明时,应对于该财产之滞纳处分停止执行。

第七十条　国税征收官认为前条声明有理由时,应解除其查封;认为无理由时,对于声明人通知之。

第七十一条　受前条通知之声明人,自受通知之日起算,十五日以内不证明对于滞纳人就该财产已提起诉讼时,仍续行滞纳处分。

第七十二条　提起前条之诉讼者,受胜诉之判决而证明其判决已确定时,国税征收官应解除对于该财产之查封。

第七十三条　纳税人为避免滞纳处分之执行,预知致不能缴足国税并其督促手续费、延滞金及滞纳处分费,为关于财产权之法律行为时,国税征收官得对于因该法律行为得利益之相对人或转得人,以诉请求撤销该法律行为。但因该法律行为得利益之相对人或转得人,于该行为或转得当时,不知纳税人因此致不能缴足国税并其督促手续费、延滞金及滞纳处分费之事实时,不在此限。

第七十四条　纳税人所为之法律行为有左列各款情形之一者,以该纳税人之财产不能完征国税并其督促手续费、延滞金及滞纳处分费时,视为有前条规定之行为。于此情形之该法律行为之相对人,不得因不知其情事而对抗政府。

一、于纳税义务确定后所为之财产之无偿让与或与此可同视之有偿让与;

二、对于被继承人纳税义务已确定之国税并其督促手续费、延滞金及滞纳处分费缴纳前所为之遗赠之清偿;

三、于纳税义务确定后所为之债务之清偿或财产之让与而以其家长或家属为相对人者。

第七十五条　前二条之规定因纳税人之滞纳应受滞纳处分者,就该财产所为之法律行为,及就继承财产,继承财产管理人或遗嘱执行人所为之法律行为,亦适用之。

第七十六条　有左列各款情形之一时,国税征收官应即时停止滞纳处分之执行并解除财产之查封。

一、滞纳人于该财产之出卖决定前,缴足国税并其督促手续费、延滞金及滞纳处分费时;

二、依交付要求得征收国税并其督促手续费、延滞金及滞纳处分费之全额时;

三、国税并其督促手续费、延滞金及滞纳处分费之征收原因消灭时;

四、撤销纳税告知或督促时;

五、已查封之财产系依本法禁止查封者时;

六、已查封之财产因价格之低落而抵充对于该财产之滞纳处分费后,再无生剩余之预计时;

七、查封第十一条第一项所规定债权之担保财产时,因其价格之低落而抵充对于该财产之滞纳处分费及该债权金额后,再无生剩余之预计时;

八、判明查封财产不属于滞纳人之权利时。

第七十七条　以由查封财产收取之孳息或查封之数个财产中之一个或数个财产之出卖价金,得征收国税并其督促手续费、延滞金及滞纳处分费时,国税征收官应即时解除对于该原本财产或未出卖部份财产之查封。

第七十八条　滞纳处分费为关于财产之查封、保管、搬运、出卖之费用及关于滞纳处分文件之送达费用。

有第七十六条第四款、第五款或第八款之规定情形时,滞纳处分费不征收之。

第七十九条　关于滞纳处分,国税征收官所嘱托之登记或登录,无须缴纳登记费或登录税等之公课。

第八十条　国税征收官关于滞纳处分对于官公署要求登记簿或其他账簿记录之缮本时,无须缴纳其手续费。

第八十一条　税务官吏为执行滞纳处分有必要时,得要求警察官吏或军队之援助。

第二节　查封

第一款　通则

第八十二条　税务官吏为滞纳处分为查封或搜索时,应携带证明其资格之证票。

税务官吏不出示前项证票时,受处分者得拒绝其执行。

第八十三条　税务官吏为查封滞纳人之财产有必要时,得搜索滞纳人或第三人之房屋、船舶、仓库或其他处所,或令其开封闭之户扉、筐匣或自开之。

为前项之搜索,自日出至日入之间为限。但在日入前开始搜索,在日入后仍有继续执行之必要、在应受搜索者之营业时间内、有急迫情形或经应受搜索者之承诺时,不在此限。

第八十四条　税务官吏为前条之搜索有必要时,于处分中得对于在场者命其退出,或禁止任何人进入或退出该处所。

第八十五条　税务官吏为第八十三条之处分时,应令滞纳人(如系法人，则其代表人）或第三人或其家属、事务员、雇人或同居人而有足辨别事理之智能者在场，如应在场者不在或不允在场时，应令邻佑之成年人二人以上或该地方之警察官吏或其他官公吏在场。

第八十六条　税务官吏当执行滞纳处分，如为知悉应查封之财产或其数额有必要时，对于认为与滞纳人有交易关系者，得要求提示与其交易有关系之账簿文件或得对该人为质问。

受要求提示依前项之账簿文件者，如不应诺而为发见上有必要时，税务官吏得准照第八十二条至前条所规定搜索之。

第八十七条　税务官吏当查封财产有必要时，得领置证明其财产之存在或数额之账簿文件。

依前项之规定领置账簿文件时，应作成领置证交付于该持有人。

依第一项之规定领置之账簿文件已至无其必要时，应速发还于领置当时之持有人。

第八十二条至第八十五条之规定，依第一项之规定领置账簿文件时准用之。

第八十八条　左列财产不得查封之。

一、滞纳人及其家属生活上不可缺之衣服、寝具、家具及厨具；

二、滞纳人及其家属必需之三个月间食物及薪炭或购买此项必需之金钱；

三、交易或事务上必需之印章；

四、祭祀礼拜必需之物；

五、滞纳人或其家属之丧葬必需之物；

六、家谱或其他滞纳人家中必需之账簿文件；

七、职务上必需之制服、祭服及法衣；

八、勋章或其他名誉之章状；

九、滞纳人及其家属研修上必需之书籍及器具；

十、发明考案或著作物而未经公表者；

十一、农业上必需之器具、锤子及肥料并家畜及其饲料；

十二、滞纳人因第三人之慈惠所受之继续收入；

十三、法律上之养赡费。

第八十九条　职业上必需之器具及材料，如由滞纳人提供足偿国税并其督促手续费、延滞金及滞纳处分费之他项物件时，不为查封之。

第九十条　税务官吏查封财产时,应作成记载左列事项之查封调书并签名盖印。

一、滞纳人之姓名或名称及住所或居所;

二、查封财产;

三、查封之事由;

四、查封之时及处所;

五、作成之处所及年月日。

第九十一条　税务官吏作成查封调书时,应将其缮本送达于滞纳人、查封当时之动产之占有人及在场人。但于查封债权时不在此限。

第九十二条　税务官吏为查封财产已为第八十三条之搜索时,应作成记载左列事项之搜索调书并签名盖印。依第八十六条第二项或第八十七条第四项之规定搜索时亦同。

一、受搜索者之姓名或名称及住所或居所;

二、搜索之时及处所;

三、搜索之事由;

四、搜索时在场者之姓名及住所或居所;

五、作成之处所及年月日。

搜索调书应向搜索时之在场者朗诵或令其阅览并签名盖印。

受搜索者得对于税务官吏请求交付搜索调书之缮本。

第二款　动产之查封

第九十三条　动产之查封由税务官吏占有而为之。

质权人或留置权人不得拒绝对于该质权或留置权标的动产之前项查封。

查封之动产搬运困难时,得不拘第一项之规定,令查封当时之占有人或第三人保管之。

于前项情形,应以封印或其他方法标明其为查封物件,并向保管人征取保管证。

第九十四条　土地之孳息虽未离土地以前得作为动产查封之。但非在普通成熟期前一个月以内,不得为之。

第九十五条　有价证券之查封按照本款之规定为之。

第九十六条　对于动产查封之效力,及于查封后由该动产可收得之天然及法定之孳息。

记名有价证券之法定孳息之查封，不拘前项之规定，应依债权查封之手续。

第三款　不动产之查封

第九十七条　不动产之查封，税务官吏依左列各款方法之一为之。

一、查封之标示；

二、封闭；

三、证明所有权之证书之占有。

第九十八条　查封不动产时，国税征收官应嘱托其登记。对于其涂消或变更亦同。

前项之不动产未经登记时，应与前项之嘱托一并嘱托所有权保存之登记。于此情形，应于登记嘱托书添附证明所有权之文件。

第九十九条　为查封须将不动产分割或区分时，国税征收官应分割或区分而嘱托其登记。对于其合并或变更亦同。

第一百条　国税征收官为嘱托查封登记有必要时，得代金〔登〕记名义人或其承继人嘱托不动产，或登记名义人之标示变更，或因继承或法人合并之权利取得之登记。

第一百〇一条　关于依前二条规定之登记之嘱托，无须添附不动产登记簿上有利害关系者之承诺书。

第一百〇二条　登记官署基于嘱托完结登记书，应速通知于国税征收官。

第四款　船舶之查封

第一百〇三条　船舶之查封，由管辖其停泊地之国税征收官署之税务官吏系留船舶、占有其国籍证书或通行证书，且为航行禁止之命令而为之。

前项航行禁止之命令，应由税务官吏送达书状于船长而为之。

第一百〇四条　第九十八条及第一百条至第一百〇二条之规定，于船舶之查封准用之。

第一百〇五条　船舶虽在滞纳处分执行中，不妨由国税征收官允许其航行。

第一百〇六条　第一百〇三条及前条之规定，就外国船舶之查封准用之。

第五款　债权之查封

第一百〇七条　债权之查封,〈由〉管辖债务人居住地之国税征收官对于滞纳人禁止处分该债权或受该债权之清偿,并对于债务人禁止清偿于滞纳人而为之。

前项之禁止,应送达记载其意旨之查封通知书为之。

债权之查封,依对于债务人之查封通知书之送达发生其效力。

第一百〇八条　依前条之规定查封时,政府以为滞纳处分原因之国税并其督促手续费、延滞金及滞纳处分费为限度,代位滞纳人。

国税征收官于前项情形,如有行使就该债权设定之经登记或登录之担保权必要时,应嘱托代位之登记或登录。依前项规定之代位登记或登录至无代位之必要时,应嘱托其涂消之登记或登录。

第一百〇九条　因法令之规定或契约应继续收入之债权,其查封之效力以国税并其督促手续费、延滞金及滞纳处分费为限度,及于查封后应收入之金额。对于查封后收入之增加额亦同。

第一百一十条　俸给或其他职务上收入之查封,对于因滞纳人之调任、兼任或增俸之收入亦发生其效力。

第六款　债权及所有权以外之财产权之查封

第一百一十一条　债权及所有权以外之财产权之查封,由国税征收官将查封调书之缮本送达于滞纳人而为之。

第一百一十二条　第九十八条第一项及第一百条至第一百〇二条之规定,对于债权及所有权以外之财产权之查封准用之。

第三节　查封财产之变价

第一款　通则

第一百一十三条　查封财产(包含因债权之查封受债务人给付之物件,以下同)除通货外,出卖之。

第一百一十四条　未离土地以前查封之孳息,应于成熟后出卖之。于此情形有必要时,国税征收官得收获其孳息出卖之。

第一百一十五条　查封财产之出卖,应依左列各款方法之一为之。

一、公买;

二、随意契约;

三、政府收买。

第一百一十六条　国税征收官欲出卖查封财产时,应决定其出卖估计价格。

于前项之情形有必要时,得选鉴定人令其评价。

第一百一十七条　国税征收官欲出卖查封财产时,应将应出卖之财产并出卖之日期、处所及方法以书状通知于滞纳人。欲变更其通知之事项时亦同。

第一百一十八条　依出卖查封财产中之一个或数个财产至有得征收国税并其督促手续费、延滞金及滞纳处分费之预计时,虽在出卖手续之进行中,应停止其他财产之出卖手续。

依前项之规定应停止出卖手续之财产,由执行出卖官吏决定之。

第一百一十九条　服务于国税征收官署者,不得买受该官署出卖之查封财产。

第一百二十条　国税征收官决定出卖查封财产时,应对于其买收要约人通知之。

受前项通知之买受人应于所定期限以前,以买受价金缴纳书缴纳价金。

第一百二十一条　查封财产上所存之一切担保权及查封后设定之一切权利,因出卖而消灭。

第一百二十二条　卖出之财产如系有令原权利人对于其买受人为关于权利移转之登记或登录手续之必要者,则国税征收官应对于原权利人指定期限命其为该手续。

原权利人不为前项之手续,由买受人预纳其手续所需之费用而请求时,应由国税征收官添附证明其原因之书状而嘱托该登记或登录。

第七十九条之规定于前项情形不适用之。

第一百二十三条　接受因滞纳处分之权利移转之登记或登录之声请或嘱托之登记官署,应登记或登录其权利之移转,并涂消因滞纳处分之查封登记或登录,且遇有以该财产为标的之第一百二十一条所规定权利之登记或登录时,应涂消之。

第一百二十四条　登记官署已完结前条之登记或登录时,应将其登记簿或登录簿之缮本送付于国税征收官。

国税征收官接受登记官署送付之登记簿或登录簿之缮本时,应即交付于买受人。

第二款　公卖

第一百二十五条　公卖依投标或拍卖之方法。

第一百二十六条　为公卖时,国税征收官认为有必要时,应征收加入保证金或契约保证金。

前项之保证金得以国债代之。

加入保证金为各买受希望人之买受要约价格之百分之五以上,契约保证金为买受价格之百分之十以上,于每次公卖由国税征收官宜定之。

加入保证金向中标人或拍定人征收者,于缴纳买受价金或提供契约保证金时发还之;向其他之人征收者,于确定为非中标人或非拍定人时发还之。契约保证金于缴纳买受价金时发还之。

中标人或拍定人或买受人不履行其义务时,其保证金归属于国库。

第一百二十七条　公卖应于查封财产所在之处所为之。但国税征收官认为有必要时,不妨于其他处所为之。

第一百二十八条　欲为公卖时,应将记载左列事项之公告书揭示于国税征收官署之揭示处而公告之。

一、滞纳人之姓名或名称及住所、居所、营业场或事务所;

二、应公卖之查封财产;

三、公卖之方法、处所及日时;

四、公卖条件;

五、征收保证金时则其标准;

六、价金缴纳之期限;

七、公告之年月日;

八、除前各款所载者外,国税征收官认为有必要之事项。

第四十条第二项之规定,于前项之公告准用之。

第一百二十九条　公卖应自公告之日起算,经过十日期间后执行之。但该物件如需不相应之保存费或其价格有显著灭损之虞时,不妨缩短其期间。

第一百三十条　为公卖时,应将查封财产之出卖估计价格作为封缄文书,置于公卖处所。

前项之出卖估计价格书,在标单全部开标完了时,或为高呼最高价拍买要约价格时,应由税务官吏开拆之。但对于投标人或拍买要约人不得开示之。

第一百三十一条　为投标时,买受希望人应将记载其姓名或名称,住所或居所,买受查封财产之种类、件数及投标价格之标单,作为封缄文书提出之。

第一百三十二条　开标应由税务官吏公开为之。并应将各标单所记载之投标价格宣读之。

以达于出卖估计价格之最高价投标人为中标人。

投标未达于估计价格时,得立即令其于该处所为再度之投标。

第一百三十三条　如有应为中标之同价投标人二人以上时,令该同价投标人再为增价投标以定中标人。其投标价格仍相同时,以抽签定中标人。

第一百三十四条　以拍卖之方法公卖查封财产时,得选拍卖办理人令其办理之。

第一百三十五条　拍卖以告知其条件、指定拍卖物件、促使拍买之要约为开始,而以告知拍定于其远于出卖估计价格最高价之要约者为终了。

最高价要约价格将其价格高呼三次后决定之。

第一百三十六条　如有应为拍定之同价要约人二人以上时,令其同价之拍买要约人再为增价要约以定拍定人。其要约价格仍相同时,以抽签定拍定人。

第一百三十七条　第一百三十二条第三项之规定,于拍卖时准用之。

第一百三十八条　公卖查封财产之买受人,于至所定期限不缴足价金时,国税征收官应解除其公卖再供公卖。

第一百三十九条　查封财产已供公卖,如无买受希望人时、其买受要约价格未达于出卖估计价格时、或中标人或拍定人不提供契约保证金时,应定日期而供再公卖。

于前项情形,不妨变更出卖估计价格。

第一百四十条　依前二条之规定为公卖时,不妨缩短第一百二十九条之期间。

第一百四十一条　执行公卖之税务官吏,应作成记载左列事项之公卖调书并签名盖印。

一、滞纳人之姓名或名称及住所或居所;

二、公卖之查封财产;

三、公卖之方法,处所及日时;

四、公卖条件；

五、拍卖办理人之姓名及住所或居所；

六、买受人之姓名或名称及住所或居所并买受价格；

七、公卖不成立或停止之理由；

八、保证金之受入及付还；

九、出卖价金之受入；

十、公卖终结之日时；

十一、作成之年月日。

由拍卖办理人执行拍卖时，应令其在公卖调书签名盖印。

第三款　随意契约

第一百四十二条　查封财产有左列各款情形之一时，得依随意契约出卖之。

一、非依随意契约以出卖价金抵充滞纳处分费后，再无生剩余之预计时；

二、第十一条第一项所规定债权之担保财产，非依随意契约以该财产之出卖价金抵充滞纳处分费及该债权金额后，再无生剩余之预计时；

三、易于腐败、变质或减量者，非速为出卖其出卖价格有减少之虞时；

四、有公定价格者或得上交易市场之国债或其他之有价证券；

五、供再公卖仍无买受希望人时，或其买受要约价格未达于估计价格时；

六、供再公卖受为中标人或拍定人之告知者，不提供契约保证金时，或买受人不缴足价金时。

第一百四十三条　欲以随意契约出卖查封财产时，务必向二人以上之买受希望人征取价格估计书，对于提出达于出卖估计价格之最高价格估计者，应告知其意旨而出卖之。但买受希望人之估计价格未达于出卖估计价格时，告知其意旨，再征取价格估计书。

达于出卖估计价格之同价估计人有二人以上时，令其同价估计人提出增价估计书以定买受人。其估计价格仍相同时，以抽签定买受人。

第四款　政府收买

第一百四十四条　查封财产依公卖或随意契约不能出卖时，政府得收买之。

第一百四十五条　依前条之规定由政府收买查封财产之价格，为出卖估计价格之范围内。

第四节　分配

第一百四十六条　查封财产之出卖价金、查封通货及因查封债权所得之通货抵充滞纳处分费、督促手续费、延滞金及国税并其他公课及债权之清偿后尚有剩余时，应交付于滞纳人。

第一百四十七条　欲受依前条之规定债权之清偿者，自查封财产之出卖、通货之查封或因查封债权之通货取得之日起算二星期以内，应将记载其原本金额及利息或其他附带债权金额之请求书提出于国税征收官。

第一百四十八条　经过前条之期间时，国税征收官应作成记载左列事项之分配表。

一、滞纳人之姓名或名称及住所或居所；

二、查封财产之出卖价金、查封之通货及因查封债权所得之通货；

三、加入分配之国税并其督促手续费、延滞金及滞纳处分费；

四、加入分配之国税并其督促手续费、延滞金或滞纳处分费以外之公课或债权，并其征收机关或债权人之姓名或名称及住所或居所；

五、分配之金额。

分配之金额对于有优先权者，应按其次序记载之。

第一百四十九条　虽在第一百四十七条之期间内不请求清偿之债权，其依滞纳处分标的之财产上经登记或登录之质权或抵押权被担保者，应于其登记债权金额之范围内记载于分配表。

第一百五十条　国税征收官作成分配表时，为对于滞纳人、质权人、抵押权人及为第一百四十七条请求之债权人，听其关于分配表之陈述及实施分配应指定日期送达传票。但对于所在不明或于帝国内无住所、居所、营业场或事务所者不在此限。

传票应添附分配表之缮本。

第一项日期之指定应自发送传票之日起算，为十日以后。

第一百五十一条　分配表应与分配日期一并公告之。

第一百二十八条之规定，于前项之公告准用之。

第一百五十二条　于分配日期无声明异议时，应按分配表实施其分配。

于分配日期有声明异议时,其他关系人对此不陈述异议或依其他方法合意时,应更正分配表实施其分配。

于分配日期不到场者,视为对于分配表无异议。

于分配日期不到场之债权人之债权与其他债权人所声明之异议有关系时,视为该债权人不承认异议。

第一百五十三条　债权人虽不为第一百四十七条规定之请求,如在分配日期以前请求时,对于除抵充清偿其他债权外之余额,以滞纳人无异议为限,得受其清偿。

第一百五十四条　对于分配表之异议与国税并其督促手续费、延滞金或滞纳处分费之征收有关系时,国税征收官应以认为正当者为限,更正分配表。

第一百五十五条　国税征收官已为分配时,应准照分配表作成分配计算书。

对于滞纳人及已受分配之债权人,应交付分配计算书之缮本。

于分配日期到场之债权人虽不受分配,得要求交付分配计算书之缮本。

第一百五十六条　国税征收官为分配时,应为左列手续。

一、对于应受分配债权全额之债权人,除令其提出收据外,如有该债权之证书或有执行力之正本时,应令其交出而交付于滞纳人;

二、对于应受分配债权一部分之债权人,除令其提出记载其分配额之收据外,如有该债权之证书或有执行力之正本时,应令其交出而记载分配额退还之;

三、对于滞纳人交付余额时,应令其提出收据;

四、于第一款及第二款情形,滞纳人要求交付债权人所提出之收据时,应令该人提出添附其缮本之收据而交付之。

第一百五十七条　有应交付于分配日期不到场之债权人或滞纳人之金额时,国税征收官得将其提存以代交付。前项之提存金持有应领收之权利者,自其提存之日起算,五年以内不为付还之请求时,归属于国库。

第一百五十八条　应为分配之债权而优先于国税并其督促手续费、延滞金或滞纳处分费者,有左列各款情形之一,且有影响于国税并其督促手续费、延滞金及滞纳处分费之征收时,国税征收官应于截至其事由解决止之间,保管该部分债权之分配金额。

一、当事人间有争执之债权;

二、附有条件之债权而其条件在实施分配之际尚未成就者。

第一百五十九条 应为分配之债权金额而有左列各款情形之一者,国税征收官应将该部份债权之分配金额以滞纳人为领受人而提存之。

一、当事人间有争执之债权;

二、附有条件之债权而其条件在实施分配之际尚未成就者。

滞纳人非经债权人之同意,不得领受前项之提存金。

第一百五十七条第二项之规定于第一项之提存金准用之。

第四章 交付要求

第一百六十条 对于纳税人有左列各款事由之一,且有其人滞纳之国税或其督促手续费、延滞金或滞纳处分费时,国税征收官应代滞纳处分之执行,对于该机关要求该金额之交付。但尚有他项财产可以查封时,不妨查封之。

一、因滞纳国税或其他公课受滞纳处分时;

二、受强制执行时;

三、拍卖开始时;

四、受破产之宣告时。

前项之要求,应以记载国税或其督促手续费、延滞金或滞纳处分费之金额、年度、纳期区分、缴纳期限及纳税义务确定期之书状为之。于此情形,如有就金额尚未确定之延滞金时,应按已有国税或其他公课滞纳处分之查封、强制执行、或拍卖之开始、或破产之宣告之日止之日数算定之。

受第一项要求之该机关,应将该分配金额连同计算书或分配表之缮本,送付于国税征收官。

第一百六十一条 受交付要求之滞纳处分执行机关欲停止其滞纳处分时,应于解除查封财产以前,将其意旨通知于为交付要求之国税征收官。

第一百六十二条 受交付要求之破产执行机关,应不依破产程序而由破产财团将要求额交付于国税征收官。

第五章　征收权之消灭

第一百六十三条　国税并其督促手续费、延滞金及滞纳处分费之征收权，于应执行滞纳处分之财产不存在，或对于滞纳人之全财产已执行滞纳处分时则消灭。

第一百六十四条　依本法应征收之国税并其督促手续费、延滞金及滞纳处分费之征收权，自得行使该权利时起五年间不行使者，因时效而消灭。

第一百六十五条　关于前条所规定时效之中断或停止，依《民法》之规定。

第一百六十六条　依本法所为之左列手续，不拘《民法》之规定发生时效中断之效力。

一、纳税告知；

二、督促；

三、分割缴纳之声请；

四、查封；

五、交付要求；

六、依第七十三条规定之诉之提起。

前项之手续由国税征收官自为撤销或撤回时，或于审查之裁决官署经撤销时，不发生时效中断之效力。于第六款情形，以该诉为不适法而经驳回时亦同。

第六章　审查请求

第一百六十七条　因滞纳处分被侵害权利者，得向已为其滞纳处分之国税征收官之直近上级官署请求审查。

第一百六十八条　欲请求审查者，如系已受滞纳处分者则自受其处分之日，如系其他人则自知已有处分之日起算，三十日以内，应将记载其理由之审查请求书添附关系文件，经由已执行滞纳处分之国税征收官提出之。

第一百六十九条　虽在前条期间经过后所提出之审查请求，由受理官署认为有可宥恕之事由时，不妨受理之。

第一百七十条　受审查请求之官署，应审查裁决之。

审查之裁决应以记载主文并其事实及理由之裁决书为之。

裁决书应送达于国税征收官及审查请求人。

第一百七十一条　受审查之裁决者对此有异议时,得对于经济部大臣请求再审查。

第一百七十二条　欲请求再审查者,应自受送达裁决书之日起算,三十日以内,将记载其理由之再审查请求书添附关系文件经由已为裁决之官署提出之。

第一百六十九条及第一百七十条之规定,于前条情形准用之。

第一百七十三条　虽有审查或再审查之请求时,不妨滞纳处分之续行。但裁决官署得依职权或声请,截至裁决止之间,命停止其续行。

第七章　罚则

第一百七十四条　依本法应受滞纳处分者或占有或管理该财产者,将该财产藏匿或处分或以其他方法避免查封,因对于该财产以外财产之滞纳处分之执行,致不能完征国税并其督促手续费、延滞金及滞纳处分费时,处该征收不足额之十倍以下之罚金或科料。明知其情事为财产处分之相对人者亦同。

第一百七十五条　阻害税务官吏依本法执行之职务或不服从其命令者,处三百圆以下罚金或科料。

第一百七十六条　关于查封财产之评价之鉴定人,在该财产之出卖完结前泄漏其评价额时,处三千圆以下罚金或科料。

附则

第一百七十七条　本法自康德三年七月一日施行。

第一百七十八条　本法施行之际,当时所滞纳之国税在本法之适用上,视为有第五十八条规定情形者。但督促手续费及延滞金不征收之。

前项国税之督促费或滞纳罚款或相类者,其在本法施行前所生金额之征收,视为依本法之延滞金。

第一百七十九条　对于本法施行前已应征收之国税并其督促费或滞纳罚款或相类者之时效,依本法。但其期间自应征收权利确定之日起算之。

第一百八十条　关于地税及禁烟特税之征收,暂得不依第四十二条及第五十一条之规定。

依前项不为纳税告知及督促时,经过缴纳期限不缴足该国税者,在本法之适用上,视为有第五十八条第一款之规定情形者。但督促手续费不征收之。

第一百八十一条　依《满日国税征收事务共助法》第二条之规定所应征收之征收金,对于第九条、第十三条、第十四条、第十七条、第四十七条、第四十八条及第一百六十条之适用视为公课。

附则(康德四年八月二日敕令第二三二号)

本法自公布日施行。

附则(康德五年四月十四日敕令第六〇号)

本法自《满日国税征收事务共助法》施行之日施行。

满日国税征收事务共助法

(康德五年四月十四日敕令第五九号)

朕依《组织法》第三十六条,经咨询参议府,裁可《满日国税征收事务共助法》,著即公布。

(国务总理、经济部大臣副署)

第一条　应被征收国税(包含附加税)、督促手续费、延滞金或滞纳处分费之人或其人之财产在日本国内时,该管国税征收官署得依命令所定,对日本国之该管官吏嘱托其征收。

第二条　应被征收日本国之国税、督促手续费、延滞金或滞纳处分费之人或其人之财产在帝国内而有日本国该管官吏之嘱托时,该管国税征收官署得依命令所定,征收日本国之该项国税、督促手续费、延滞金或滞纳处分费而送交于日本国之该管官吏。

于前项情形,征收金之征收除另有规定者外,依帝国之该项法令。

第三条　依前条规定之征收金,次于得依国税征收之例执行之请求权有优先权。

第四条　依第二条规定之征收金之征收及送交之费用为帝国之负担。

附则

本法施行期日由经济部大臣定之。(依康德五年五月经济部令第二二号,自同年五月二十日施行)

《满日国税征收事务共助法》施行规则

兹制定《〈满日国税征收事务共助法〉施行规则》如左。

第一条 《满日国税征收事务共助法》第一条征收之嘱托如系内国税，应由税捐局长；如系关税及吨税，应由税关长为之。

第二条 欲为前条之嘱托时，如系内国税，应对于管辖纳税人之住所或居所或财产所在地之日本国税务署长；如系关税及吨税，应对于管辖纳税人之住所或居所或财产所在地之日本国税关物长之。但于日本国无设置税务署长或税关长之地域，应对于管辖纳税人之住所或居所或财产所在地之该征税事务主管官署嘱托其征收。

第三条 征收之嘱托，应依记载纳税人之住所或居所、姓名、征收金之种类及金额其他征收上必要事项之书状为之。

第四条 《满日国税征收事务共助法》第二条征收金之征收及解送，如系日本国之内国税，应由税捐局长；如系日本国之关税、吨税、移入税（于朝鲜者）及出港税（于朝鲜及台湾者），应由税关长为之。

第五条 受嘱托征收之征收金之金额，如系以日本国之通货表示者，应依本国货币换算额为征收之手续。

第六条 受嘱托征收之日本国国税之延滞金，依日本国之法令算定之。

第七条 受嘱托征收之事项，如系属于他官署之管辖时，应移送于该管官署，将其意旨通知于为嘱托之官吏。

第八条 受嘱托而征收之征收金，因发生过纳，纳税人欲对日本国为其发还之请求时，应经由为征收之官署。

第九条 关于国税征收共助事务寄送日本国官吏之文书，概应以日本文作成之。

附则

本令由〔自〕《满日国税征收事务共助法》施行之日施行之。

地税法

（康德三年五月十五日敕令第六三号）

修正 康德四年六月第一四一号、十二月第三八二号朕依《组织法》第四十一条,经咨询参议府,裁可《地税法》,著即公布。

(国务总理、财政部、民政部、蒙政部大臣副署)

第一条　对于土地,依本法课地税。

第二条　地税之课税标准及税率,暂依向例。

第三条　地税向登录于公簿之土地所有权人征收之。但地上权、耕种权或典权标的之土地之地税向登录于公簿之权利人征收之。

第四条　地税每年份自该年十月一日至翌年二月末日之期间内征收之。

第五条　纳税义务人遇有变动时,新纳税义务人就该年份及上年份之地税与原纳税义务人连带负缴纳之责。

第六条　左列土地免课地税。但就取得使用费者不在此限。

一、国、省地方费、特别市、市、县、旗、街或村供公用或公共用之土地;

二、供神社、寺院、庙、忠灵地、祠宇、佛堂、教会或说教所直接用之土地;

三、供坟墓用之土地;

四、供公众用之道路、铁道、埠头、水道或飞行场直接用之土地;

五、供学校或图书馆直接用之土地;

六、供外国大使馆、公使馆或领事馆用之土地,但该国就供帝国大使馆、公使馆或领事馆用之土地课地税或与此类似之租税时除外;

七、依古迹保存法指定为古迹之土地;

八、依都邑计画法之规定供都邑计画事业用之土地;

九、供社会事业用之土地,经经济部大臣之指定或认可者。

第七条　特别市、市、乡、县、旗之全部或一部因被灾害致收获减少之土地,依纳税义务人之声请或依税捐局长之所认定,按左列比率蠲免该年份地税。

一、该年份收获不满常年份三成时:全额;

二、该年份收获不满常年份五成时:半额。

前项声请应于被灾状况犹存在时记明其事实,向税捐局长行之。

第八条　在前条情形,依税捐局长之所认定,截至其被灾状况调查完竣以前,得缓征该年份地税。

第九条 因灾害以致显然害及土地之利用时,依纳税义务人之声请,按其状况,自被灾年份起算,规定十年以内之期间核减课税标准或蠲免地税之征收。

前项声请应于被灾后六个月内向税捐局长行之。

第十条 对于土地之改良特加以劳力及费用时,依纳税义务人之声请,按其状况,自事业完竣之年起算,规定十年以内之期间不变动原课税标准或蠲免地税之征收。

前项声请应于自事业完竣时起六个月内向税捐局长行之。

第十一条 免课地税之土地变为课地税之土地时,自其翌年份起征收地税。

课地税之土地变为免课地税之土地时,自当年份起免征地税。

第十二条 以诈伪或其他不正行为偷漏地税或希图偷漏者,处相当于其税额一倍以上、十倍以下之罚金。但罚金额不得少于十圆。

在前项情形,不拘第四条之规定,立即征收其地税。

附则

本法自公布日施行。

关于课征地税之从前法令,废止之。但属于康德二年份以前之课征地税事项,仍依向例办理。

关于课征地税之税捐局长之职务,得暂依经济部大臣所定,令特别市长、市长、市政管理处长、县长或旗长行之。

附则(康德四年十二月一日敕令第三八二号)

本法自康德四年十二月一日施行。

依从前法令认为物权之权利而于《民法·物权编》无规定者之标的之土地之地税,向登录于公簿之权利人征收之。

《地税法》施行细则

（康德三年七月十七日财政部训令第八五号令）

令各税务警督署长

为令遵事,查《〈地税法〉施行细则》业经制定,如另册。仰该署长即便遵照本细则办理,并仰转饬《地税》赋课征收机关一体遵照办理,以期施行上之圆满为要。切切此令。

第一章　通则

第一条　关于课征地税之事务,应依本细则所定处理之。

第二条　本细则称地税征收官,谓执行关于课征地税职务之税捐局长、特别市长、市长、市政管理处长、县长或旗长。

第三条　关于施行《地税法》之事项,其对有疑义者或系异例或重要者之处理地税征收官,应预先请示于所辖税务监督署长,税务监督署长应预先请示于财政部大臣。

第四条　《地税法》施行前所称田赋、钱粮、地丁、大租、科银、街基租、园基租、经征费、三费晌捐、山林游击队经费晌捐、水上游击队经费晌捐、省立第二中学经费晌捐、耗银或抵补金等对于土地之课税,因施行《地税法》,其名称均改为地税。

第二章　课税标准

第五条　《地税法》第二条中所谓依向例之课税标准,系指称登录于从前地税课税台账之课税标准。

第六条　有左列各款情形之一时,改订地税之课税标准。

一、依《地税法》第九条为课税标准之核减时;

二、依《地税法》第十条之课税标准不变动期限届满时。

第七条　有左列各款情形之一时,从新设定《地税》之课税标准。

一、不课地税之土地变为课地税之土地时;

二、依《地税法》第十条之蠲免征收地税期限届满时;

三、发见应课地税之土地而其课税标准之决定未完毕时。

第八条　依前二条之课税标准之改订或设定,应按其土地之品位及情形,比照近旁相类地之课税标准而为之。

第三章　税率

第九条　《地税法》施行前以数种名称所课征之地税税率,于《地税法》施行后应解为改作,得征收与此同额之地税之一种税率。

第十条　前条情形《地税法》施行前之税率,若系以旧货币表示者,应以折合国币者为税率。

第十一条　依前条规定算出之税率,若有未满一厘之零数时,应舍去其零数。但其全额未满一厘时,舍去未满一毫之零数。

第十二条　地税征收官依前三条所定,应制作其管内之课征地税所适用之税率表,呈经所辖税务监督署长之承认,自康德三年份地税适用之。

第四章　纳税义务人

第十三条　《地税法》第三条中称"公簿"，谓为课征地税备置于地税征收官署之簿册。

第十四条　《地税法》第三条中所谓"十年以上或未订明期间而使用他人土地之权利"，系指包括非单为租赁权之永租权、永佃权、地上权、耕种权、租建权及其他不拘其名称之如何占有他人不动产而为使用收益之一切权利而言。

第十五条　《地税法》第三条中所谓"未订明期间而使用他人土地之权利"，系指适合前条之权利而其存续期间已明了为十年以上者而言。

第十六条　对于适合第十四条为权利标的之土地而未课地税之地方，应自康德三年份起课征之。

第十七条　依《地税法》第五条之规定，新旧纳税义务人连带负纳税义务时，应依左列。

区分	变动事由	连带纳税义务人
一	所有权之移转	新所有权人与旧所有权人
二	商租权、典权、永租权等之设定	商租权、典权、永租权等之权利取得人与所有权人
三	商租权、典权、永租权等之移转	新权利人与旧权利人
四	商租权、典权、永租权等之消灭	土地所有权人与会为商租权、典权、永租权等之权利人者

第五章　不课税地

第十八条　对于《地税法》第六条所规定不课税地之处理，应依左列各款。

一、供公用或供公共用之土地。

指国、特别市、市、乡、县或旗之官公署、学校、医院、图书馆之基地或各种试验场用地等作为公用而自行使用之土地，及公园等供一般公众使用之土地。

二、供神社、寺庙、传教所或教会所用之土地。

指建筑物基地及其附属用地。至寺庙产等以收取其维持经营上所需费用为目的之土地,均不适合此项。

三、墓地。

指划分一定界限之私有墓地及义地。至于耕地或宅地之一部散行埋葬者,均不适合此项。

四、公众用之道路。

私人专以自己利用为目的所设之道路。虽偶有公众利用之事,亦不适合此项。

五、学校用地。

指国、特别市、市、乡、县或旗所经营学校以外之学校,其直接供校舍、寄宿舍、图书馆之基地、运动场或实习用地等学校用之土地。至学田等以收取学校维持经营上所需费用为目的之土地,均不适合此项。

第十九条　课税地变为不课税地或不课税地变为课税地时,应晓谕纳税义务人,使其呈报。

第六章　灾歉地

第二十条　本细则称灾歉地,谓《地税法》第七条中所谓"因被灾害致收获减少之土地"。

第二十一条　《地税法》第七条中之"灾害",谓水灾、旱灾、风灾、雹灾、霜灾、病灾、虫害或气候不顺及其他不可避之灾害。

第二十二条　《地税法》第七条中之"一部因被灾害",谓虽非特别市、市、乡、县或旗之全地域,但其被灾之范围有相当之广泛。

第二十三条　地税征收官对于管内遇有灾害,认有必须蠲免地税之程度时,应速将灾害之日时、种类及被灾之概况,报告于所辖税务监督署长。

第二十四条　依《地税法》第七条之蠲免地税,命纳税义务人提出记载土地之坐落、种目、面积、税额、灾害之时期、种类及被灾程度之声请书而为之。但由村长或与此相同之人提出声请书时,暂不妨视为纳税义务人之声请而处理之。

第二十五条　依《地税法》第七条之蠲免地税,如不待纳税义务人之声请而依地税征收官之职权为之者,应以被灾之区域广泛时为限。

第二十六条　前二条情形,地税征收官应命纳税义务人为适宜之处置,得以证明其被灾事实以期处分上无所遗憾。

第二十七条　依《地税法》第七条之常年份收获量,应就该区域或近旁相类地之前五年各年收获数额中，除却最丰最歉所余三年之平均收获量，作为大体标准而定之。

第二十八条　因被灾害纵致地方主要农作物被害，如于该年内已得代种主要农作物时，不以灾歉地处理之。

第二十九条　依《地税法》第八条之缓征地税，以地税征收官大体上认为有不可不予免税情形时为限，许可之。

第三十条　地税征收官接受灾歉地蠲免地税之声请时，或认为依职权免税为相当时，应于得以认定其事实之期间内速行调查，并预先请示于所辖税务监督署长而为处分。

第三十一条　税务监督署长接受前条请示认有必要时，应命署员或税捐局长实施核查。

第三十二条　地税征收官依纳税义务人之声请，如已经决定免除灾歉地之地税或不予免除时，应通知纳税义务人。但依职权免除地税时，得以布告而代通知。

第七章　灾害地

第三十三条　本细则称灾害地，谓《地税法》第九条中所谓因灾害以致显然害及利用之土地。

第三十四条　《地税法》第九条中之"因灾害以致显然害及土地之利用时"，谓因灾害变更地形或损伤地土之时。

第三十五条　依《地税法》第九条为灾害地减免税之声请，应命纳税义务人提出记载土地之坐落、种目、面积、税额、灾害年月日、被灾之原因、被灾状况、预定恢复时期及声请年月日之书面而为之。

第三十六条　因灾害地应行减免地税之区域，应调查变成灾害地部分之面积而定之。

第三十七条　灾害地减免税期限应斟酌被灾之状况、恢复之难易及其所需劳力费用之多寡等，并考虑恢复被灾前地力之期间而定之。

第三十八条　灾害地减免税期限届满后，尚有灾害地之形状并地力未得恢复时，经纳税义务人之声请而认有续行减免地税之必要者，应按其状况与前减免税期限合计，定为十年以内之期限而处理之。

第三十九条　灾害地减免税期限中，因该土地复被灾害而依《地税法》第九条再为灾害地减免税之许可时，前减免税剩余期限归于消灭。

第四十条　依《地税法》第九条减免地税之土地，于地税减免期限届满之年即作为已经恢复被灾前之状态,应依灾害前之课税标准自翌年份起征收地税。

第四十一条　对于灾害地减免税之处理,准用关于灾歉地免税之第三十条至第三十二条之规定。

第八章　改良地

第四十二条　本细则称改良地,谓《税法》第十条中所谓对于土地之改良特加以劳力及费用之土地。

第四十三条　《地税法》第十条中之"对于土地之改良特加以劳力及费用时",谓以增加土地利用价值为目的而对于为开垦或地种目、区划或形质之变更,并为达成其目的之各项设施等特增加劳力费用时。

第四十四条　依《地税法》第十条之声请书内,应命记载左记事项。

一、改良地之坐落并改良前后之地种目、面积及课税标准;

二、工事费及其他因改良事业所需一切努力费用计算;

三、因土地改良可得利益;

四、改良事业着手及完竣年月日;

五、改良地之确定地图并其四至;

六、声请年月日。

第四十五条　接受《地税法》第十条之声请时,应考察其事业之难易、劳力费用之多寡、地味成熟预定时期并事业施行可得之利益等,以定其不变动原课税标准之期限或蠲免地税期限。

前项期限届满后,经纳税义务人声请展限时,地税征收官认其有必要者,得按状况更定期限而许可之。但与前项期限共计不得逾十年。

第四十六条　《地税法》第十条之事业完竣之年,系指称改良工事终结之年。

第四十七条　对于依《地税法》第十条之不变动原课税标准或蠲免地税征收期限中之土地,若因变成灾害地而为减免地税之许可时,自为其许可之年起,截至灾害地减免税期限届满止,其因改良而不变动原课税标准期限或地税免除期限停止进行。

第四十八条　对于改良地在不变动原课税标准或蠲免征收地税期限中,再施土地改良而为依《地税法》第十条之许可时,前所受不变动原课税标准或蠲免征收地税之剩余期限归于消灭。

第四十九条　依《地税法》第十条之不变动原课税标准或蠲免征收

地税期限中之地税,若该项土地系从前为赋课地,应依改良前之原课税标准征收之;若系从前未为赋课地,不征收之。

第五十条　依《地税法》第十条不变动原课税标准或蠲免征收地税之土地之地税,应于其期限届满之年为课税标准之改订或设定,并自其翌年份起依改订或设定之课税标准征收之。

第五十一条　地税征收官对于改良地欲为不变动原课税标准或蠲免征收地税之处分时,应预先请示于所辖税务监督署长。

第五十二条　对于依《地税法》第十条之不变动原课税标准或蠲免征收地税之处理,准用关于灾歉地免税之第三十一条及第三十二条之规定。

第九章　地税征收

第五十三条　地税应按各纳税义务人在同一区内适用同一税率者之各课税标准之合计额计算之。但暂不妨仍依向例办理。

第五十四条　地税征收官征收地税时,应依附表格式填具地税完讫证书,发给纳税义务人收执。

第十章　账簿

第五十五条　地税征收官署应备置地税赋税台账、地税征收簿。但暂不妨沿用从前各项账簿。

第五十六条　地税征收官对于灾害地或改良地实施不变动原课税标准或减免地税时,应备置得以明了其事迹之台账。

第五十七条　有土地之变动(课税地及不课税地之转换、灾害地或改良地之变动、课税标准之改订或设定等)或纳税义务人之变动时,应确认其事实而整理关系簿册。

第十一章　监督

第五十八条　税务监督署长或其代理官,应随时检查或监督地税赋课征收机关之地税事务。

第十二章　附则

第五十九条　对于《地税法》施行以前之灾害地,其于同法施行当时仍存有被灾之现状者,如经纳税义务人之声请时,应视为于同法施行日发生被灾者而处理之。

第六十条　对于《地税法》施行以前着手改良而于同法施行事业完竣之土地,得适用《地税法》第十条。

禁烟特税法

（康德三年十二月二十六日敕令第一九九号）

修正　康德四年六月敕令第一四一号、八月第二三○号、五年三月第四一号

朕依《组织法》第四十一条，经咨询参议府，裁可《禁烟特税法》，著即公布。

（国务总理、财政部、民政部、蒙政部大臣副署）

第一条　对于依《鸦片法》受政府许可之罂粟栽培人，依本法课以禁烟特税。

第二条　禁烟特税分为正税及附加税，其正税税率按罂粟栽培许可面积，每一亩（即六一四·四平方米）每一年为四圆，附加税税率为正税百分之二十五。

第三条　禁烟特税之纳期，为自当年七月一日起至十月三十一日止。

第四条　承租他人土地栽培罂粟者滞纳禁烟特税，于执行滞纳处分之结果，如不能征收该禁烟特税并其督促手续费、延滞金及滞纳处分费时，得向该土地之出租人征收之。

于前项情形，罂粟栽培人之所在不明时，视为对于该人执行滞纳处分。但该土地之出租人释明该罂粟栽培人居住帝国内时，不在此限。

第五条　因灾害鸦片收获显著减少时，得依《财政部令》所定，免除当年份禁烟特税之全部或一部。

第六条　税务官吏认为禁烟特税之课税取缔上有必要时，得检查罂粟栽培地或寻问罂粟栽培人及其他关系人。

第七条　未受依《鸦片法》之许可栽培罂粟者，除准第二条规定征收禁烟特税外，并处相当于其税额之一倍以上、十倍以下之罚金。但罚金额不得少于十圆。

超过依《鸦片法》受许可之栽培面积而栽培罂粟者，对于其超过栽培面积，依前项之例。

第八条　以诈欺或其他不正行为受依第五条规定之禁烟特税之免

除或拟受该免除者,处相当于其税额之一倍以上、十倍以下之罚金。但罚金额不得少于十圆。

于前项情形免除缴纳之禁烟特税,不拘第三条之纳期,立即征收之。

第九条　阻障依第六条规定之税务官吏之职务执行或对其寻问不为答辩或为虚伪之答辩者,处三百圆以下之罚金或科料。(康四·第二三〇号本条中修正)

第十条　特别市、市、乡、县或旗,关于罂粟之栽培,不得为任何课份。

附则

第十一条　本法自康德四年一月一日施行。但属于康德三年份以前之禁烟特税,仍依从前之例。

第十二条　本法对于热河省及兴安西省以外地域之罂粟栽培暂不适用之。

第十三条　关于课征禁烟特税之税捐局长之职务,得暂依经济部大臣所定,令县长或旗长执行之。

于前项情形课征禁烟特税所需之经费,由县或旗负担之。政府对于前项之县或旗,得依《财政部令》所定,交付一定金额。

第十四条　《租税犯处罚法》第五十一条中"地税或契税"改为"地税、契税或禁烟特税"。

附则(康德四年八月二日敕令第二三〇号)

本法自公布日施行。

附则(康德五年三月二十四日敕令第四一号)

本法自公布日施行。

家屋税法

(康德四年十二月六日敕令第四四二号)

修正　康德五年八月敕令第一八二号、十二月第三〇〇号

朕依《组织法》第三十六条,经咨询参议府,裁可《家屋税法》,著即公布。

(国务总理、经济部大臣副署)

第一条　对于家屋，依本法课家屋税。

第二条　本法所称家屋者，系指住家、店铺、工场、仓库其他建筑物及其基地而言。

前项之基地内包括为家屋之利用而附随之土地。

第三条　左列家屋不课家屋税。但对于取得使用费者，不在此限。

一、国、省地方费、新京特别市、市、县、旗、街或村供公用或公共用者；

二、供神社、寺院、庙、祠宇、佛堂、教会或说教所之直接之用者；

三、依《古迹保存法》指定为古迹者；

四、供铁道、埠头、水道或飞行场之直接之用者；

五、供学校或图书馆之直接之用者；

六、供外国大使馆、公使馆或领事馆之用者，但该国对于供帝国大使馆、公使馆或领事馆之用者课家屋税或类似此项之租税者除外；

七、供社会事业直接之用而由经济部大臣为指定或认可者；

八、供一时之使用者。

第四条　家屋税之课税标准，为登录于家屋税台账之家屋之赁贷价格。

前项之赁贷价格每家屋一个定之。但有附属家屋者，则统合视为一个家屋。

关于第一项之家屋税台账及其登录事项，以《经济部令》定之。

第五条　家屋分割者之赁贷价格，按各家屋之情况，将分割前之赁贷价格配分定之；合并者之赁贷价格，将合并前之各家屋之赁贷价格合并定之。

本法所称分割者，系指于家屋税台账之登录，以一个家屋分为数个家屋而言；所称合并者，系指数个家屋合为一个家屋而言。

第六条　赁贷价格为家屋所有人以负担公课修缮费及其他为维持家屋必需经费之条件赁贷而应收得之一年份之赁贷金。

对于现在未赁贷之家屋，或以现实之赁贷金为赁贷价格认为不相当之家屋，以情况类似之家屋之赁贷价格比准勘案后评定赁贷价格。

建筑物之所用人与其基地之所用人相异者，将赁贷价格区分为建筑物之部分与基地之部分。

第七条　赁贷价格每五年普通改订之。

第八条　有左列各款情形之一者，家屋所有人应依《经济部令》所定，将其赁贷价格申告于税捐局长。

一、未课家屋税之家屋成为应课家屋税之家屋者；

二、新筑家屋者；

三、因改筑家屋之利用价值增加者；

四、扩张基地者。

税捐局长接受前项之申告者，加以调查而设定或修正其赁贷价格。

如有第一项之事实者，虽无家屋所有人之申告者，税捐局长得加以调查而设定或修正其赁贷价格。

第九条　有左列各款情形之一者，税捐局长得依家屋所有人之请求更订赁贷价格。

一、家屋之一部成为不课家屋税之家屋者；

二、家屋之一部灭失者；

三、缩小地籍者；

四、因灾害或其他事由家屋之利用价格减少者；

五、家屋之一部所有权已至相异者。

第十条　家屋已至不能为家屋而利用，或已成为不课家屋税之家屋，或建筑物灭失者，家屋之所有人得依《经济部令》所定，对税捐局长请求家屋税台账登录之抹消。

税捐局长接受前项之请求，认为正当者应抹消其登录。

第十一条　第八条第三项之规定，于前二条情形准用之。

第十二条　税捐局长为前四条之处分时，应将其意旨通知于纳税义务人。

第十三条　家屋税之税率为百分之三。

第十四条　家屋税将年额分作二份，于左列二期征收之。

第一期：自该年三月一日起至三十一日以前；

第二期：自该年九月一日起至三十日以前。

第十五条　家屋税向于纳期开始日在家屋税台账为家屋之所有人受登录之人征收之。但对于与典权标的家屋之家屋税，向为典权人受登录之人征收之。

本法中关于家屋之所有人之规定，对于典权标的之家屋，则对典权人适用之。

第十六条　家屋税对合于第八条规定之家屋,自同条第一项各款所规定之事实发生之翌年份起,依设定或修正之赁贷价格课之;对合于第九条规定之家屋,自更订之请求后开始之纳期份起,依更订之赁贷价格课之。

对合于第十条规定之家屋,自有其登录抹消之请求后开始之纳期份,不征收其家屋税。

第十七条　纳税义务人有异动者,新纳税义务人就该年份及前年份之家屋税,与旧纳税义务人连带负缴纳之义务。

第十八条　家屋之所有人有左列各款情形之一者,应依《经济部令》所定,将其意旨申告于税捐局长。

一、变更姓名或名称或住所者;

二、因继承或让受承继家屋者;

三、分割或合并家屋者。(康五·第三〇〇号本条中修正)

第十九条　家屋所有人就依第十二条之规定接受通知之处分有异议者,得依《经济部令》所定,对税务监督署长为审查之请求。

纵有前项之请求时,税金之征收不予犹豫。

第二十条　税务监督署长接受前条之请求者,加以审查而决定其赁贷价格。

第二十一条　家屋之所有人就前条之决定有异议者,得依《经济部令》所定,更对经济部大臣为审查之请求。税务监督署长却下第十九条之请求者亦同。

第十九条第二项之规定,就有前项之请求者准用之。

第二十二条　经济部大臣接受前条之请求者,加以审查而决定其赁贷价格。

第二十二条之二　对于家屋该年经半年以上未利用者,依家屋所有人之请求,由税捐局长查核后免除相当于其未经利用期间之家屋税之缴纳。

第二十二条之三　家屋所有人拟依前条之规定受家屋税缴纳之免除者,应依《经济部令》所定,于翌年一月三十一日以前向税捐局长请求之。

有前项之请求者,税捐局长迄至处分,得犹豫税金之征收。

第二十二条之四　第十九条至第二十二条之规定,对于依第二十二条之二规定之处分,于家屋之所有人有异议时准用之。

第二十三条　对于供经济部大臣指定之制造业经营用之家屋依其所有人之声请,自工事竣工年之翌年起算五年间,免除家屋税之缴纳。

第二十四条　税务官吏关于家屋税之调查或取缔认为有必要者,得检查家屋及关系账簿书类或质询家屋之所有人或使用人。

第二十五条　纳税义务人如在其家屋之所在地所辖税捐局管内无住所或居所者,为使处理依本法应为之事项,应依《经济部令》所定,选定纳税管理人,申告于该税捐局长。

第二十六条　以偷漏家屋税之目的,有左列各款之行为之一之人,处相当于其偷漏或希图偷漏之家屋税之一倍以上、十倍以下罚金或科料。但科料额不得少于十圆。

一、不为第八条之申告者;

二、请求赁贷价格审查之际,为虚伪之证明者;

三、为蒙混税务官吏之家屋税调查,提示虚伪之账簿书类或为虚伪之答辩者。

合于前项规定之人所偷漏之家屋税,不拘第十四条之规定,即时征收之。

第二十七条　不为依第八条或第十八条第一款或第二款规定之申告者,处二十圆以下之科料。

第二十八条　阻障依第二十四条规定之税务官吏职务之执行或对其质询不为答辩或为虚伪之答辩之人,处三百圆以下之罚金或科料。

第二十九条　新京特别市、市、县或旗,除依《地方税法》课家屋税附加捐外,对于家屋不得为一切之课税。

附则

第三十条　本法自康德五年一月一日施行。

第三十一条　本法暂时限于经济部大臣指定之地域施行之。

第三十二条　有前条之指定者于其他域所有家屋之人,应依《经济部令》所定,将关于家屋及其赁贷价格事项申告于税捐局长。

第三十三条　合于前条家屋之赁贷价格,准照第八条第二项及第三项之规定,由税捐局长决定之。

税捐局长拟为前项之决定者,得向在该地方精通家屋事情之人征求其意见。

第三十四条　税捐局长依前条之规定决定赁贷价格者,应作成书类,以二十日间供关系人之纵览。

于前项情形经过纵览期间时,视为已为依第十二条规定之赁贷价格之决定通知。

第三十五条　第十九条至第二十二条规定,就家屋所有人于前条之赁贷价格有异议者准用之。

第三十六条　对不为第三十二条规定之申告之人,准用第二十七条之规定。

第三十七条　受依第三十三条第二项规定之咨询之人或有其经历之人,关于赁贷价格所得知悉之秘密无正当之事由泄漏者,处一千圆以下之罚金。

第三十八条　限于康德五年份家屋税,不拘第十四条之规定,将其税额分作二份,于左列二期征收之。

第一期:自康德五年十月一日起三十一日以前;

第二期:自康德五年十二月一日起二十五日以前。

第三十九条　关于《地税法》施行前称为街基租、房基租及院基租之地税之赋课及征收之规定废止之。但关于康德四年份以前之该地税之赋课征收,仍依从前之例。

第四十条　对于依从前之法令认为物权而类似所有权或典权之权利,于《民法·物权编》无规定者之标的基地之家屋税,向于家屋税台账登录为家屋之权利人之人征收之。

第十五条第二项之规定,对于前项之权利人准用之。

附则(康德五年八月敕令第一八二号)

本法自公布日施行。

本法施行前依从前规定所为之关于家屋及其赁贷价格事项之申告,仍有其效力。

附则(康德五年十二月敕令第三○○号)

本法自康德六年一月一日施行。

第二十二条之二至第二十二条之四之规定,自康德五年份家屋税准用之。

《家屋税法》施行规则

(康德四年十二月二十八日经济部令第九四号)

修正　康德五年十二月敕令第五五号

兹制定《〈家屋税法〉施行规则》如左。

第一条　关于《家屋税法》第三条第七款规定之不课家屋税之家屋之指定,另由经济部大臣公告为之。

第二条　就供社会事业用之家屋而未经前条之指定者,拟受《家屋税法》第三条第七款规定之家屋税免除认可之人,应将直接监督该社会事业之官署之证明书附具于声请书,呈经管辖该家屋所在地之税捐局,提出于经济部大臣。

第三条　税捐局须设备家屋税台账。税捐局长应登录左列之事项。

一、家屋之所在;

二、建筑物之种类;

三、建筑物之构造;

四、建筑物之地板面积;

五、基地之面积;

六、赁贷价格;

七、税额;

八、所有人(包含典权人或合于《家屋税法》第四十条规定之权利人,以下同)之氏名或名称及住所。

第四条　应登录于家屋税台账之建筑物之种类依左列区分。

一、住家;

二、店铺(包含旅馆、饮食店、赁贷事务所及类此之家屋);

三、工场;

四、仓库;

五、其他。

前项之区分,依各建筑物之主要用途定之。

第五条　应登录于家屋税台账之建筑物之构造依左列区分。建筑物之构造如系二阶(包含地下室)以上者,须表示其阶数。

一、土造;

二、砖造;

三、石造;

四、铁筋铁骨（混凝土）造；

五、木造；

六、其他。

前项之区分，依各建筑物之主要构成材料定之。

第六条　应登录于家屋税台账之建筑物之地板面积，依建筑物之各阶别之地板面积（对于楼梯、升降机室等视为有地板者）之合计额。

对于前项地板面积之算定，包含外壁之部分。

建筑物之地板面积及基地面积之单位，以弓定之。但未满弓位之零数舍弃之。

第七条　关于家屋税之所有权、典权或合于《家屋税法》第四十条规定之权利之得失、变更之事项，非接有登录官署或登记官署之通知，不能登录于家屋税台账。但于左列情形不在此限。

一、就在《不动产登录法》施行地域内之家屋，该建筑物如系未登录者；

二、在《不动产登记法》施行地域内之家屋，如系未登记者。

第八条　《家屋税法》第八条规定之赁贷价格之申告，应于该事实发生之日起算三十日内，将记载家屋之所在、建筑物之种类、构造、地板面积及基地之面积并赁贷价格之申告书提出于税捐局长为之。但对于省地方费、新京特别市、市、县、旗、街或村之所有且供公用或公共用之家屋，不在此限。

第九条　《家屋税法》第九条规定之赁贷价格更订之请求，或同法第十条规定之登录抹消之请求，应每于发生该事实，将记载该事实并事由之声请书提出于税捐局长为之。

第十条　《家屋税法》第十二条规定之通知税捐局长，应以书面为之。

第十一条　《家屋税法》第十八条规定之申告，应于该事实发生之日起算十日内，将记载该意旨之申告书提出于税捐局长为之。但因继承承继家屋者，应于知得该承继之事实后二十日以内申告即可。

第八条但书之规定，就前项之申告准用之。

第十二条　依《家屋税法》第十九条第一项之规定拟为请求审查之人，应于接受同法第十二条通知之日起算二十日内，将证凭书类附具于记载不服事由之书面呈经为该处分之税捐局长提出于税务监督署长。

第十三条　税务监督署长依《家屋税法》第二十条之规定决定赁贷价格者,应以书面通知于纳税义务人。

税务监督署长于接受《家屋税法》第十九条第一项之请求时,该请求如系违背手续者,应以书面却下之。

第十四条　依《家屋税法》第二十一条第一项之规定拟为请求审查之人,应于接受前条第一项之决定通知或同条第二项之却下通知之日起算三十日内,将证凭书类附具于记载不服事由之书面呈经为该处分之税务监督署长,提出于经济部大臣。

第十五条　经济部大臣依《家屋税法》第二十二条之规定决定赁贷价格者,应以书面通知于纳税义务人。

第十三条第二项之规定,就对经济部大臣所为之《家屋税法》第二十一条第一项之请求如系违背手续者,准用之。

第十五条之二　依《家屋税法》第二十二条之二之规定拟请求家屋税缴纳免除者,每一个家屋应于记载其事由之书面附以证凭书类,提出于税捐局长。

第十五条之三　税捐局长依《家屋税法》第二十二条之二之规定免除家屋税之缴纳时,应以书面通知纳税义务人。

有依《家屋税法》第二十二条之二之请求时,若其请求系属违背程序时,或税捐局长认为其家屋未经利用期间为未满半年时,税捐局长应以书面却下之。

第十五条之四　第十二条至第十五条之规定,就依《家屋税法》第十二条之四规定之审查请求准用之。

第十六条　关于《家屋税法》第二十三条规定之免除家屋税之缴纳之家屋之指定,另由经济部大臣公告为之。

第十七条　依《家屋税法》第二十三条之规定拟受家屋税缴纳免除之人,应于工事竣工之日起算三个月内,将记载该事实并事由之声请书提出于税捐局长。

已课家屋税之家屋于年之中途成为合于《家屋税法》第二十三条规定之家屋时,应于自该事实发生之日起算三月内为前项申请。

合于《家屋税法》第六条第三项之规定者之前二项声请,于建筑物之所有人,应只就相当于该建筑物之部分之税额为之。

第十八条　《家屋税法》第二十五条规定之纳税管理人,应自纳税义务人之住所或居所不在该家屋所在地之所辖税捐局管内之日起十日内，就于该税捐局管内有住所或居所之人定之，并将记载该姓名及住所或居所之书面由纳税务人及纳税管理人连署而申告之。变更纳税管理人时亦同。

税捐局长认为纳税管理人不适任时，得对纳税义务人指定期限，令其变更之。

纳税管理人如变更其姓名或住所或居所时，应以书面申告其旨于税捐局长。

附则

第十九条　本令自康德五年一月一日施行。

第二十条　本令施行之际，所有家屋之人于该家屋所在地之所辖税捐局管内无住所或居所者，对于《家屋税法》第二十五条规定之纳税管理人，准用第十八条之规定。但此情形之申告期限为康德五年一月三十一日。

第二十一条　对于依《家屋税法》第三十二条之规定家屋所有人应为之申告，准用第八条之规定。

《家屋税法》第二十三条规定之期间，就同法施行前工事竣工之家屋，对于尚未满了者之相当于同法施行后之残余期间，拟受家屋税缴纳免除之人，应附记其旨于前项之申告，得而请求之。

第二十二条　对于《家屋税法》第三十四条规定之书类之纵览，税捐局长应预先公告其场所及期间。

第二十三条　第十二条至第十五条之规定，就《家屋税法》第三十五条规定之请求审查准用之。

第二十四条　建筑物之地板面积及基地之面积之单位，暂不拘于第六条第三项之规定，不妨依万丈其他之单位。

附则（康德五年十二月二十三日经济部令第五五号）

本令自康德六年一月一日施行。

营业税法

（康德二年六月二十九日敕令第五五号）

修正　康德三年十二月敕令第一九四号、四年六月第一四一号八月第二二五号、十二月第四九七号朕依《组织法》第四十一条,经咨询参议府,裁可《营业税法》,著即公布。

(国务总理、财政部大臣副署)

第一条　对于设有营业场为左列营业者,依本法课营业税。

一、物品贩卖业(包括动植物或其他普通不称为物品者之贩卖业);

二、制造业(包括物品之加工业或物品之修理业);

三、矿业;

四、保险业;

五、拔会业;

六、放款业;

七、物品赁贷业(包括动植物或其他普通不称为物品之赁贷业);

八、家屋转租业(包含家屋之一部之转租业);

九、电气供给业;

十、煤气供给业;

十一、运送业;

十二、承揽运送业;

十三、堆栈业;

十四、印刷业;

十五、出版业;

十六、游艺场业;

十七、饭庄饮食店业;

十八、旅店业;

十九、澡塘业;

二十、理发业;

二十一、娱乐场业;

二十二、照像业;

二十三、赁贷房间供客行乐业(席贷业);

二十四、领置妓女业;

二十五、妓馆业;

二十六、承揽业;

二十七、钱庄业;

二十八、牙行业；

二十九、代理业；

三十、居间业；

三十一、介绍业；

三十二、信托业。（康四·第四九七号本条中修正）

第二条　对于法人不适用本法。

第三条　对于左列营业，不课营业税。

一、政府发行之收入印纸、邮票及彩票类之贩卖；

二、新闻纸之出版；

三、在本法施行地外之营业场所为之营业。（康四·第四九七号本条中修正）

第四条　营业税每年按每营业种类及营业场课之。

对于新开业之制造业，自开业之年起算至第五年之一月起，适用前项之规定。

前项规定对于因继承或让与而承继制造业之营业者，视为营业者自前营业者开业之时继续经营。各该制造业者适用之。

第五条　营业税之课税标准之税率依左列区分。（康四·第四九七号本条中修正）

营业种类	课税标准	税率	
物品贩卖业	卖钱金额	盐　千分之二	
		批发　甲（粮食、煤油、麦粉、白棉纱、白棉布、木材、麻袋、豆油及豆饼）	千分之三
		乙（不属甲类之物品）	千分之五
		零售　甲（粮食、煤油及麦粉）	千分之五
		乙（不属甲类之物品）	千分之六
制造业	卖钱金额	甲（豆油、豆饼、麦粉、棉布及柞蚕丝）	千分之四
		乙（不属甲类之物品）	千分之六
矿业	卖钱金额	千分之二	

（续）

保险业	收入金额	千分之四
拔会业	收入金额	千分之二十
放款业	收入金额	千分之四十
物品赁贷业	收入金额	千分之三十
家屋转租业 电气供给业 煤气供给业 运送业	收入金额	千分之十二
承揽运送业 堆栈业	收入金额	千分之二十五
印刷业 出版业	收入金额	千分之十
游艺场业 饭庄饮食店业	收入金额	千分之十五
旅店业 澡塘业 理发业 娱乐场业 照像业 赁贷房间供客行 乐业（席贷业） 领置妓女业 妓馆业	收入金额	千分之二十
承揽业	承揽金额	土木建筑　千分之五 其他　千分之十二
钱庄业 牙行业 代理业	报酬金额	千分之三十
居间业 介绍业 信托业	报酬金额	千分之三十

第六条　在本法施行地内设有营业场，将所买进物品不于本法施行地内出售而输送于本法施行地外者，本法适用上视为物品贩卖业。

前项物品贩卖业之课税标准，以按照输送各该物品于本法施行地外时，营业场所在地之市价而算出之金额，视为卖钱金额计算之。

将在本法施行地设有之营业场内所制造之物品，不于本法施行地内出售而输送于本法施行地外者，本法适用上视为制造业。

前项制造业之课税标准，准用第二项规定计算之。

第七条　对于左列营业，其课税标准未满左列金额者，免除营业税之课税。

一、物品贩卖业、制造业：一年卖钱金额　八百圆；

二、放款业、物品赁贷业：一年收入金额　二百圆；

三、家屋转租业、运送业、印刷业、出版业：一年收入金额　六百圆；

四、游艺场业、饭庄饮食店业、旅店业、澡塘业、理发业、娱乐场业、照像业、赁贷房间供客行乐业（席贷业）、领置妓女业、妓馆业：一年收入金额　五百圆；

五、承揽业：一年承揽金额　五百圆；

六、牙行业、代理业、居间业、介绍业：一年报酬金额　二百圆。

第八条　课税标准除依左列各款者外，依上年中之卖钱金、收入金、承揽金或报酬金。

一、对于上年一月二日以后至十二月止之间开始之营业，依该年中之卖钱金、收入金、承揽金或报酬金之预算金额；

二、对于该年开始之营业，依自营业开始之次月起至该年十二月止之卖钱金、收入金、承揽金或报酬金之预算金额。

第九条　纳税义务人应依《财政部令》所定，每年在一月三十一日以前，将课税标准申报于税捐局长。但在该年一月二日以后开始营业者，应自其开业之日起算，于三十日以内为之。

前项规定对于依第四条第二项之规定尚未受营业税之课税者，亦适用之。

第十条　课税标准依前条之申报决定之。如无申报或认为申报不相当时，由税捐局长调查后决定之。

第十一条　税捐局长课税标准决定上认为有必要时，得向精通营业事情者征询其意见。

第十二条　纳税义务人对于税捐局长所决定之课税标准如有异议时，得依《财政部令》所定，对税务监督署长为审查之请求。

纵有前项请求时，税金之征收并不予以犹豫。

第十三条　税务监督署长接受前条第一项之请求时，加以审查而决定其课税标准。

第十四条　纳税义务人对于前条之决定如有异议时，得依《财政部令》所定，更对经济部大臣为审查之请求。税务监督署长驳回第十二条第一项之请求时亦同。

第十二条第二项之规定，于有前条之请求时准用之。

第十五条　经济部大臣接受前条第一项之请求时，加以审查而决定其课税标准。

第十六条　该年份之卖钱金、收入金、承揽金或报酬金之实际金额，如不及课税标准之二分之一时，税捐局长依纳税义务人之请求查核更订之。

第十七条　该年营业之利益金额如不及该年份营业税额之二十成时，税捐局长依纳税义务人之请求，免除相当于由其营业税额内扣除相当于各该利益金额二分之一之金额所得金额之营业税额之缴纳。

对于前项利益金额之计算，以《财政部令》定之。

第十八条　纳税义务人拟依第十六条之规定受课税标准之更订时，或拟依前条之规定受营业税缴纳之免除时，应依《财政部令》所定，于次年一月三十一日以前，对税捐局长为该项之请求。

遇有前项之请求时，税捐局长截至该处分日止，得犹豫税金之征收。

第十九条　第十二条至第十五条之规定，于纳税义务人对于税捐局长所为之第十六条及第十七条之处分有异议时，准用之。

第二十条　营业税将年额分作四份，于左列四期征收之。但废业之际如有未纳之税金时，随时征收之。

第一期：该年六月一日起三十日以前；

第二期：该年八月一日起三十一日以前；

第三期：该年十月一日起三十一日以前；

第四期：该年十二月一日起二十五日以前。

第二十一条　税捐局长如认为纳税义务人在纳期不能履行税金之缴纳时，得不拘前条之规定，立即征收税金。但在此项情形如纳税义务人具有纳税保证人时，不在此限。

关于纳税保证人事项，以《财政部令》定之。

第二十二条　废止营业时之营业税,截至其废业之月之前一月止,按月计算,征收之。

废止营业者拟受适用前项时,得依《经济部令》之所定,申报于税捐局长。

第二十三条　纳税义务人有左列各款之一时,应依《财政部令》所定,申报于税捐局长。

一、变更住所或姓名或商号时;

二、迁移营业场时。

因继承或让与承继营业时,对其承继人亦与前项同。

第二十四条　因继承或让与而发生营业之承继时,向在纳期视为营业者征收营业税。税捐局长认为因继承或让与而发生营业之承继者时亦同。

前项情形前,营业者之该年份营业税尚有未纳者,承继人与前营业者连带负其缴纳之义务。

前二项情形关于该年份营业税,前营业者依本法规定所为之程序,视为承继人所为之程序;前营业者所受课税标准之决定,视为承继人所受课税标准之决定。

第二十五条　继承人关于其继承开始前之营业,负对被继承人应行课征之营业税缴纳之义务。

前项规定于继承人有无不明时之继承财产准用之。在此项情形,对于依本法规定继承人应为之程序及对继承人应为之政府之程序,以继承财产之管理人视为继承人。

第二十六条　税务官吏关于营业税之调查或取缔上认为有必要时,得临检营业场检查关于营业之账簿物件或质询营业者。

第二十七条　以偷漏营业税之目的,有左列各款行为之一者,处相当于其偷漏或希图偷漏之营业税之一倍以上、十倍以下罚金。但罚金额不得少于十圆。

一、不为课税标准之申报时;

二、课税标准之申报有虚伪时;

三、以诈术请求课税标准之更订或营业税缴纳之免除时;

四、当请求课税标准审查之际为虚伪之证明时;

五、为蒙混税务官吏课税标准之调查,提示虚伪之账簿或为虚伪之答辩时。

合于前项规定者，所偷漏之营业税不拘第二十条之规定，立即征收之。

第二十八条　不为依第九条或第二十三条规定之申报者，处二十圆以下科料。

第二十九条　妨害依第二十六条规定之税务官吏职务之执行者，处三百圆以下罚金或科料。

第三十条　依第十一条之规定受咨询者或有此项经历者，关于营业税所得知悉之秘密无正当之事由泄漏时，处一千圆以下罚金。

第三十条之二　从事关于营业税之调查或审查事务之公务员或曾为公务员者，关于营业税所得知悉之秘密，无正当之事由不得泄漏。

第三十条之三　新京特别市、市、县或旗除依《地方税法》课营业税附加捐外，对于依本法受课税之营业，不得为任何课税。

附则

第三十一条　本法自康德二年七月一日施行。

第三十二条　依本法之康德二年份营业税之课税标准，不拘第八条之规定，为按左列区分算出之金额。

一、对于自大同三年一月一日起继续经营之营业，为将大同三年一月起至康德元年十二月止之期间之卖钱金、收入金、承揽金或报酬金分作二份所得之金额；

二、对于在大同三年一月二日起至康德二年六月三十日止之间开始之营业，为康德二年七月起至同年十二月止之期间之卖钱金、收入金、承揽金或报酬金之预算金额；

三、对于康德二年七月一日以后开始之营业，为营业开始之月起至康德二年十二月止之期间之卖钱金、收入金、承揽金或报酬金之预算金额。

第三十三条　限于依本法之康德二年份营业税，第九条第一项之规定中所称一月三十一日即为八月三十一日，所称二月一日即为九月一日。

第三十四条　限于依本法之康德二年份营业税，不拘第二十条之规定，将其税额分作二份，于左列二期征收之。

第一期：康德二年十月一日起三十一日以前；

第二期:康德二年十二月一日起三十一日以前。

第三十五条　从前之法令中关于对营业课税之规定废止之。但关于对营业课税之事项,其属于本法施行以前者,仍照向例办理。

　　　　附则(康德三年十二月二十六日敕令第一九四号)

本法自康德四年一月一日施行。

　　　　附则(康德四年八月十一日敕令第二二五号)

本法自公布日施行。

　　　　附则(康德四年十二月二十八日敕令第四九七号)

本法自康德五年一月一日施行。

对于本法施行前应赋课及征收之交易所税之赋课征收,仍依从前之例。

《营业税法》施行规则

　　　　(康德二年六月二十九日财政部令第二七号)
　　　　　　修正　康德四年八月经济部令第八号

兹制定《〈营业税法〉施行规则》如左。

第一条　依《营业税法》第九条规定之申报,应将开列按同法第五条规定之营业种类及种目、各别之课税标准及营业场所在地、商号、住所及姓名之申报书,提出于营业场本管税捐局长而为之。

第二条　税捐局长依《营业税法》第十条之规定决定课税标准时,应以书面通知纳税义务人。

前项之决定通知,每年应于五月三十一日以前为之。但在左列情形,应于决定之随时为之。

一、该年废止营业时;

二、该年开始营业时;

三、关于课税标准之决定发见有脱漏情事时;

四、课税标准之决定后,纳税义务人报明有课税标准增加之情事时。

第三条　拟依《营业税法》第十二条第一项之规定请求课税标准之审查者,应于自接受前条决定通知之日起算二十日内,将开具不服事由之书面连同证明文件,呈由为该项决定之税捐局长,提出于税务监督署长。

第四条　税务监督署长依《营业税法》第十三条之规定决定课税标准时,应以书面通知纳税义务人。

税务监督署长在接受《营业税法》第十二条第一项之请求时,如该项请求系属违反程序者,应以书面驳回之。

第五条　拟依《营业税法》第十四条第一项之规定请求课税标准之审查者,应于自接受前条第一项决定通知或同条第二项驳回之通知之日起算三十日内,将开具不服事由之书面连同证明文件,呈由为该项决定之税务监督署长,提出于财政部大臣。

第六条　财政部大臣依《营业税法》第十五条之规定决定课税标准时,以书面通知纳税义务人。

第四条第二项之规定,对于财政部大臣所为之《营业税法》第十四条第一项之请求系属违反程序者时,准用之。

第七条　纳税义务人拟依《营业税法》第十六条之规定受课税标准之更订时,或拟依同法第十七条第一项之规定受营业税缴纳之免除时,应将开具该项事由之书面连同证明文件,提出于税捐局长而请求之。

第八条　依《营业税法》第十七条第一项规定之营业之利益金额,为由该年各该营业之总收入金额内扣除为获得该项收入所必要经费之金额。

第九条　税捐局长依《营业税法》第十六条之规定更订课税标准时,或依同法第十七条第一项之规定免除营业税之缴纳时,应以书面通知纳税义务人。

遇有《营业税法》第十六条之请求时,如该项请求系属违反程序或由税捐局长认为该年份之卖钱金、收入金、承揽金或报酬金之实际金额达课税标准之二分之一者;及遇有同法第十七条第一项之请求时,如该项请求系属违反程序者或由税捐局长认为该年之营业之利益金额达该年份营业税额之二十成者,税捐局长应以书面驳回之。

第三条及第五条之规定,于纳税义务人对于税捐局长所为之前二项处分有异议时;准用之。

第十条　纳税义务人拟依《营业税法》第二十一条第一项之规定出具纳税保证人时,应将各该保证人之保证书提出于税捐局长,受其承认。

纳税义务人滞纳营业税时,纳税保证人作为纳税人而负其义务。

第十一条　具有纳税保证人之纳税义务人滞纳营业税时,税捐局长对于纳税保证人应以书面指定期限命其缴纳。

纳税保证人于前项指定期限内未缴纳税金时,对于纳税义务人督促其缴纳。

纳税义务人于督促指定期限内未缴纳督促手续费及税金时,对于纳税义务人执行滞纳处分。

依前项滞纳处分之结果,于应征收之滞纳处分费、督促手续费、延滞金及税金仍有不缴时,对于纳税保证人执行滞纳处分。但如认为纳税义务人之财产之价格,对于应征收之滞纳处分费、督促手续费、延滞金及税金有不敷时,得在对于纳税义务人之滞纳处分了结前,不妨对纳税保证人之财产为查封。

第十二条　纳税义务人废止营业时,应将开列营业种类、种目、营业场所在地、商号、姓名及废业年月日之申报书提出于税捐局长。

第十三条　依《营业税法》第二十三条规定之申报,应于自各该事实发生之日起算十日内,将开具该项事实之申报书提出于税捐局长而为之。但在因继承而承继营业时,以自知悉其承继之事实后二十日内申报即可。

第十四条　税务官吏依《营业税法》第二十六条之规定执行职务时,应携带另表样式之《营业税检查官吏之证》。

附则

第十五条　本令自康德二年七月一日施行。

第十六条　第二条第二项之规定中所称五月三十一日者,限于依《营业税法》之康德二年份营业税为九月三十日。

附则(康德四年八月二日经济部令第八号)

本令自公布日施行。

法人营业税法

(康德二年六月二十九日敕令第五六号)

修正　康德三年十二月敕令第一九五号、四年六月第一四一号、八月第二二六号、十二月第四九八号、五年十二月第三〇一号、六年十二

月第三四六号

朕依《组织法》第四十一条,经咨询参议府,裁可《法人营业税法》,著即公布。

(国务总理、财政部大臣副署)

第一条　对于营利法人,依本法课法人营业税。但资本或出资之总额未满五万圆之内国法人,及于帝国内有营业场之外国法人未有依外国法人法所登记之支店者,不在此限。(康六・第三四六号本条中修正)

第二条　以构成员相互之利益而营事业为目的所设立之法人或非法人之社团,本法适用上视为营利法人。

前条但书之规定,对于前项之法人或社团不适用之。(康六・第三四六号本条中修正)

第三条　(康六・第三四六号本条删除)

第四条　对于《营业税法》第三条规定之营业,不课法人营业税。(康四・第四九八号本条中修正)

第五条　法人营业税分为正税及附加税。

正税税率对于营业纯益依左列区分。

一、普通纯益:百分之八。

二、超过纯益:

对于第一条规定之营利法人之超过纯益金额,区分左列各级,递次适用各税率。

普通纯益金额中,超过对于资本金额以年率百分之十所算出金额之金额:百分之四;

超过以年率百分之二十所算出金额之金额:百分之十;

超过以年率百分之三十所算出金额之金额:百分之二十。

三、清算纯益:百分之八。

附加税税率为正税百分之七十五。但对于超过纯益不课之。(康五・第三〇一号本条修正,六・第三四六号本条中修正)

第六条　法人之营业纯益依左列区分。

一、普通纯益;

由法人之每事业年度中之总利益金扣除总亏损金之金额。

二、超过纯益；

由第一条规定之营利法人之普通纯益金额扣除对于该事业年度之资本金额，以年率百分之十所算出金额之金额。

三、清算纯益。

由法人解散时之残余财产价格扣除解散当时之已缴株式金额或出资金额及公积金之合计金额之金额。

于法人合并时，因合并而消灭之法人之株主或社员，由合并后存续之法人或因合并而设立之法人。因合并而取得之株式之已缴金额或出资金额及金钱之总额，如超过因合并而消灭之法人之合并当时之已缴株式金额或出资金额及公积金之合计金额时，其超过金额视为因合并而消灭之法人之清算纯益。

受适用本法之法人至合于第一条但书时之资产评价额，超过当时之已缴株式金额或出资金额及公积金之合计金额时，其超过金额视为该法人之清算纯益。

关于前三项金额计算之事项，以《经济部令》定之。（康五·第三〇一号本条修正，六·第三四六号本条中修正）

第六条之二　本法所称公积金者，系指法人之普通纯益中其保留之一切金额而言。（康四·第四九八号本条追加）

第七条　法人之一事业年度，本法适用上不得超过一年。

法人如在事业年度中解散或因合并而消灭时，本法适用上以自各该事业年度之始起至解散或合并为止之期间，视为一事业年度。

前项之规定，于外国法人封闭其支店或受适用本法之法人至合于第一条但书时准用之。（康四·第四九八号、六·第三四六号本条中修正）

第八条　纳税义务人应依《财政部令》所定，将课税标准申报于税捐局长。

第九条　课税标准依前条之申报决定之。如无申报或认为申报不相当时，由税捐局长调查后决定之。

第十条　纳税义务人对于税捐局长所决定之课税标准有异议时，得依《财政部令》所定，向税务监督署长为审查之请求。

纵有前项之请求时，税金之征收并不予以犹豫。

第十一条　税务监督署长接受前条第一项之请求时，加以审查而决定其课税标准。

第十二条　纳税义务人对于前条之决定有异议时,得依《财政部令》所定,更向经济部大臣为审查之请求。税务监督署长驳回第十条第一项之请求时亦同。

第十条第二项之规定,于有前项之请求时准用之。

第十三条　经济部大臣接受前条第一项之请求时,加以审查而决定其课税标准。

第十四条　法人营业税对于普通纯益及超过纯益之份,按每事业年度对于清算纯益之份,于清算、合并或受适用本法之法人至合于第一条但书时征收之。(康四・第四九八号、五・第三〇一号本条修正、六・第三四六号本条中修正)

第十五条　合并后存续之法人或因合并而设立之法人且受适用本法者,对于因合并而消灭之法人于其合并前所经营之事业,负法人营业税、营业税或自由职业税缴纳之义务。(康六・第三四六号本条修正)

第十六条　纳税义务人有左列各款情形之一时,应依《财政部令》所定,申报于税捐局长。

一、变更名称时;

二、迁移主事务所、本店、支店或其他营业场时;

三、除合于前二款事项外变更章程所载事项时。

第十七条　税务官吏关于法人营业税之调查或取缔上认为有必要时,得临检营业场,检查关于营业之账簿物件或质询法人之社员、代表人或其他从事于法人之事务者。

第十八条　法人之社员、代表人或其他从事于法人之事务者,以偷漏法人营业税之目的,有左列各款行为之一时,处各该法人以相当于其偷漏或意图偷漏之法人营业税之一倍以上、十倍以下罚金。但罚金金额不得少于十圆。

一、不为课税标准之申报时;

二、课税标准之申报有虚伪时;

三、当请求课税标准审查之际为虚伪之证明时;

四、为蒙混税务官吏课税标准之调查,提示虚伪之账簿或为虚伪之答辩时。

第十九条　法人之社员、代表人或其他从事于法人之事务者,不为依第八条或第十六条规定之申报时,处各该法人以二十圆以下科料。(康四·第二二六号本条中修正)

第十九条之二　前二条之规定,不妨适用《租税犯处罚法》第四条及第五条之规定。(康三·第一九五号本条追加)

第二十条　法人之社员、代表人或其他从事于法人之事务者,妨害依第十七条规定之税务官吏职务之执行时,处三百圆以下罚金或科料。(康四·第二二六号本条中修正)

第二十一条　从事关于法人营业税之调查或审查之事务之公务员或曾为公务员之人,关于法人营业税所得知悉之秘密,无正当之事由不得泄漏。(康四·第四九八号本条修正)

第二十一条之二　新京特别市、市、县、旗、街或村,对于受适用本法之营利法人之营业,不得为任何课税。(康五·第三〇一号本条修正、六·第三四六号本条中修正)

附则

第二十二条　本法自康德二年七月一日施行。

第二十三条　在康德二年七月一日以后终了之事业年度,其期间跨越康德二年六月三十日以前之法人之依本法之法人营业税课税标准,由各该事业年度之纯益金额内,扣除依按日计算之方法算出之属于康德二年六月三十日以前期间之纯益金额而计算之。

附则(康德三年十二月二十六日敕令第一九五号)

本法自康德四年一月一日施行。

对于跨连康德三年十二月三十一日与康德四年一月一日之事业年度份纯益中,依按日计算之方法算定之属于康德三年十二月三十一日以前之期间者,所课正税额为课税标准之附加税,不课之。

附则(康德四年八月二日敕令第二二六号)

本法自公布日施行。

附则(康德四年十二月二十八日敕令第四九八号)

本法自康德五年一月一日施行。

对于依《矿业税法》缴纳矿业税之法人或为取引所营业之法人,于康德五年一月一日以后终了之事业年度之期间跨越康德四年十二月三十一日以前者所为之矿业或取引所营业,依按日计算之方法算定之属于康德四年十二月三十一日以前之期间之纯益,不课法人营业税。

附则(康德五年十二月二十三日敕令第三〇一号)

本法自康德六年一月一日施行。

对于跨连康德六年一月一日与康德五年十二月三十一日之事业年度份纯益中,依按日计算之方法所算出属于康德五年十二月三十一日以前期间之纯益,仍依从前之例。

附则(康德六年十二月二十八日敕令第三四六号)

本法自康德七年一月一日施行。

关于对第二条所规定营利法人超过纯益之课税之从前规定,溯及康德六年一月一日废止之。

对于跨连康德七年一月一日与康德六年十二月三十一日之事业年度份纯益中,依按日计算之方法所算出属于康德六年十二月三十一日以前期间之纯益,仍依从前之例。

本法施行之际,合于第一条但书法人之跨连康德七年一月一日与康德六年十二月三十一日之事业年度份纯益,应准于前项之规定计算,并准于第八条之规定申报于税捐局长。

《法人营业税法》施行规则

(康德二年六月二十九日财政部令第二八号)

修正 康德四年八月经济部令第一三号、十二月第九六号、五年十二月第五六号、六年十二月第七八号

兹制定《〈法人营业税法〉施行规则》如左。

第一条 以管辖法人之主事务所或本店之税捐局为法人营业税本管税捐局。但对于外国法人依外国法人法以管辖,可视为本店之支店之税捐局为所辖税捐局。(康四・第九六号本条中修正)

第二条 为法人营业税课税标准之普通纯益,由法人营业中应课法人营业税营业之总利益金内扣除总亏损金而计算之。

法人之前事业年度结转之利益金或亏损金,在该事业年度课税标准之普通纯益之计算上,不计入总利益金或总亏损金内。(康四・第九六号本条中修正)

第三条　《营业税法》第六条之规定于法人所为营业纯益之计算准用之。（康四·第九六号本条中修正）

第三条之二　《法人营业税法》第六条第一项第一款之资本金额，为依于该事业年度各月末之缴入株式金额、出资金额及公积金合计之按月平均额。

于法人有应课法人营业税之纯益及其他纯益时，《法人营业税法》第六条第一项第二款之资本金额，就该法人于准照前项所计算之。其总资本金额乘以对于总资产价额应课法人营业税纯益之基本之资产价额之成数计算之。但以依资产价额之成数为不适当时，不妨依收入金之成数或其他适当标准计算之。（康五·第五六号本条修正）

第三条之三　《法人营业税法》第六条第一项第二款之对于资本金额以年百分之十之成数所算出之金额，为于依前条之规定所计算之资本金额乘以该事业年度之月数十二分之金额，再乘以百分之十计算之。（康五·第五六号本条追加）

第四条　外国法人之营业纯益，依外国法人法于可视为本店之支店，按左列各款汇总计算之。

一、关于普通纯益之计算难区分计算在《法人营业税法》施行地之营业纯益金额时，于该法人之总纯益金额乘以对于其总收入金额于《法人营业税法》施行地营业收入金额之成数计算之。但以依收入金额之成数为不适当时，不妨依资产价额之成数或其他适当标准计算之。

二、关于超过纯益之计算第三条之二规定之资本金额，为于该法人总资本金额乘以对于总资产价额于《法人营业税法》施行地资产价额之成数计算之。但以依资产价额之成数为不适当时，不妨依收入金之成数或其他适当标准计算之。

三、关于清算纯益之计算，依《法人营业税法》第六条第一项第三款之规定，应由残余财产价额扣除之金额依于支店关闭当时，对于《法人营业税法》施行地外之本支店所有之借贷方冲结借方之合计金额。（康五·第五六号本条修正）

第五条　《法人营业税法》第八条规定之申告，由法人之代表人应将记载课税标准及其计算之基础之申告书附具财产目录、借贷对照表、损益计算书或清算或关于合并之书类，提出于税捐局长。但在外国法人时，依外国法人法所定之代表人在依《法人营业税法》视为营利之法人社团,由该社团时之执行业务人为之。

对于法人普通纯益及超过纯益之前项申告,应于自每事业年度终了之月之翌月起算四个月内决算确定之日或自解散、合并、支店封闭,或至合于《法人营业税法》第一条但书之日起算十四日内为之。

对于已解散法人之清算纯益之第一项之申告,应俟残余财产确定后于其分配前为之;将残余财产分为数回分配者,应每于其应分配之残余财产确定时为之。

对于因合并所消灭法人之清算纯益之第一项之申告,应于合并之日起算十四日内,由合并后存续之法人或合并另立之法人为之。

第二项之规定,就外国法人之支店闭锁时或受适用《法人营业税法》之法人至合于同法第一条但书时应为之清算纯益之申告,准用之。

前各项之规定,就应课法人营业税之法人而无营业之纯益时准用之。(康四・第九六号本条修正、五・第五六号、六・第七八号本条中修正)

第六条　税捐局长依《法人营业税法》第九条之规定决定课税标准时,应以书面通知纳税义务人。

第七条　拟依《法人营业税法》第十条第一项之规定请求课税标准之审查者,应于自接受前条决定通知之日起算二十日内,将开具不服事由之书面连同证明文件,呈由为该项决定之税捐局长,提出于税务监督署长。

第八条　税务监督署长依《法人营业税法》第十一条之规定决定课税标准时,应以书面通知纳税义务人。

税务监督署长在接受《法人营业税法》第十条第一项之请求时,如该项请求系属违反程序者,应以书面驳回之。

第九条　拟依《法人营业税法》第十二条第一项之规定请求课税标准之审查者,应于自接受前条第一项决定通知或同条第二项驳回之通知之日起算三十日内,将开具不服事由之书面连同证明文件,呈由为该项决定之税务监督署长,提出于经济部大臣。

第十条　经济部大臣依《法人营业税法》第十三条之规定决定课税标准时,以书面通知纳税义务人。

第八条第二项之规定,对于经济部大臣所为之《法人营业税法》第十二条第一项之请求系属违反程序者时,准用之。

第十一条　设立法人之时,应于设立后十日内,将设立当时之财产目录及贷借对照表附具于定款或相当于此之书类,提出于税捐局长。

前项之规定,就合于第四条之外国法人设置支店时,或受适用《营业税法》或《自由职业税法》之法人至受适用《法人营业税法》时,准用之。(康四·第九六号本条修正,六·第七八号本条中修正)

第十二条　依《法人营业税法》第十六条规定之申报,应由法人代表人于自各该事实发生之日起算十日内,将开具该项事实之申报书提出于税捐局长而为之。

第五条第一项但书之规定,于前项之申报准用之。(康四·第九六号本条中修正)

第十三条　税务官吏依《法人营业税法》第十七条之规定执行职务时,应携带"营业税检查官吏之证"。

附则

第十四条　本令自康德二年七月一日施行。

附则(康德四年十二月二十八日经济部令第九六号)

本令自康德五年一月一日施行。

本令施行之际现存之外国法人,应由合于第四条第一项之支店,将定款或相当于此之书类,于康德五年一月一日以前提出于税捐局长。

附则(康德五年十二月二十三日经济部令第五六号)

本令自康德六年一月一日施行。

附则(康德六年十二月二十八日经济部令第七八号)

本令自康德七年一月一日施行。

本令施行之际合于《法人营业税法》第一条但书之法人之跨连康德七年一月一日与康德六年十二月三十一日事业年度份之普通纯益及超过纯益之申告,不拘第五条第二项之规定,应自其事业年度决算确定之日起算十四日内为之。但自事业年度终了之月之翌月起算,不得超过二个月。

游兴饮食税法

(康德六年十一月二十三日敕令第三〇〇号)

朕依《组织法》第三十六条,经咨询参议府,裁可《游兴饮食税法》,

著即公布。

（国务总理、经济部大臣副署）

第一条　对于艺妓、酌妇其他类此者之花代（包含类此之料金，以下同）及跳舞薪金，并于料理屋、跳舞场、特殊饮食店及饮食店之饮食其他之料金，依本法课以游兴饮食税。

第二条　游兴饮食税之课税标准及税率依左列区分。

一、艺妓之花代：百分之三十二；

二、艺妓以外者之花代、跳舞料金或于料理屋、跳舞场或特殊饮食店之饮食其他之料金：百分之十六；

三、于饮食店之饮食其他之料金：百分之八。

关于前项课税标准之算定，以《经济部令》定之。

第三条　于饮食店之饮食其他之料金，对于每人每回未满五圆时，免除游兴饮食税之课税。

关于前项之每人每回料金之计算，以《经济部令》定之。

第四条　经济部大臣对于其特指定之地域，得将第二条之税率减半及将前条免除课税之金额定为八圆未满。

第五条　游兴饮食税应由应领收第一条规定之花代、跳舞料金或饮食其他之料金者，向游兴或饮食者随时征收之，将其每月份依《经济部令》之所定添附计算书于翌月末日以前缴纳于税捐局长。但征收义务人废止其经营时，应即缴纳之。

于前项情形，征收义务人不拘征收各该税金与否，负其缴纳之义务。

第六条　对于依前条之规定缴纳税金者，依《经济部令》之所定，交付一定之金额。

第七条　征收义务人不缴纳游兴饮食税时或其缴纳之税额有不足时，税捐局长应调查决定其应缴纳之税额，令其缴纳之。

于前项情形，关于《国税征收法》之适用，以征收义务人视为纳税义务人。

第八条　征收义务人虽经过一定之期间不能向游兴或饮食者征收游兴饮食税时，得依《经济部令》之所定，对于税捐局长请求返还其已缴纳之税金。

依前项之规定返还税金时,各该税金应由税捐局长向该游兴或饮食者征收之。

第九条　依第七条第一项之规定被命缴纳游兴饮食税者有异议时,得依《经济部令》之所定,对于税务监督署长请求审查。

虽有前项之请求时,税金之征收不予犹豫。

第十条　税务监督署长接受前条第一项之请求时,加以审查而决定其税额。

第十一条　对于前条之决定有异议者,得依《经济部令》之所定,更对经济部大臣请求审查税务。监督署长却下第九条第一项之请求时亦同。

第九条第二项之规定有前项之请求时准用之。

第十二条　经济部大臣接受前条第一项之请求时,加以审查而决定其税额。

第十三条　拟经营第一条规定之游兴或饮食之场所者,应依《经济部令》之所定,先将其旨申告于税捐局长。拟废止时亦同。

第十四条　因让渡、继承或法人之合并而承继第一条规定之游兴或饮食场所之经营者,应依《经济部令》之所定,将其旨申告于税捐局长。

前项之承继人,如前经营人所应缴纳之游兴饮食税有未纳者时,与前经营人连带负其缴纳之义务。

于前项情形,前经营人依本法规定所为之手续视为承继人所为之手续,前经营人所受税额之决定视为承继人所受税额之决定。于第二项情形,关于《国税征收法》之适用,以承继人视为纳税义务人。

第十五条　第一条规定之游兴或饮食场所之经营人及与游兴场所之经营人于经营上有交易关系者,应依《经济部令》之所定,将关于其业务之事项记载于账簿。

前项规定者应依《经济部令》之所定,将关于其业务之事项申告于税捐局长。

第十六条　税务官吏认为关于游兴饮食税之调查或取缔上有必要时,得对前条规定者或游兴或饮食者质询或检查关系账簿书类。

第十七条　以偷漏或使偷漏游兴饮食税之目的为左列各款情形之一之行为者,处相当于其偷漏、希图偷漏或使偷漏、使希图偷漏之游兴饮食税之一倍以上、十倍以下之罚金或科料。但科料额不得少于十圆。

一、不提出第五条之计算书；

二、于前款之计算书为虚伪之记载；

三、依第九条第一项及第十一条第一项之规定请求审查之际，为虚伪之证明；

四、为蒙混税务官吏关于游兴饮食税之调查，提示虚伪之账簿或为虚伪之答辩。

于前项情形，游兴饮食税不拘第五条之规定，向各该征收义务人立即征收之。

第十八条　有左列各款情形之一者，处一百圆以下之罚金或科料。

一、不为依第十三条规定之申告而经营第一条规定之游兴或饮食之场所者；

二、懈怠或诈伪依第十五条第一项规定之账簿之记载者；

三、懈怠或诈伪依第十五条第二项规定之申告者。

第十九条　阻障依第十六条规定之税务官吏职务之执行者，处三百圆以下之罚金或科料。

第二十条　省地方费、新京特别市、市、县或旗，对于依本法受课税之花代、跳舞料金或饮食其他之料金，不得为一切之课税。但新京特别市、市、县或旗课以游兴饮食税附加捐不在此限。

第二十一条　税捐局长对于第一条规定之游兴或饮食场所之经营人所组织之团体，关于游兴饮食税，得令其为缴税上必要之施设或补助缴税事务。

于前项情形，对于前项之团体，得依《经济部令》之所定，交付一定之金额。

附则

第二十二条　本法自康德六年十二月一日施行。

第二十三条　自本法施行前继续经营第一条规定之游兴或饮食之场所者，应于本法施行后一月以内，准于第十三条之规定，申告于税捐局长。

对于不为前项规定之申告者，准用第十八条之规定。

《游兴饮食税法》施行规则

（康德六年十一月二十三日经济部令第五八号）

兹将《〈游兴饮食税法〉施行规则》制定如左。

第一条　以管辖《游兴饮食税法》第一条规定之游兴或饮食之场所及与同法第十五条规定之游兴之场所有经营上交易关系之场所之所在地之税捐局，为游兴饮食税之所辖税捐局。

第二条　《游兴饮食税法》第一条称料理屋，谓不问其是否自家调理饮食物或使艺妓或酌妇寄寓与否，凡以提供饮食物于顾客，使艺妓或酌妇侍于客席为歌舞音曲或其他招待顾客为业者。

第三条　《游兴饮食税法》第一条称跳舞场，谓设有跳舞必要之设备使顾客跳舞为业者。

第四条　《游兴饮食税法》第一条称特殊饮食店，谓不问其名称如何，有洋式之设备提供饮食物于顾客，使女侍侍于客席而招待为业者。

第五条　《游兴饮食税法》第一条称饮食店，谓经营提供饮食物之场所者，而非料理屋或特殊饮食店者。

第六条　《游兴饮食税法》第二条之课税标准，不问其为花代、跳舞料金、饮食费、房间费、余兴费或其他名目如何，按同法第五条之征收义务人由游兴或饮食者就其游兴或饮食应领收之金额。

征收义务人对于游兴或饮食者，虽免除其支付前项金额之一部或全部时，关于课税标准之算定，应视为未免除者。

第七条　于饮食店二人以上共同饮食时之一人一次饮食及其他之料金，不论负担者如何，按以饮食之人数除其料金之合计额所得之金额。

第八条　《游兴饮食税法》第五条第一项规定之税金之缴纳，应以第一号样式之游兴饮食税送纳书，向税捐局或最近之满洲中央银行为之。

《游兴饮食税法》第五条第一项规定之计算书，应依第二号样式调制，与前项之游兴饮食税送纳书一同提出之。

第九条　征收义务人依《游兴饮食税法》第五条第一项之规定缴讫税金时，依其请求，以于纳期内缴讫者为限，交付相当于其税额之百分之三之金额。

接受交付前项金额者，应将在该月中缴讫之税金之请求书，于翌月十日以前提出于税捐局长。

第十条 税捐局长依《游兴饮食税法》第七条第一项之规定决定应饬其缴纳之税额时,应以书面通知征收义务人。

第十一条 依《游兴饮食税法》第八条第一项之规定拟请求返还税金者,应就于纳期内缴讫之游兴饮食税额中,自游兴或饮食之时起算,经过九个月犹未能征收之税金为之。但受税捐局长承认者,虽未到该期间,亦无妨请求之。

前项之请求,应依第三号样式之游兴饮食税返还请求书,由经过前项期间之时或受税捐局长承认之时起算,于三个月以内为之。

第十二条 于征收义务人,由游兴或饮食者就其游兴或饮食已领收其应领收金额(包含不算入课税标准之垫款)之一部时,前条第一项之未能征收之税金,于其未领收部分之金额乘以对于应领收之合计金额(包含不算入课税标准之垫款)之税金之成数计算之。

第十三条 拟依《游兴饮食税法》第九条第一项之规定为审查请求者,应于接受第十条通知之日起算二十日以内,将证凭文件附于记载不服事由之书面,呈经为该决定之税捐局长,提出于税务监督署长。

第十四条 税务监督署长依《游兴饮食税法》第十条之规定决定应饬其缴纳之税额时,应以书面通知征收义务人。

税务监督署长于接受《游兴饮食税法》第九条第一项之请求时,该请求如系违反程序者,应以书面却下之。

第十五条 拟依《游兴饮食税法》第十一条第一项之规定为审查请求者,应于接受前条第一项之决定通知或同条第二项之却下通知之日起算三十日以内,将证凭文件附于记载不服事由之书面,呈经为该决定之税务监督署长,提出于经济部大臣。

第十六条 经济部大臣依《游兴饮食税法》第十二条之规定决定应饬其缴纳之税额时,应以书面通知征收义务人。

第十七条 拟经营《游兴饮食税法》第一条规定之游兴或饮食之场所者,应按每场所,将记载左列事项之申告书提出于税捐局长。但在税捐局长指定之饮食店,不在此限。

一、经营者之住所及姓名或名称;

二、经营场所之种类及名称并所在地;

三、从业者之区分及人数;

四、经营场所之房间其他设备之概要;

五、开业年月日。

第十八条　《游兴饮食税法》第一条规定之游兴或饮食之场所之经营人拟废止其经营时,应立将其旨申告税捐局长。

第十九条　《游兴饮食税法》第一条规定之游兴或饮食之场所之经营人拟将其经营休止一月以上时,应定其期间事前申告税捐局长。

第二十条　《游兴饮食税法》第一条规定之游兴或饮食之场所之经营人拟迁移其经营之场所时,应具迁移事实准照第十七条之规定申告之。

第二十一条　因继承或法人合并承继经营《游兴饮食税法》第一条规定之游兴或饮食之场所者,应于该事实发生之日起算十日以内,准照第十七条之规定申告之。

让受《游兴饮食税法》第一条规定之游兴或饮食之场所之经营者,应与让渡人连署,准照前项申告之。

第二十二条　依第十七条及第十九条至前条之规定所申告之事项如发生变动时,应随时申告税捐局长。

第二十三条　《游兴饮食税法》第一条规定之游兴或饮食之场所之经营人,应按每次游兴或饮食,将左列事项记载于账簿。

一、游兴或饮食之年月日;

二、料金之种类及金额;

三、料金领收之年月日及领收金额;

四、饮食者之人数;

五、对于二人以上共同之饮食,其一人一次之饮食及其他之料金。

料理屋、跳舞场或特殊饮食店之经营人,得勿庸记载前项第四款及第五款之事项。

税捐局长认为有必要时,得命记载游兴或饮食者之住所及姓名。

第二十四条　艺妓、酌妇及其他类此者之领主或准此者或关于其营业为媒介者,应按艺妓、酌妇及其他类此者之每去处之场所,每次将左列事项记载于账簿。

一、艺妓、酌妇及其他类此者之区分及艺名;

二、艺妓之花代或艺妓以外者之花代之金额。

第二十五条　前条规定者,应将每月份艺妓之花代或艺妓以外者之花代,按艺妓、酌妇及其他类此者之每去处之场所,分别记载之申告书,于翌月十五日以前提出于税捐局长。

第二十六条 税捐局长依《游兴饮食税法》第二十一条之规定,对于同法第一条规定之游兴或饮食之场所之经营人、组织人团体,命其为游兴饮食税征税上必要之施设或补助征税事务时,对该团体交付相当于其所属团体员于纳期内缴讫之游兴饮食税额之百分之二之金额。

第九条第二项之规定,于前项金额之请求准用之。

第二十七条 前条规定之团体如违背前条之命令时,得不交付应交付金额之全部或一部。

附则

本令自康德六年十二月一日施行。

出产粮石税法

（大同二年十一月三十日教令第九四号）

修正 康德六年十二月敕令第一八七号、二年六月第五八号、三年十二月第一九六号、四年八月第二二八号

兹经咨询参议府,制定《出产粮石税法》,著即公布此令。

（国务总理、财政部总长副署）

第一条 凡于国内出产粮石者,就其粮石在左列情形,应缴纳出产粮石税。

一、粮石收获后当第一次移往他处时;

二、为粮石制品之制造原料而使用粮石时。

关于出产粮石者,自家用之粮石不适用前项之规定。

第二条 凡运送他人所出产而未经缴纳出产粮石税之粮石者,关于出产粮石税之缴纳视同前条第一项第一款行为之出产粮石者。

第三条 出产粮石税分为正税及附加税。其正税税率依左列区分附加税,税率为正税百分之五十。

种类	种目	税率
粗粮	包米（玉米）、包米楂、红粮（高粱）、秫米、谷子、小米、糜子、元米（黄米）、稗子、稗米、荞麦及类似者	从价百分之〇・五

（续）

细粮	粳子、粳米、稻子、稻米（大米）、江米（糯米）、小麦、大麦、油麦及类似者	从价百分之一
油粮	芝麻、小麻子（棉麻子）、大麻子（蓖麻子）、苏子、落花生、棉子及类似者	从价百分之二·五
豆类	黄豆（元豆）、青豆、黑豆、豌豆、小豆、吉豆（绿豆）及类似者	从价百分之二·五

粮石课税标准之价格，照出产粮石税课税地之时价。

第四条　出产粮石税之缴纳义务人，应将粮石之种类、数量、价额及其他事项呈报税捐局。

第五条　出产粮石税之课税标准及税额，由税捐局长决定之。

前项之决定有不服时，得自其决定之日起三星期以内，声请税务监督署长裁决。

虽有前项之声请，税捐局长不与展缓，仍先征收税金。

第六条　凡粮石除命令另有规定者外，非有税讫票据、运输执照或寄托执照，不得运送或寄托。

第七条　凡粮石非将税讫票据提交税捐局听受检查后，不得为自家用以外之粮石制品之制造原料而使用之。

第八条　以诈伪或其他不正行为偷漏出产粮石税者，除征收该项税金外，并处以其一倍以上、十倍以下之罚金或科料。但科料额不得少于五圆。

于前项情形，犯则之情状较重者，没收该粮石。

第九条　不为依第四条规定之呈报者，或违反第六条或第七条之规定者，处以一百圆以下之罚金或科料。

第九条之二　特别市、市、乡、县或旗对于粮石，不得为任何课税。

第十条　关于施行本令所必要之规定，由经济部大臣定之。

附则

第十一条　本令自大同二年十二月一日施行。

第十二条　在奉天税务监督署管辖内所出产豆类中，关于从前所适用从价百分之一之税率之豌豆、绿豆及小豆类，截至大同三年九月三十日为止，适用从前之税率。

第十三条　奉天各税局征收统捐章程中关于出产税之规定(除关于对土货之出产税者外)及黑龙江征收统税章程中关于粮石税之规定,删除之。至吉林省征收粮税章程,并废止之。

第十四条　(康元・第一八七号删除)

　　　附则(康德元年十二月二十日敕令第一八七号)

本法自康德二年一月一日施行。

修订热河征收货物税现行章程中,关于粮石之出产税及斗用之规定,废止之。

　　　附则(康德二年六月二十九日敕令第五八号)

本法自康德二年七月一日施行。

第三条之修正规定中,对落花生及棉子之税率,在康德三年六月三十日以前定为从价百分之一・五。

　　　附则(康德三年十二月二十六日敕令第一九六号)

本法自康德四年一月一日施行。

　　　附则(康德四年八月二日敕令第二二八号)

本法自公布日施行。

酒税法

　　　(康德二年七月二十九日敕令第七一号)

修正　康德三年十月敕令第一四九号、四年八月第二二二号、十二月第四五五号、康德六年三月敕令第五五号

朕依《组织法》第四十一条,经咨询参议府,裁可《酒税法》,著即公布。

　　　(国务总理、财政部、民政部、蒙政部大臣副署)

第一条　对于酒类,依本法课酒税。

第二条　本法称酒类,谓含有"依气尔阿鲁叩尔"酒精以外之饮料。

本法称酒精,谓蒸馏酒之酒精成分九十以上者。

本法称酒精成分,谓"依气尔阿鲁叩尔"含有容量之百分率。

第三条　酒税向制造酒类者征收之。

第四条　拟制造酒类者,应定其种类,按每一制造场呈请税务监督署长许可。

酒类制造人废止酒类之制造时,应申报于税务监督署长。关于酒

类制造人遇有继承开始时,限于开始后二个月内,继承人得继续该酒类之制造。在此项情形,本法之适用上,即以该继承人视为已受酒类制造之许可者。

继承人拟于前项期间届满后仍继续制造酒类时,应于该期间内申报于税务监督署长。

已为前项申报之制造人,视为于申报之日对于被继承人曾受制造许可之酒类,已受制造之许可者。但第三项情形之继承人为数人时,以由其中之一人为该申报者为限。

前三项之规定于合并后存续之法人或因合并而另立之法人,继续制造因合并而消灭之法人曾受制造许可之酒类时,准用之。但第三项之期间为一个月。

第五条　酒税按酒类之制成石数赋课之。

前项制成石数,依《财政部令》所定查定之。

第六条　酒税税率依左列区分。

一、烧酒:

甲、酒精成分七十以上者:每一石　十八圆;

乙、酒精成分五十以上者:每一石　十圆五角;

丙、酒精成分未满五十者:每一石　八圆。

二、黄酒:每一石　十一圆五角;

三、绍兴酒:每一石　十五圆五角;

四、啤酒:每一石　十三圆五角;

五、日本清酒:每一石　十七圆;

六、朝鲜药酒:每一石　十三圆;

七、浊酒:每一石　八圆五角;

八、前列各款以外之酒:

甲、酒精成分十五以上者:每一石　每一酒精成分一圆二角五分;

乙、酒精成分未满十五者:每一石　十七圆。

混和不同种类之酒类或于酒类中混和酒类以外之物品,视为新酒类之制造。但于酒类中混和水或于烧酒中混和酒精者,不在此限。

于酒精中混和水,视为非新酒类之制造。

第七条　酒税将每月中制成之酒类部分以次月末日为限征收之。但对于绍兴酒及日本清酒,将每月中制成者之税额分作十二等分,自其次月起十二个月间，以各该月之末日为限征收之。

酒类制造人已依第四条第二项为废止制造之申报时，或已依第十三条受许可之撤销时，如有未纳之酒税者，得对其全部或一部提前第一项之缴纳期限征收之。

依第二十三条至第二十五条应征之酒税，不拘第一项之规定，立即征收之。

第八条　在已受许可之酒类制造场内为制造酒类作为原料使用之酒类，其在该制造场内所制造者不课酒税。

对于前项酒类制成之际，须受其石数之检定。

前项酒类除《财政部令》所定者外，不得供酒类制造用以外之用途。

第九条　前条第一项之酒类供他项用途时，课酒税。

依前项应课酒税之酒类制成石数，依其检定当时之石数查定之。

对于第一项之酒税，第七条第一项之适用上，以该酒类检定之日视为其制成之日。

第十条　在已受许可之酒类制造场内以酒精作为原料而制造之酒类，其酒税额为由依第六条所定之税率所算定之税额中，扣除其使用原料酒精每一石按十八圆之比例算定之金额所得之金额。

第十一条　左列酒类，如系未纳酒税者，得免除其酒税；如系已纳酒税者，得交付相当于其纳讫酒税之金额。但业经运出制造场外酒类，不在此限。

一、因不可抗力而消失者；

二、因腐坏或其他事由致不能作为酒类饮用者。

第十一条之二　对于输出外国之酒类，得依《经济部令》所定，倘经税关长认为，有不所课酒税之全部或一部之金额。

第十二条　税捐局长认为征税保全上有必要时，得命酒类制造人提供担保或指定酒类制造石数之最高限度。

关于前项担保之规定，以《财政部令》定之。

第十三条　酒类制造人如有左列各款情形之一时，税务监督署长得撤销其制造许可。

一、依前条被命提供担保者不提供时；

二、滞纳酒税时；

三、违反本法之规定而受处罚或处分时；

四、休止酒类之制造继续至一年以上时。

虽依前项之规定撤销许可时，如在其制造场内现存半制品，得依受许可之撤销者之声请，令其于一定期间内继续其制成或其他必要之行为。在此项情形，仍适用本法之规定。

第十四条　对于依第四条第二项为废止酒类制造之申报者或依前条受酒类制造许可之撤销者或其承继人，截至纳讫酒税止之间，仍适用本法之规定。关于酒类制造人遇有继承开始时之继承人，或为酒类制造人之法人因合并而消灭时之合并后仍存续或因合并而另立之法人，不为依第四条规定之酒类制造之继续者亦同。

继承人对于在继承开始前，曾为酒类制造人之被继承人所制造之酒类，负缴纳酒税之义务。

合并后存续之法人或因合并而另立之法人，对于合并前曾为酒类制造人之被合并法人所制造之酒类，负缴纳酒税之义务。

第十五条　拟设贩卖场贩卖酒类者，应按每一贩卖场申报于税捐局长。但对于酒类制造人在其制造场内所为之贩卖，不在此限。

已为前项之申报者废止其贩卖时，应申报于税捐局长。

承继酒类之贩卖者，应申报于税捐局长。

第十六条　酒类之制造人或贩卖人应备置账簿，依《财政部令》所定，记载关于其收付之事项。

第十七条　酒类之制造人应依《财政部令》所定，向税捐局长申报关于其制造之事项。

第十八条　酒类之制造人应就《财政部令》所定事项，受税捐局长之检查或承认。

第十九条　酒类之制造人应依《财政部令》所定，就其制造所用之容器、器具或机械，受税捐局长之检定。

第二十条　税务官吏认为对酒类之课税取缔上有必要时，得临检酒类之制造场、贮藏场、贩卖场或其他处所，并检查酒类或其原料品、半制品及制造或贩卖上必要之建筑物、容器、器具、机械或其他物件，或为监督上必要之处分。

第二十一条　税务官吏认为对酒类之课税取缔上有必要时，得讯问酒类之制造人、贩卖人、运送人或其他关系人，并命停止酒类之运送或为其他必要之处分。

第二十二条　税务官吏当依前二条之规定执行职务之际，如发见可为违反本法罪证之物件时，得扣押之。

第二十三条　未受第四条之许可而制造酒类者，除征收对于该酒类之酒税外，并处相当于其酒税之一倍以上、十倍以下罚金。但罚金额不得少于十圆。

前项之酒类及其容器并曾供其制造用之物品而犯人占有者，没收之。

第二十四条　酒类制造人以诈伪或其他不正行为脱免酒类制成石数之查定或希图脱免时，或超过依第十二条受指定石数制造酒类时，除征收对于该酒类之酒税外，并处相当于其酒税之一倍以上至十倍以下罚金。但罚金额不得少于十圆。

第二十五条　酒类制造人以诈伪或其他不正行为受得依第十一条规定之酒税之免除或交付金之交付或希图受得时，处相当于该酒税之一倍以上、十倍以下罚金。但罚金额不得少于十圆。

前项情形，已免除之酒税征收之，已交付之金额追征之。

对于前项金额之追征，依征收国税之例办理。

以诈伪或其他不正行为得受依第十一条之二规定之交付金之交付或希图受得者，亦与前三项同。

第二十六条　有左列各款情形之一者，处一百圆以下罚金或科料。

一、不为第十五条之申报而贩卖酒类者；

二、懈怠或虚伪依第十六条账簿之记载者；

三、懈怠或虚伪依第十七条之申报者；

四、违反第十八条或第十九条之规定者。

第二十七条　妨害根据第二十至第二十二条之税务官吏之职务执行或不服从其命令或处分者，处三百圆以下罚金或科料。

第二十八条　对于未受酒类制造之许可而有制造酒类之设备者，准用第二十条及前条之规定。

第二十九条　在本法施行地外所制造之酒类运进本法施行地内者，应依《财政部令》所定，对于该酒类缴纳依第六条税率之酒税。但对于已纳进口税之酒类，不在此限。

第三十条　对于以诈伪或其他不正行为偷漏前条规定之酒税或希图偷漏者，除征收对于各该酒类之酒税外，并处相当于其酒税之一倍以上、十倍以下罚金。但罚金额不得少于十圆。

前项之酒类及其容器而犯人占有者，没收之。

第三十一条　市、县、旗或其他地方团体，对酒类不得课地方税。

附则

第三十二条　本法自康德二年八月一日施行。

第三十三条　从前法令中关于酒类课税之规定，除康德元年敕令第一百五十六号中规定者外，废止之。但关于酒类课税之专项，其属于本法施行前者，仍依向例办理。

第三十四条　《应征消费税之物品制造取缔法》第一条中"一酒类、二卷烟、三砂糖"改为"一卷烟、二砂糖"，第二条、第三条及第四条中"酒类"删除之。但关于酒类之制造许可事项，其属于本法施行前者，仍依向例办理。

第三十五条　本法施行之际现为酒类制造人，而依《应征消费税之物品制造取缔法》受酒类制造之许可者，视为对于该酒类依本法受有酒类制造之许可者。

第三十六条　本法施行之际现贩卖酒类，而本法施行后仍拟继续贩卖者，应于本法施行后三个月内，申报于税捐局长。

附则（康德三年十月三日敕令第一四九号）

本法自公布日施行。

附则（康德四年八月二日敕令第二二二号）

本法自公布日施行。

附则（康德四年十二月十三日敕令第四五五号）

本法自酒税专卖法施行之日施行。

本法施行前之酒税，仍依从前之例。

附则（康德六年三月二十五日敕令第五五号）

本法自康德六年四月一日施行。

关于对酒类之课税及交付金之事项，属于本法施行前者，仍依从前之例。

家酿自用酒税法

（康德二年七月二十九日敕令第七二号）

修正　康德四年八月敕令第二二三号

朕依《组织法》第四十一条,经咨询参议府,裁可《家酿自用酒税法》,著即公布。

（国务总理、财政部、民政部、蒙政部大臣副署）

第一条　本法称家酿自用酒类,谓为供自己或其同居家属（自己非家长时,谓家长及其家属之与自己同居者,以下同）之用,在其住宅内制造之酒类。

本法称酒类,谓《酒税法》中规定之酒类。

第二条　拟制造家酿自用酒类者,应定其种类,受税捐局长之许可。

家酿自用酒类之制造石数,各酒类共计,每年不得超过一石。

家酿自用酒类制造人废止家酿自用酒类之制造时,应申报于税捐局长。

家酿自用酒类制造人死亡时,限于该年内,其同居之家属得继续该项酒类之制造。在此情形,本法适用上以其同居之家属视为受有家酿自用酒类制造之许可者。

前项之家酿自用酒类制造人拟在次年以后继续家酿为自用酒类之制造时,应于前制造人死亡之年内或死亡后一个月内申报于税捐局长。但同居家属为数人时,应由其中之一人为之。

已为前项之申报者,视为于其申报之日关于死亡之家酿自用酒类制造人之曾受制造许可之酒类已受依第一项之许可者。

第三条　在左列各款情形之一者,不许可家酿自用酒类之制造。

一、依《酒税法》受有制造酒类之许可者;

二、贩卖酒类者;

三、经营旅店或饭庄饮食店者;

四、与合于前列各款之一者同居者;

五、与受有家酿自用酒类制造之许可者同居者。

依本法受有家酿自用酒类制造之许可者,已至合于前项各款情形之一时,该许可嗣后即失其效力。

第四条　家酿自用酒类制造人每年应纳家酿自用酒税五圆。

第五条　家酿自用酒税将该年份于二月中征收之。但对于在由三月至十二月之间受许可者、于截至二月止之间依第二条第三项为废止制造之申报者、已至合于第三条第二项者或依第六条受许可之撤销者，随时立即征收之。

第六条　有左列各款情形之一时，税捐局长得撤销家酿自用酒类制造之许可。

一、自酿自用酒类制造人滞纳家酿自用酒税时；

二、家酿自用酒类制造人违反本法之规定而受处罚或处分时；

三、税捐局长认为对酒税之课税取缔上有撤销许可之必要时。

第七条　对于依第二条第三项为废止家酿自用酒类制造之申报者、合于第三条第二项者、依前条受家酿自用酒类制造许可之撤销者或其继承人或同居家属，截至纳讫家酿自用酒税为止之间，仍适用本法之规定。

继承人负曾为家酿自用酒类制造人之被继承人所应缴纳之家酿自用酒税缴纳之义务。依第二条第四项或第五项之规定，成为家酿自用酒类制造人之同居家属，负前制造人死亡前应缴纳之家酿自用酒税缴纳之义务。

第八条　税务官吏认为对家酿自用酒类之课税取缔上有必要时，得临检家酿自用酒类制造人之住宅，并检查酒类或其原料品、半制品及制造上必要之建筑物、器具、机械或其他物件，或为监督上必要之处分。

第九条　税务官吏认为对家酿自用酒类之课税取缔上有必要时，得讯问家酿自用酒类之制造人、其同居家属或其他关系人。

第十条　税务官吏当依第二条之规定执行职务之际，如发见可为违反本法罪证之物件时，得扣押之。

第十一条　家酿自用酒类制造人超过第二条第二项所定之限制制造酒类时，对其超过石数，除立即将适用《酒税法》所定税率算定之酒税征收外，并处相当于其一倍以上、十倍以下之罚金。但罚金额不得少于十圆。

第十二条　家酿自用酒类制造人将其所制造之酒类贩卖或为其他之有偿让与时，处十圆以上、五百圆以下罚金。

第十三条　妨害根据第八条至第十条之税务官吏之职务执行或不服从其命令或处分者，处三百圆以下罚金或科料。

第十四条　关于受有家酿自用酒类制造之许可者制造之家酿自用酒类，不适用《酒税法》。

附则

第十五条　本法自康德二年八月一日施行。

第十六条　家酿自用酒税限于康德二年份定为二圆。

附则(康德四年八月二日敕令第二二三号)

本法自公布日施行。

契税法

（康德三年五月十五日敕令第六四号）

修正　康德四年六月敕令第一四一号、八月第二三一号、十二月第三八三号

朕依《组织法》第四十一条，经咨询参议府，裁可《契税法》，著即公布。

（国务总理、财政部、民政部、蒙政部大臣副署）

第一条　凡就不动产取得所有权、地上权、耕种权或典权者，依本法课以契税。

第二条　契税之课税标准及税率，依左列区分。

权利之种类及取得原因	课税标准	税率
一、所有权		
(一)因继承或法人合并之取得	不动产价格	千分之五
(二)因遗嘱、赠与其他之无偿取得	不动产价格	神社、寺院、庙、祠宇、佛堂、教会或依《民法》第三十一条设立之法人取得时千分之二十； 其他之人取得时千分之四十
(三)因共有物分割之取得	因分割而受之不动产价格	千分之五
(四)因前各款以外原因之取得	不动产价格	千分之三十
二、地上权或耕种权		

（续）

（一）因继承或法人合并之取得		
存续期间二十年以下者	不动产价格	千分之一
同　三十年以下者	不动产价格	千分之二
同　超过三十年或附无条件更新约款者	不动产价格	千分之四
（二）因前款以外原因之取得		
存续期间十年以下者	不动产价格	千分之二
同　二十年以下者	不动产价格	千分之五
同　三十年以下者	不动产价格	千分之十
同　五十年以下者	不动产价格	千分之十五
同　超过五十年或附无条件更新约款者	不动产价格	千分之二十
三、典权		
（一）因继承或法人合并之取得；	典价	千分之四
（二）因前款以外原因之取得	典价	千分之二十

第二条之二　系于共有而取得其持分者之课税标准,依其持分之价格。

第二条之三　地上权或耕种权因移转而取得时,由存续期间扣除已经过之期间,以其残余期间视为存续期间。

第三条　契税之纳税义务人应依《经济部令》所定,于权利取得后四月以内,于记载课税标准其他必要事项之书面附具证凭书类,向税捐局长申告之。

第四条　契税之课税标准依前条之申告决定之。如无申告或认为申告不相当时,由税捐局长调查后决定之。

第四条之二　纳税义务人就税捐局长所决定之课税标准有异议时,得依《经济部令》所定,对于税务监督署长请求审查。

虽有前项之声请,而税金之征收不犹豫之。（康四·第三八三号本

条追加）

第四条之三　税务监督署长接受前条之请求时，加以审查而决定其课税标准。

对于前项之决定不得声明异议。

第五条　契税自课税标准决定之日起，于三十日以内征收之。

第六条　取得地上权、耕种权或典权并曾纳契税者，就为该项权利标的之不动产取得所有权时，其应纳之契税为由取得所有权应纳之契税额中，扣除取得地上权、耕种权或典权已纳之契税额所余之差额。

第七条　第一条所规定权利之取得，如系合于左列各款之一之不动产时，免课税。

一、供国用之不动产；

二、省地方费、特别市、市、县、旗、街或村供公用或公共用之不动产；

三、供神社、寺院、庙、忠灵地、祠宇、佛堂、教会或说教所直接用之不动产或供坟墓用之土地；

四、供公众用之道路、铁道、埠头、水道或飞行场直接用之不动产；

五、供学校或图书馆直接用之不动产；

六、依《古迹保存法》指定为古迹之不动产；

七、供外国大使馆、公使馆、或领事馆用之不动产、但该国就供帝国大使馆、公使馆或领事馆用之不动产权利之取得课以契税或与此类似之租税时除外；

八、依都邑计画法之规定供都邑计画事业用之不动产；

九、供社会事业用之不动产，经经济部大臣之指定或认可者。

第三条之规定，对于就合于前项之不动产取得第一条所规定之权利者，准用之。

第七条之二　对于就不动产取得第一条之权利者，依《经济部令》所定，发给契税执照。

第八条　税务官吏关于契税课税之调查或取缔上认为有必要时，对于第一条所规定权利得失之契约书或其他文件之持有人，得命其呈示。

第九条　不为第三条之申告或以诈伪及其他不正行为偷漏契税或希图偷漏者，处相当于该税额一倍以上、十倍以下之罚金。但罚金不得少于十圆。

在前项情形，不拘第五条之规定，立即征收其契税。（康四·第三八三号本条中修正）

第十条　不服从依据第八条规定之命令者，处三百以下之罚金或科料。

附则

第十一条　本法自康德三年六月一日施行。

第十二条　大同元年三月一日以后就不动产取得第一条所规定之权利，于本法施行之际现仍保有其权利而尚未纳契税者，关于本法之适用，视为本法施行日所取得者。但其税率仍依向例。

第十三条　关于课征契税之从前法令，废止之。（康四·第三八三号本条中修正）

第十四条　关于课征契税之税捐局长职务，得暂依经济部大臣所定，令特别市长、市长、市政管理处长、县长或旗长行之。

在前项情形，特别市、市、乡、县或旗之官吏其从事契税事务者，于本法之适用，为税务官吏。

附则（康德四年八月二日敕令第二三一号）

本法自公布日施行。

附则（康德四年十二月一日敕令第三八三号）

本法自康德四年十二月一日施行。

于本法施行前就不动产取得本法施行前之《契税法》第一条之权利，而于本法施行之际尚未征纳其契税者，就该契税之赋课及征收，仍依从前之例。

取得依从前法令认为物权而于《民法·物权编》无规定之权利者，课以对于取得与此最类似之权利者应课之契税。

<h2 style="text-align:center">《契税法》施行规则</h2>

（康德四年十二月一日经济部令第五〇号）

兹制定《〈契税法〉施行规则》如左。

第一章　通则

第一条　本令称市、县、旗长，谓就契税之赋课及征收执行税捐局长之职务之特别市长、市长、县长或旗长。

第二条　本令称契税手续，谓关于契税之赋课及征收之一切之手续。

第二章　申告手续

第三条　依《契税法》第三条规定之申告书，应记载左列事项，并须纳税义务人记名盖章。

一、不动产之表示；

（一）如系土地，其坐落、四至、地目等则及面积；

（二）如系建筑物，其种类、构造、面积及其基地之坐落及四至。

二、权利原有人及权利取得人之姓名及住所；

三、取得权利之种类；

四、取得原因及年月日；

五、不动产之价格或典价；

六、如系地上权、耕种权或典权之取得，其存续期间、未设定存续期间者其趣旨；

七、如系依《契税法》其他之法令拟受免税者其事由；

八、依代理人申告者其姓名及住所；

九、附具书类之名称及数量；

十、申告年月日。

第四条　前条之申告书，应附具左列书类。

一、证明原权利之执照其他之证明书类；

二、证明取得原因之书面；

三、就不动产之所在及取得原因，其街、村长（含保长或甲长，以下同）或四邻地所有人之证明书；

四、就取得原因如需第三人之许可、同意或承诺者，其证明之书面；

五、依代理人申告者证明其权限或资格之书面。

前项第三款及第四款之书面，得令街、村长、四邻地所有人或第三人，于申告书或证明取得原因之书面记名盖章代替之。

第五条　市、县、旗长受理申告书及附具书类者，应对纳税义务人发给受理证。

第三章　课税标准之决定

第六条　市、县、旗长依《契税法》第四条之规定决定契税之课税标准者,应以书面通知于纳税义务人。

第四章　审查请求

第七条　依《契税法》第四条之二之规定拟请求课税标准之审查之人,应于自接受前条决定通知之日起算三十日内,将记载不服事由之书面附具证凭书类,呈经为该项决定之市、县、旗长,提出于所辖税务监督署长。

第八条　税务监督署长依《契税法》第四条之三之规定决定课税标准者,应以书面通知于纳税义务人。

第九条　税务监督署长于接受课税标准审查请求时,该请求如系违背手续者,应以书面驳回之。

第五章　契税免除

第十条　关于《契税法》第七条第一项第九款规定之不课契税之不动产之指定,另由经济部大臣公告为之。

第十一条　就供社会事业用之不动产而未经前条指定者之取得,接受《契税法》第七条第一项第九款规定之契税免除认可之人,应将声请书附具直接监督该社会事业官署之证明书,呈经管辖不动产所在地之市、县、旗长,提出于经济部大臣。

第六章　契税执照之发给

第十二条　《契税法》第七条之二规定之契税执照,于契税手续完讫之际,由市、县、旗长发给之。

第十三条　契税执照依另表第一号样式,按每不动产一个发给之。

第十四条　市、县、旗长对于未缴纳契税者,不得发给契税执照。但依法令之规定对于为不课税或免税之处分者,不在此限。

第七章　换照

第十五条　于左列情形得声请契税执照之换照。

一、一个之不动产分割为数个者;

二、数个之不动产合并为一个者;

三、为姓名或住所之变更或更正者;

四、为地目之变更者;

五、污损或毁损者。

第十六条　依前条之规定拟声请换照者,应将声请书附具左列书类,提出于发给该项契税执照之市、县、旗长。

一、拟受换照之契税执照；

二、为土地之分割或合并者，表示分割之各笔地或被合并之各笔地之境界及距离之地形图；

三、如系姓名或住所之变更或更正者，其警察官署之证明书；

四、如系地目之变更者，其街、村长之证明书。

第十七条　第三条至第五条之规定，就契税执照之换照声请准用之。

第八章　补发

第十八条　遗失契税执照之人，得声请其补发。

第十九条　依前条之规定拟声请补发之人，于声请书上须有二名以上之确实保证人之连署，并附具左列书类，提出于发给该项契税执照之市、县、旗长。

一、该契税执照如系所有权者，证明该声请人确为该不动产之所有权人之街、村长及四邻地所有人之证明书；

二、契税执照如系地上权、耕种权或典权者，证明该声请人确为该不动产之权利人之街、村长及原所有权人之证明书；

三、就该不动产如系应课租税公课者，证明其纳税完讫之书面；

四、其他市、县、旗长认为必要，令其提出之书类。

第二十条　市、县、旗长受理前条之声请书者，应公告左列事项。

一、声请之要旨；

二、就补发如有异议者，自公告之初日起算三个月内，应提出附具理由之异议声明书之旨；

三、于前款期间内如无异议之声明者，对声请人应为补发契税执照之旨；

四、遗失之契税执照尔后应归无效之旨。

前项之公告，除揭示于该官署及其他处所外，命声请人负担而在市、县、旗长认为必要之程度，应于新闻纸其他之刊行物揭载之。

于第一项第二款之期间内，如无异议之声明者或虽有异议之声明认为其无理由者，应发给表示系补发之契税执照。

第二十一条　第十七条之规定，就契税执照之补发声请准用之。

第九章　取缔

第二十二条　税务官吏依《契税法》第八条之规定执行职务者，应携带另表第二号样式之"契税调查官吏之证"。

第二十三条　于大同元年三月一日前因买卖契约或典契约取得不动产之所有权或典权,于本令施行之际现仍保有其权利且未受有契税执照发给之人,应于康德五年五月三十一日以前,将证明该权利取得之文书呈报于所辖市、县、旗长,受其验契。

市、县、旗长完讫前项之验契者,应发给契税执照。

第二十四条　依前条第一项之规定不呈示文书之人,处百圆以下之罚金或科料。

附则

本法自康德四年十二月一日施行。

于本令施行前依契税手续所发给之买契、典契、典税执照、更名执照、永租收据等,于本令之适用上,视为契税执照。

烟税法

（康德三年七月一日敕令第一〇八号）

修正　康德四年六月敕令第一四一号、八月第二二〇号

朕依《组织法》第四十一条,经咨询参议府,裁可《烟税法》,著即公布。

（国务总理、财政部、民政部、蒙政部大臣副署）

第一条　卷烟以外之烟,依本法课烟税。

第二条　烟税对于叶烟,向其耕作人或由耕作人取得叶烟者征收之;对于制造烟,向其制造人征收之。

第三条　凡欲制造制造烟者,应按每一制造场,受税务监督署长之许可。

制造烟制造人废止制造烟之制造时,应将其旨申报于税务监督署长。

对于制造烟制造人有开始继承时,继承人得限于自其日起二月以内,继续制造制造烟。于此情形,本法适用上其继承人视为已受制造烟制造之许可者。

继承人欲于前项期间满了后继续制造制造烟时,应依《经济部令》所定,于该期间内将其旨申报于税务监督署长。

为前项之申报者,视为于申报日受制造烟制造之许可者。

前三项之规定,于合并后存续之法人或因合并而设立之法人,继续制造因合并而消灭之法人所受许可之制造烟时,准用之。但第三项之期间,自因合并而消灭之法人之解散登记之日起,为一月以内。

第三条之二　税务监督署长认为于征税保全上有必要时,得对于制造烟制造人指定制造烟制造数量之最高限度。

第三条之三　制造烟制造人有左列各款情形之一时,税务监督署长得取消其制造许可。

一、滞纳烟税时;

二、违反本法之规定受处罚时;

三、一年以上继续休止制造烟之制造时;

四、将超过依前条之规定被指定之最高限度数量之制造烟制造时。

虽依前项之规定取消许可,如在其制造场内仍现存半制品时,得依受许可之取消者之声请,使其于一定期间内继续其制造及其他必要之行为。于此情形,仍适用本法之规定。

第三条之四　对于有左列各款情形之一者,至完纳烟税止之间,仍适用本法之规定。

一、依第三条第二项之规定为制造废止之申报者;

二、依前条之规定受制造许可之取消者;

三、有第一款或前款情形者之继承人或其系法人因合并而消灭时,即合并后存续或因合并而设立之法人;

四、不为依第三条第四项或第六项规定之制造烟制造之继续之继承人,或合并后存续或因合并而设立之法人。

继承人对于继承开始前为制造烟制造人之被继承人由其制造场运出之制造烟,负缴纳烟税之义务。

合并后存续之法人或因合并而设立之法人,对于合并前为制造烟制造人之被合并法人由其制造场运出之制造烟,负缴纳烟税之义务。

第三条之五　有左列各款情形之一时,其事实发生后经过六月仍现存于制造场内之制造烟,视为已运出于制造场外者,立即征收其烟税。

一、制造烟制造人依第三条第二项之规定,为制造废止之申报时;

二、依第三条之三之规定取消制造许可时;

三、对于制造烟制造人有开始继承时之继承人或为制造烟制造人之法人因合并而消灭时,合并后存续或因合并而设立之法人,不为依第三条第四项或第六项规定之制造继续之申报时。

第四条　烟税税率依左列区分。

一、叶烟:从价　百分之十五;

二、制造烟:从价　百分之四十。

第五条　烟税对于叶烟,于其运送时;对于制造烟,于其由制造场运出时,征收之。

制造烟之烟税,得依制造烟制造人之声请,不拘前项之规定,至其由制造场运出之日所属之月之翌月末日止,犹豫其征收。

税捐局长于前项情形认为于征收保全上有必要时,得命制造烟制造人提供担保。

关于前项担保之事项,以《经济部令》定之。

第六条　第二条所规定之人运送叶烟或由制造场运出制造烟时,应依《财政部令》所定,将其数量及价格申报于税捐局长。

第七条　烟税课税标准,依前条申报决定之。如无申报或认为申报不相当时,由税捐局长调查决定之。

第八条　烟有左列各款情形之一者,依《财政部令》所定,对于未纳烟税者,免除缴纳烟税;对于已纳烟税者,交付与已纳烟税相当之金额。

一、卷烟及其他制造烟制造用原料所使用之叶烟;

二、输出外国之烟;

三、因腐坏或其他事由以致不适于吸用之烟。

依第五条第二项之规定犹豫征收烟税之制造烟,关于前项之适用,视为已纳烟税者。

第九条　税捐局长对于制造烟征收烟税或犹豫其征收时,对于纳税人发给验讫证。

制造烟制造人非依《财政部令》所定,黏贴前项验讫证后,不得运送该制造烟或交付他人。

制造烟贩卖人不得收受未黏贴验讫证之制造烟或交付他人。

前二项之规定,对于依前条受烟税之免除而输出外国之制造烟,及依康德元年敕令第一百五十六号第二条黏贴验讫证之制造烟,不适用之。

第十条　制造烟制造人或烟贩卖人应备置账簿，依《财政部令》所定，记载其收付事项。

第十一条　制造烟制造人应依《财政部令》所定，将其制造事项申报于税捐局长。

第十二条　税务官吏认为于烟之课税取缔上有必要时，得临检烟之制造场、储藏场、贩卖场及其他处所，并检查制造烟或其原料品、半制品及制造或贩卖上必要之建筑物、容器、器具、机械及其他物件，或为监督上必要之处分。

第十三条　税务官吏认为于烟之课税取缔上有必要时，得讯问烟之耕作人、制造人、贩卖人、运送人或其他关系人，并命停止烟之运送或为其他必要之处分。

第十四条　未受第三条之许可而制造制造烟者，除征收该制造烟之烟税外，并处相当于该烟税之一倍以上、十倍以下之罚金。但罚金额不得少于十圆。

供前项制造制造烟用之物品属于犯人占有者，没收之。

第十五条　以诈伪或其他不正行为偷漏烟税或希图偷漏者，除征收该烟税外，并处相当于该烟税之一倍以上、十倍以下之罚金。但罚金额不得少于十圆。

第十六条　以诈伪或其他不正行为取得依第八条规定之缴纳烟税之免除或交付金之交付或希图取得者，处相当于该税额之一倍以上、十倍以下之罚金。但罚金额不得少于十圆。

前项情形，对于免除缴纳之烟税征收之。已交付之金额追征之。

前项金额之追征，依国税征收之例办理。

第十七条　违反第九条第二项或第三项规定者，处十圆以上、二千圆以下之罚金。

第十八条　前四条情形为犯罪标的之烟属于犯人占有者，没收之。

第十九条　懈怠或虚伪为第十条之账簿记载或第十一条之申报者，处一百圆以下罚金或科料。

第二十条　妨害基于第十二条或第十三条之税务官吏职务之执行或不服从其命令者，处三百圆以下罚金或科料。

第二十一条　未黏贴验讫证之制造烟，除依第十八条之规定没收者外，不问属于任何人所有，税务官吏得依《财政部令》所定没收之。

第二十二条　经济部大臣认为于烟税之课税取缔上有必要时,得为关于烟之耕作之限制。

第二十三条　市、县、旗或其他地方团体,对于烟不得课地方税。

附则

本法自康德三年七月一日施行。

关于卷烟以外烟之课税之从前法令,废止之。但关于烟之课税之事项属于本法施行前者,仍依向例办理。

自本法施行前继续制造制造烟者,如于康德三年七月三十一日以前,依《财政部令》所定申报税务监督署长者,视为依第三条对该制造已受制造许可者。

康德元年敕令第一百五十六号第一条中之"二　卷烟"改为"二　烟"。

附则(康德四年八月二日敕令第二二〇号)

本法自公布日施行。

卷烟税法

（康德六年一月二十六日敕令第六号）

修正　康德六年十二月敕令第三四八号

朕依《组织法》第三十六条,经咨询参议府,裁可《卷烟税法》,著即公布。

（国务总理、经济部大臣代理［经济部次长］副署）

第一条　卷烟依本法课卷烟税。

第二条　卷烟税之税率依左列区分。

一、国内制造卷烟:零售定价之百分之四十四;

二、输入卷烟:零售定价之百分之三十三。（康六·第三四八号本条修正）

第三条　卷烟税,对于国内制造卷烟,则由制造场运出卷烟时向其制造人;对于输入卷烟,则其输入人;如系输入业人,在运入卷烟于输入场时向其人;如系输入业人以外者,在输入卷烟时向其人征收之。

第四条　对于国内制造卷烟之卷烟税,依纳税义务人之声请至卷烟运出日所属之月之翌月末日止,得犹豫其征收。

第五条　于前条情形,税捐局长认为征税保全上有必要时,得命纳税义务人提供担保。

关于前项之担保事项，以《经济部令》定之。

第六条　税捐局长向卷烟之制造人或输入业人征收卷烟税或犹豫其征收时，对于其人交付验讫证。

前项之验讫证表示零售定价。

第七条　卷烟之制造人或输入业人，非依《经济部令》所定，将验讫证黏贴于卷烟后，不得由制造场或输入场运出之。但对于已受免除卷烟税之卷烟，不在此限。

第八条　卷烟之贩卖业人不得受授未黏贴验讫证之卷烟。

第九条　卷烟之制造人或输入业人对于其制造或输入之卷烟，应先按其每种类及牌名（按每最小容器之包装区分为一牌名，以下同）定其一年间之制造或输入数量之最低限度。批发价格（谓制造人或输入业人对于批发业人或零售业人之卖渡价格及批发业人对于零售业人之卖渡价格，以下同）及零售定价受经济部大臣之认可。拟变更已受认可之制造或输入数量之最低限度，批发价格或零售定价时，亦同。

对于卷烟输入业人以外者，输入之卷烟由税捐局长比准与该卷烟品味类似之他卷烟之零售定价，决定其零售定价。（康六・第三四八号本条中修正）

第十条　经济部大臣认为卷烟之零售定价或批发价格不相当时，对于卷烟之制造人或输入业人，得指定相当于其品位之零售定价；或认为其零售定价维持上必要之批发价格，命其变更。认为其制造或输入数量之最低限度于零售定价维持上不适当时，亦同。（康六・第三四八号本条修正）

第十条之二　卷烟之制造人或输入业人有左列各款情形之一时，经济部大臣得命禁止该卷烟之制造或输入。

一、制造或输入数量之实际未达已受认可之最低限度时；

二、不服从前条之命令时；

三、违反第十条之四之规定时。（康六・第三四八号本条追加）

第十条之三　卷烟之制造人或输入业人将卷烟让渡于批发业人时，应将就该卷烟所受认可对于零售业人之批发价格，以书面通知之。卷烟之批发业人将卷烟让渡于他卷烟批发业人时，亦同。（康六・第三四八号本条追加）

第十条之四　卷烟之制造人、输入业人及批发业人,不得以超过就该卷烟所受认可之批发价格之价格贩卖之。(康六·第三四八号本条追加)

第十一条　卷烟之零售业人,不得以超过黏贴于该卷烟之验讫证所表示零售定价之价格贩卖之。但于经济部大臣指定之地域以经济部大臣所定之价格贩卖时,不在此限。

于前项但书情形,对于其增差额,不课卷烟税。(康六·第三四八号本条中修正)

第十一条之二　卷烟之制造人、输入业人或批发业人,不得于同一营业场兼营其零售业。(康六·第三四八号本条追加)

第十二条　对于输出之卷烟,依《经济部令》所定,免除其卷烟税。

第十三条　已缴纳卷烟税之卷烟因霉烂或其他事由以致不适吸用时,依《经济部令》所定,交付相当于其卷烟税额之金额。

依第四条之规定犹豫征收卷烟税之卷烟,关于前项之适用,视为已缴纳卷烟税者。

第十四条　税捐局长认为卷烟税之征税保全上有必要时,对于卷烟之制造人或输入业人,得指定卷烟之制造数量、运出数量或输入数量之最高限度,或为其他必要之命令。(康六·第三四八号本条中修正)

第十五条　拟制造卷烟者,应定其种类(谓纸卷烟或雪茄烟之区别),按每一制造场,受税务监督署长之许可。

第十六条　卷烟制造人废止制造卷烟时,应将其旨申告于税务监督署长。

第十七条　对于卷烟制造人有开始继承时,继承人自该日起限于二月以内,得继续制造该卷烟。于此情形,本法适用上其继承人视为已受卷烟制造之许可者。

继承人于前项期间满了后仍拟继续制造卷烟时,应依《经济部令》所定,于该期间内将其旨申告于税务监督署长。

已为前项之申告者,视为于申告之日对于被继承人所受制造许可之卷烟已受制造许可者。

前三项之规定,于合并后存续之法人或因合并而设立之法人,继续制造因合并而消灭之法人所受许可之卷烟时,准用之。但第一项之期间,自因合并而消灭之法人之解散登记之日起,为一月以内。

第十八条　卷烟制造人有左列各款情形之一时,税务监督署长得取消其制造许可。

一、滞纳卷烟税时;

二、违反本法之规定受处罚时;

三、一年以上继续休止卷烟之制造时;

四、不服从第十四条之命令时;

五、不服从第十条之二之命令时。(康六・第三四八号本条中修正)

第十九条　有左列各款情形之一而于其制造场内现存卷烟之半制品或制品时,税捐局长依曾为卷烟制造人者或其承继人之声请,得于一定期间使其继续制造或其他必要之行为。于此情形,仍适用本法之规定。

一、依第十六条之规定为制造废止之申告时;

二、依第十八条之规定受制造许可之取消时;

三、对于卷烟制造人有开始继承时其继承人,或为卷烟制造人之法人因合并而消灭时,其合并后存续或因合并而设立之法人,不为依第十七条第二项或第四项规定之制造继续之申告时。

第二十条　继承人对于曾为卷烟制造人之被继承人于继承开始前由其制造场运出之卷烟,负缴纳卷烟税之义务。

合并后存续之法人或因合并而设立之法人,对于曾为卷烟制造人之被合并法人于合并前由其制造场运出之卷烟,负缴纳卷烟税之义务。

第二十一条　拟为营业输入卷烟者,应定输入场,按每一输入场受税务监督署长之许可。

第十六条及第十七条之规定,对于依前项受许可者或其承继人准用之。

第二十二条　卷烟之输入业人有左列各款情形之一时,税务监督署长得取消其输入许可。

一、滞纳卷烟税时;

二、违反本法之规定受处罚时;

三、一年以上继续未为卷烟之输入时;

四、不服从第十四条之命令时;

五、不服从第十条之二之命令时。(康六・第三四八号本条中修正)

第二十三条　第二十条之规定,对于依第二十一条规定受许可者之继承人，或合并后存续之法人或因合并而设立之法人，准用之。

第二十四条　拟为营业贩卖卷烟者，应依《经济部令》所定，申告于税捐局长。但对于卷烟之制造人或输入业人于其制造场或输入场所为之贩卖，不在此限。

第二十五条　卷烟之制造人、输入业人或贩卖业人，应依《经济部令》所定，将关于卷烟之制造、输入或贩卖事项记载于账簿。

第二十六条　卷烟之制造人、输入业人或贩卖业人，应依《经济部令》所定，将关于卷烟之制造、输入或贩卖事项申告于税捐局长。

第二十七条　税务官吏认为对于卷烟之课税取缔上有必要时，得临检卷烟之制造场、输入场、贩卖场或其他场所，检查卷烟或其原料品、材料品、半制品或于制造、输入或贩卖上必要之建筑物、器具、机械、账簿、书类及其他物件。

第二十八条　税务官吏认为对于卷烟之课税取缔上有必要时，得讯问卷烟之制造人、输入人、贩卖业人、运送人或其他关系人，或命停止卷烟之运送或为其他必要之处分。

第二十九条　卷烟之制造人或输入人以诈伪或其他不正行为偷漏卷烟税或希图偷漏时，除征收该卷烟税外，并处相当于其卷烟税额之一倍以上、十倍以下之罚金或科料。但科料额不得少于十圆。

于前项情形属于犯罪之卷烟，如系未决定零售定价者时，对于其零售定价之决定，准用第九条第二项之规定。

第三十条　以诈伪或其他不正行为已领受或希图领受依第十三条规定之交付金者，处相当于该交付金额之一倍以上、十倍以下之罚金或科料。但科料额不得少于十圆。

于前项情形，已交付之金额追征之。

对于前项金额之追征，准用《国税征收法》之规定。

第三十一条　违反第十五条或第二十一条之规定制造或输入卷烟者，除征收对该卷烟之卷烟税外，并处相当于该卷烟税额之一倍以上、十倍以下之罚金或科料。但科料额不得少于十圆。

第二十九条第二项之规定，于前项情形准用之。

第三十二条　违反第七条、第八条、第十条之三或第十条之四之规定或不服从依第十四条规定之命令者，处二千圆以下之罚金或科料。但科料额不得少于十圆。（康六·第三四八号本条修正）

第三十三条　违反第十一条第一项之规定者,处科料。

第三十四条　于第二十九条或第三十一条至前条之情形为犯罪标的之卷烟系犯人占有者,不问属于何人之所有,均没收之。对于在第三十一条情形已供卷烟制造用之器具、机械及其他物品亦同。

第三十五条　不为依第二十四条规定之申告而贩卖卷烟者,处科料。

第三十六条　卷烟之制造人或输入业人懈怠或诈伪依第二十五条规定之账簿记载或依第二十六条规定之申告时,处一百圆以下之罚金或科料。

卷烟之贩卖业人为前项之行为时,处科料。

第三十七条　妨害基于第二十七条或第二十八条规定之税务官吏职务之执行或不服从其命令者,处三百圆以下之罚金或科料。

第三十八条　未黏贴验讫证之卷烟,除依本法无须黏贴者及没收者外,不问属于何人之所有,得依《经济部令》所定没取之。

附则

第三十九条　本法自康德六年二月一日施行。

第四十条　康德元年敕令第四十九号卷烟税法,废止之。但关于对卷烟之课税事项属于本法施行前者,仍依从前之例。

第四十一条　依从前之规定已受卷烟制造之许可者,视为依本法已受许可者。

第四十二条　依从前之规定所提供之担保,视为依本法已提供者。

第四十三条　本法施行之际现为营业贩卖卷烟,而于本法施行后仍拟继续为之者,应自本法施行日起于三月以内,依《经济部令》所定,将其旨申告于税捐局长。

附则(康德六年十二月二十八日敕令第三四八号)

本法自公布日施行。

依从前之规定已受零售定价认可之卷烟之批发价格,由经济部大臣指定之。

本法施行之际,现为卷烟之制造人、输入业人或批发业人而于同一营业场兼营零售业者,自本法施行之日起,以三十日为限,得继续兼营之。

棉纱水泥统税法

（康德二年十二月二十六日敕令第百五十七号）

修正 康德三年十一月敕令第一六六号、四年八月敕令第二二一号、十二月第五〇一号、六年十二月第三〇九号

朕依《组织法》第四十一条，经咨询参议府，裁可《棉纱水泥统税法》，著即公布。

（国务总理、财政部大臣副署）

第一条 依本法，对棉纱课棉纱统税，对水泥课水泥统税。（康六·第三〇九号）

第二条 棉纱统税及水泥统税之税率，依左列之区分。

一、棉纱统税

甲、未施漂白、染色或其他加工之棉纱：

（一）英式支数二十五支以下者

每六十千瓦 二圆七角五分；

（二）英式支数逾二十五支者

每六十千瓦 三圆七角五分。

乙、不属于甲之棉纱：

从价 百分之五。

二、水泥统税

水泥：每一百千瓦 三角六分。（康六·第三〇九号本条修正）

第三条 统税（谓棉纱统税及水泥统税，以下同）将课税物件（谓棉纱及水泥，以下同）运出制造场时，向该制造人征收之。但对于在同一制造场内为制造他项制品作为原料使用之课税物件，在其使用前征收之。

在本法施行地外制造而运进本法施行地之课税物件，其统税依《财政部令》所定，向其运进人征收之。但已缴纳进口税者不在此限。

统税得依纳税义务人之声请，不拘前二项之规定，至应缴纳之日所属之月之翌月末日止，犹豫其征收。

税捐局长于前项情形认为征税保全上有必要时，得命纳税义务人提供担保。

关于前项担保之事项，以《经济部令》定之。（康三·第一六六号、四·第二二一号、六·第三〇九号本条中修正）

第四条　（康三·第一六六号删除）

第五条　对于输出外国之课税物件，依《财政部令》所定，免除该项统税之缴纳。（康三·第一六六号本条中修正）

第六条　拟制造课税物件者，应按每一制造场，申报税捐局长。

已为前项申报之课税物件，制造人废止其制造时，应申报税捐局长。

承继课税物件之制造者，应申报税捐局长。

第七条　课税物件之制造人及贩卖人应备置账簿，依《财政部令》所定，记载关于其收付之事项。

第八条　税务官吏认为对课税物件之课税取缔上有必要时，得临检课税物件之制造场、贩卖场、贮藏场或其他场所，并检查课税物件或其原料品、制品及制造或贩卖上必要之建筑物、机械、器具、账簿、文件或其他物件，或为其他必要之处分。

第九条　税务官吏认为对课税物件之课税取缔上有必要时，得讯问课税物件之制造人、贩卖人、运送人或其他关系人，并命停止课税物件之运送或为其他必要之处分。

第十条　税务官吏当依前二条之规定执行职务之际，如发见可为违反本法罪证之物件时，得扣押之。

第十一条　统税之纳税义务人以诈伪或其他不正行为偷漏统税或意图偷漏时，除征收该统税外，并处相当于其一倍以上、十倍以下罚金。但罚金额不得少于十圆。

第十二条　不为第六条之申报而制造课税物件者，视为偷漏；对该课税物件应受赋课之统税者，而适用前条之规定。

第十三条　（康三·第一六六号删除）

第十四条　前二条情形成为犯罪标的之课税物件而犯人所占有者，不问属于任何人所有，没收之。

前项之规定第三条第二项之运进人该当第十一条之规定时，对于其占有之课税物件适用之。

第十五条　懈怠或虚伪依第七条账簿之记载者，处一百圆以下罚金或科料。（康四·第二二一号本条中修正）

第十六条　妨害根据第八条至第十条之税务官吏职务之执行或不服从其命令者,处三百圆以下罚金或科料。(康四·第二二一号本条中修正)

第十七条　对于仅制造供自己或其同居家属(如自己非家长时,谓家长及其同居家属而与自己同居者)之用之课税物件者,不适用本法。

第十八条　市、县、旗或其他地方团体对课税物件,不得课地方税。

附则

第十九条　本法自康德三年一月一日施行。

第二十条　从前法令中关于课税物件课税之规定,除康德元年敕令第一五六号外,废止之。但属于本法施行前之事项,仍依从前之例。

第二十一条　本法施行之际现制造课税物件,而本法施行后仍拟继续为之者,应依《财政部令》所定,申报税捐局长。

附则(康德三年十一月十九日敕令第一六六号)

本法自康德三年十二月一日施行。

附则(康德四年八月二日敕令第二二一号)

本法自公布日施行。

附则(康德四年十二月二十八日敕令第五〇一号)

本法自康德五年一月一日施行。

附则(康德六年十二月七日敕令第三〇九号)

本法自康德六年十二月十日施行。

属于对麦粉之课税事项,属于本法施行前者,仍依从前之例。

取引税法

(康德四年十二月二十八日敕令第四九四号)

朕依《组织法》第三十六条,经咨询参议府,裁可《取引税法》,著即公布。

(国务总理、经济部大臣副署)

第一条　对于在取引所所为有价证券或商品之买卖交易,得依差金之授受为其决算者,依本法课取引税。但关于国债证券之买卖交易,不在此限。

第二条　取引税对于买卖各约定金额,依左列税率赋课之。

第一种　有价证券之买卖交易：

一、地方债证券或社债券　一万分之一；

二、不合于前款者　一万分之二。

第二种　商品之买卖交易：一万分之二。

第三条　已成立之买卖契约虽经解约，其取引税概不免除。

第四条　取引税之纳税义务人，为取引所之取引人（以下简称取引人）。

第五条　取引人应将其应课取引税之每月中买卖交易之买卖各约定金额，申报于税捐局长。

前项申报应将买卖各约定金额按第二条之区分所记载之申报书，于翌月五日以前提出于取引所为之。

取引所接受前项申报时，应于该月十日以前调查其记载是否相当，并附具意见转呈税捐局长。

第六条　取引税之课税标准，依前条之申报决定之。如无申报或认为申报不相当时，由税捐局长调查决定之。

第七条　取引税之纳税告知书交付于取引所，命由取引所送达于其取引人。

前项情形之纳税告知书，于交付于取引所之时，视为业已送达于其取引人。

第八条　取引人应将对于每月中所为买卖交易之取引税，经由取引所于翌月二十日以前，向税捐局长缴纳之。

取引所应将其取引人应缴纳之税金汇齐于前项期间内，呈送于税捐局长。

取引所如不呈送依前项规定所汇齐之税金时，依《国税征收法》之规定，向取引所征收之。

第九条　取引人如因废业其他之事由失其资格者，应不拘第五条第二项之期限，经由取引所立即申报其课税标准。第五条第三项之规定，于前项情形准用之。但申报书之转呈期间，为自接受之日起五日以内。

第十条　取引人死亡时之其继承人，或为取引人之会社因合并而消灭时之其合并后存续或因合并而设立之会社，就取引人死亡或消灭前所为之买卖交易，负缴纳取引税之义务。

中国近代法制史料 第九册

前条之规定,就应由前项情形之继承人或合并后存续或因合并而设立之会社所为课税标准之申报,准用之。

前二条之规定,就继承人之有无不明时之继承财产准用之。于此情形,应依本法所为之手续,以继承财产之管理人视为继承人。

第十一条 前二条情形之取引税,不拘第八条之缴纳期限,立即征收之。

第十二条 取引所遇有取引人滞纳取引税时,与其连带负其缴纳之义务。

第十三条 取引所及取引人应依《经济部令》之所定,将关于其买卖交易之事项记载于账簿。

第十四条 税务官吏认为于课税取缔上有必要时,得就取引所或取引人检查关于其买卖交易之账簿书类,寻问关系人或为其他必要之处分。

第十五条 取引人或依第九条或第十条第二项、第三项之规定应为申报者,懈怠或虚伪课税标准之申报时,处一百圆以下之罚金或十圆以上之科料。因而偷漏取引税者,处相当于其税金额之一倍以上、十倍以下之罚金。但罚金额不得少于一百圆。

前项情形之取引税,立即征收之。

第十六条 取引人接受应于取引所所为之买卖交易之委托,如不于取引所为该买卖交易,而依与已为该交易同一或类似之计算,对于委托人为其决算时,视为于取引所所为该买卖交易而偷漏取引税者,依前条第一项之例。

于前项情形,以对于委托人作为约定金额所计算之金额为买卖各约定金额。

第十七条 就于取引所之买卖交易不合于第一条规定之买卖交易者,如依差金之授受而为决算时,视为为第一条规定之买卖交易而偷漏取引税者,依第十五条第一项之例。

前项情形之税额,依买卖各约定金额计算之。

第十八条 前二条情形之取引税,向犯则者立即征收之。

第十九条 取引人或依第九条或第十条第二项、第三项之规定应为申报者,所为课税标准之申报不当取引所对此无故附具以确为公正之意见而转呈税捐局长时,处一百圆以下之罚金或十圆以上之科料;因而致偷漏取引税者,处相当于其税金额一倍以上、十倍以下之罚金。但罚金额不得少于一百圆。

取引所如不于取引人或依第九条或第十条第二项、第三项之规定应为申报者所提出之申报书附具意见,或懈怠转呈其申报书者,处一百圆以下之罚金或十圆以上之科料。

第二十条　取引所或取引人懈怠或虚伪依第十三条规定之账簿之记载者,或隐匿关于买卖交易之账簿书类者,处一百圆以下之罚金或十圆以上之科料。

第二十一条　妨害根据第十四条规定之税务官吏之职务执行或不服从其命令或处分者,处三百圆以下之罚金或科料。

第二十二条　附属于取引所之信托会社,于本法之适用上视为取引所。

第二十三条　省地方费、新京特别市、市、县、旗其他地方团体,对于依本法应课取引税之买卖交易,不得课地方税。

　　　　　　　　　附则

本法自康德五年一月一日施行。

矿业税法

（康德二年八月一日敕令第八六号）

修正　康德三年四月敕令第三一号、十二月第一九八号,四年八月第二二九号、第二四三号、十二月第四九九号

朕依《组织法》第四十一条,经咨询参议府,裁可《矿业税法》,著即公布。

（国务总理、财政部、民政部、实业部、蒙政部大臣副署）

第一章　总则

第一条　对于矿业权者,依本法课矿业税。

矿业权者设定租矿权时,以租矿权者为矿业税之纳税义务人。

第二条　合办矿业权者或合办租矿权者,连带负缴纳矿业税之义务。

第三条　矿业税为矿区税及矿产税。

第四条　矿业税向纳期开始时为纳税义务人者征收之。但于纳期

中矿业权者或租矿权者有异动时,新权利人与纳税义务人连带负缴纳矿业税之义务。

第二章　矿区税

第五条　矿区税分为正税及附加税。

正税税率按《矿业法》第三十六条第二项所规定之矿区,每一单位区域为每年三百圆。但合于《矿业法》第三十七条规定之矿区,每一陌为每年一圆二角。

前项税率自矿业权设定之月起算,限于三年间减半之。但因合并、分割或分合而发生之矿区,不在此限。

附加税税率为正税百分之二十五。

第六条　矿区税于每年十二月中将次年份征收之。

第七条　经矿业权设定登录之年份,其矿区税自其登录之月起,按月计算,立即征收之。

前项规定,于征收对因合并、分割或分合而发生之矿区应行增征之矿区税,及对因矿业权之变更而增加之区域之矿区税,准用之。

第八条　如有依《矿业法》第三十条撤销矿业权者,依纳税人之请求,交付以相当于征讫矿区税额之金额。

拟受前项金额之交付者,应将其请求书附具矿区税纳讫证及证明矿业权确已撤销之书面,提出于管辖缴纳该项矿区税之税捐局之税务监督署长。

第一项请求于矿业权撤销后已经过一年时,即不得为之。

第三章　矿产税

第九条　矿产税就矿产物赋课之。

第十条　矿产税分为正税及附加税。

正税税率为矿产物价格千分之八。

前项之矿产物价格,以其主要市场上年中之交易价格为标准,每年由经济部大臣与产业部大臣协议决定后公告之。

附加税税率为正税百分之六十五。

第十一条　对于金矿、银矿、铅矿、锌矿、铁矿、煤油及油顶岩,不课矿产税。

第十二条　纳税义务人应将上月中所采掘之矿产物之数量,按其种类、名称及平均成色之不同分别记明之申报书,于每月十五日以前提出于管辖该矿区之税捐局。但在矿业权消灭或因矿业权之消灭而租矿权消灭时,应立即提出之。

第十三条 矿产税之课赋标准每年于二月中对于上年份依前条之申报,由税捐局长决定之。如无申报或认为申报不相当时,由税捐局长调查后决定之。

矿业权消灭或因矿业权之消灭而租矿权消灭时及合于第二十二条时,不拘前项之规定,径行决定之。

于前项情形矿产物之价格,不拘第十条第三项之规定,由税捐局长决定之。

第十四条 税捐局长已依前条之规定决定课税标准时,以书面通知纳税义务人。

第十五条 矿产税对于在上年中所采掘矿产物之部分,于每年三月中征收之。但合于第十三条第二项之规定时,随时立即征收之。

第十六条 纳税义务人对于税捐局长所决定课税标准之基础之矿产物数量或价格有异议时,得对税务监督署长为审查之请求。

纵有前项请求时,税金之征收并不予以犹豫。

拟为第一项审查之请求者,应于自接受第十四条通知之日起算二十日内,将开具不服事由之书面附具证明文件,呈由为该项决定之税捐局长,提出于税务监督署长。

第十七条 税务监督署长接受前条第一项之请求时,加以审查而决定其课税标准,并以书面通知纳税义务人。但该项请求如系属违反程序者,以书面而驳回之。

第四章 课税之限制

第十八条 (删除)

第十九条 新京特别市、市、县或旗,对于矿区及矿产物,不得为任何课税。

第五章 取缔

第二十条 纳税义务人应置备关于矿业之账簿,逐日按照矿产物之种类及名称,分别记载左列事项。

一、采掘、选矿、制炼、运进及运出之数量及其平均成色并运进起运地、运出指运地;

二、售出之数量及价格;

三、自己所消费之数量及价格并其用途。

第二十一条　税务官吏认为矿业税课税取缔上有必要时,得临检纳税义务人之营业所或其他处所并检查账簿、文件或矿产物。

第六章　罚则

第二十二条　以诈伪或其他不正行为偷漏矿业税或希图偷漏者,处其矿业税之一倍以上、十倍以下罚金。但罚金额不得少于三十圆。

第二十三条　懈怠或虚伪依第十二条之申报或懈怠依第二十条账簿之记载者,处一百圆以下罚金或科料。

第二十四条　妨害税务官吏根据本法之职务执行者,处三百圆以下罚金或科料。

附则

本法自《矿业法》施行之日施行。

从前法令中关于对矿业课税之规定,废止之。但对关于对矿业课税之事项,其属于本法施行前者,仍按向例办理。

对合于《矿业法》第九十九条之矿业权之矿区税(正税),于有矿区之合并、分割、分合、更正、增区、增减区、减区或关于面积之标示变更之该年份以前,仍按向例赋课之。但对关于纳期之规定不在此限。(康四·第四九九号本项修正)

关于前项之矿业权,虽于矿区之合并、分割、分合、更正、增区、增减区、减区或关于面积之标示变更以后,仍不适用第五条第三项之规定。(康四·第四九九号本项中修正)

附则(康德三年十二月二十六日敕令第一九八号)

本法自康德四年一月一日施行。

以康德四年份以前之矿区税(除合于《矿业税法》第七条之规定审者)为课税标准之矿区税、附加税,及以康德三年份以前之矿产税为矿税标准之矿产税附加税,均不课之。

附则(康德三年四月二日敕令第三一号)

本法自公布日施行。

附则(康德四年八月二日敕令第二二九号)

本法自公布日施行。

附则(康德四年八月敕令第二四三号)

本法自康德四年七月一日施行。

　　附则（康德四年十二月二十八日敕令第四九九号）

本法自康德五年一月一日施行。

康德四年份矿产税之税率不拘第十条第二项之规定，仍依从前之规定。

第十条第三项、第十三条第一项及第十五条之规定中所称上年者，限于康德四年份矿产税起自康德四年七月起至十二月止六个月间。

对合于《矿业法》第九十九条之矿业权应归之康德五年份之矿区税，自康德五年一月以后缴纳期限到来者，于康德五年一月中征收之。

印花税法

（康德三年十二月三日敕令第一七一号）

修正　康德四年三月敕令第二八号、八月第二二四号、九月第二六九号、十一月第三五九号

朕依《组织法》第四十一条，经咨询参议府，裁可《印花税法》，著即公布。

（国务总理、财政部大臣副署）

第一条　作成证明财产权之得丧或变更之证书或账簿，或证明关于财产权之追认或承认之证书者，应于其作成时，每件证书或账簿按左列区分缴纳印花税。

款数	区分	税率	
一	关于消费贷借契约成立之证书	记载金额一百圆以下者	三分
二	关于活存透支契约成立之证书	同　五百圆以下者	一角
三	关于承揽契约成立之证书	同　一千圆以下者	二角
四	不动产或船舶之所有权移转证书	同　一万圆以下者	五角
五	矿业权、租矿权、特许权、意匠权或商标专用权之移转证书	同　逾一万圆者	一圆

（续）

六	关于赠与契约成立之证书	无记载金额者　　　三分	
七	遗赠证书		
八	遗产分割证书		
九	会社之定款	二圆	
一〇	关于组合契约或合伙契约成立之证书		
一一	关于赁贷借契约成立之证书	三分	
一二	关于运送契约成立之证书		
一三	关于物品或有价证券之买卖契约成立之证书		
一四	关于雇佣契约成立之证书		
一五	关于寄托契约成立之证书		
一六	关于无尽契约成立之证书		
一七	债务保证书		
一八	委任状		
一九	地上权、耕种权、地役权、典权质权或抵押权之设定证书		
二〇	株券		
二一	债券		
二二	株式要约证		
二三	社债要约证		
二四	以谋构成员互相利益经营事业为目的而设立之法人或非法人社团所发之出资证券		
二五	保险证书	三分	
二六	提货单		
二七	仓库证券		
二八	载货证券		
二九	本票		
三〇	汇票		

（续）

三一	银行所发之存款证书	
三二	关于权利变更之证书	三分
三三	关于追认或承认之证书	
三四	发货票	记载金额未满十圆者　　一分
三五	金钱或物品之收据	同十圆以上者　　　　　二分 无记载金额者　　　　　一分
三六	礼券	五分
三七	前列各款以外之证书	三分
三八	连续交易之簿折	一角
三九	回单簿	一圆

第二条　前条之证书或账簿中有左列各款情形之一者,无须缴纳印花税。

一、公务所作成之证书或账簿;

二、公务员职务上作成之证书或账簿;

三、关于处理国库金其他公款,由其处理机关作成之证书或账簿;

四、关于国税其他公课之滞纳处分或刑事事件,提出于公务所或公务员之证书;

五、关于捐助祭祀、宗教、慈善、学术、技艺其他公益所作成之证书;

六、依《民法》第三十一条规定所设立法人之定款;

七、满洲储蓄债券;

八、支票;

九、支票、票据或证券之背书或在该件并载之收据;

十、支票或票据之承受或保证;

十一、支票或票据之拒绝证书;

十二、支票、票据或证券之复本或誊本;

十三、并载于主债务证书之担保契约书;

十四、关于邮政储金、邮政汇兑、邮政转账或邮政生命保险之证书;

十五、金融合作社或金融合作社联合会所作成之证书或账簿;

十六、根据运送契约由运送业人作成之发货单;

十七、质票;

十八、质折子；

十九、各种工人作工簿折；

二十、车票、船票、其他各种入场券；

二十一、前条第一款至第八款、第十一款至第十三款、第二十九款至第三十三款或第三十七款之证书而其记载金额未满十圆者；

二十二、前条第三十四款及第三十五款之证书而其记载金额未满五圆者或与营业无关者；

二十三、前条第三十六款之证书而其记载金额未满一圆者或与营业无关者。

以谋构成员互相利益经营事业为目的而设立之法人或非法人社团所经营之事业，关于前项适用，视为营业。

第三条　虽在证书上面不记载金额而得依证书所载明之单价、数量及其他记载事项算出金额者，关于前二条之适用，以其算出所得之总金额为记载金额。

以外国货币载明金额之证书关于前二条之适用，以按其作成当日之前一日之市价折合内国货币之金额为其记载金额。

第四条　印花税应于证书或账簿上面贴用收入印纸，缴纳之。但得依《财政部令》所定，向税捐局缴纳相当于印花税额之金额，并在证书或账簿上面受盖用税印以代替贴用收入印纸。

第五条　证书或账簿之作成人依前条贴用收入印纸时，应于该证书或账簿与收入印纸花纹之骑缝处，以盖章或其他方法明了盖用销印。

第六条　同一账簿在其作成之翌年以后仍继续使用时，关于第一条之适用，视为新账簿之作成。

第七条　税务官吏得检查应纳印花税之证书或账簿，或寻问其持有人。

第八条　违反第一条之规定者，每件证书或账簿处相当于偷漏印花税额二十倍金额之科料。但科料额不得少于五圆。

违反第五条之规定者，处三圆以上、三十圆以下之科料，因过失犯前二项之罪者，亦与前二项同。（康四·第二二四号本条中修正）

第九条　阻障根据第七条规定之税务官吏之职务执行，或对其寻问不为答辩或为虚伪之答辩者，处三百圆以下之罚金或科料。

附则

本法自康德四年一月一日施行。

　　附则(康德四年三月十一日敕令第二八号)

本法自邮政转账法施行之日施行。

　　附则(康德四年八月二日敕令第二二四号)

本法自公布日施行。

　　附则(康德四年九月十日敕令第二六九号)

本法自康德四年十月一日施行。

　　附则(康德四年十一月三十日敕令第三五九号)

本法自康德四年十二月一日施行。

税印盖用规则

　　　　　　　(康德三年十二月三日财政部令第四五号)

兹制定《税印盖用规则》如左。

第一条　《印花税法》第四条但书规定之税印,依本令所定盖用之。
第二条　税印式样如左。

种类	形式		
	尺寸	花样	刷色
一分	直径三十耗圆	以兰花御纹章并大豆及高粱为表示	压无色凸花印
二分	同	同	同
三分	同	同	同
五分	同	同	同
一角	同	同	同
二角	同	同	同
五角	同	同	同
一圆	同	同	同
二圆	同	同	同

　　第三条　请求盖用税印者,应向适当税捐局缴纳相当于印花税金额,并将其收据附具记载左列事项之税印盖用请求书及请求加盖税印

用纸,提出于税务监督署或新京税捐局。

　　一、住所及姓名或名称;

　　二、证书或账簿之种类(依《印花税法》第一条所载税率区分,以下同)、件数及税额;

　　三、用纸枚数及价格。

　　第四条　税印盖用非同一种类证书或账簿,件数一起在一百件以上者,不得请求之。

　　第五条　税印盖用请求人为第三条之请求,如提出相当于发回用纸所需邮费之邮票时,税务监督署或税捐局即将已行盖用税印之用纸邮回该请求人。

　　第六条　已受盖用税印之用纸,如于证书或账簿之填制完竣前有损毁或沾污者,只限属于同一种类并一起在十件以上时,得提出于盖用税印之税务监督署或税捐局而请求于代用纸上盖用税印。

　　前项之请求应提出书面为之。

附则

本令自康德四年一月一日施行。

所得税

勤劳所得税法

(康德四年十二月六日敕令第四四〇号)
修正　康德五年十二月敕令第二九九号

　　朕依《组织法》第三十六条,经咨询参议府,裁可《勤劳所得税法》,著即公布。

(国务总理、经济部大臣副署)

　　第一条　对于在帝国内有住所或居所之人所受之俸给、给料、津贴、恩给、年金、赏与、退职给与及有此等性质之给与,依本法课勤劳所得税。

　　第二条　有左列各款情形之一之给与,不课勤劳所得税。

　　一、旅费及其他有实费清偿之性质之给与;

　　二、军人及其他服军勤务之人于从军中所受之军之给与;

三、因疾病或伤害所受之特别给与。

第三条 勤劳所得税以所得金额为课税标准,于每支给人及支给地之相异时,如左区分课之。

第一类所得:俸给、给料、津贴、恩给、年金、赏与及有此等性质之给与;

第二类所得:退职给与及有其性质之给与。

第四条 对于第一类所得之勤劳所得税,每月课之。但对于非每月受支给之赏与(包括有赏与性质之给与,以下同)以外之给与之勤劳所得税,于受其支给时课之。

性质之给与,依本法课勤劳所得税。

第五条 第一类所得,以依左列计算所算出之金额为每月份之所得金额。

一、对于自上年继续由同一支给人受给与之支给之人,则于上年中所受支给之赏与金额十二分之一,加算每年一月应受支给之赏与以外给与金额,而由其中扣除十分之二所得之金额。但于二月以降应受支给之赏与以外给与金额较一月之给与金额被减额时,该月以降之所得金额,按其被减额之给与金额计算之;

二、对于该年一月一日以后至受给与之支给之人,则由每月应受支给之赏与以外给与金额中扣除十分之二所得之金额;

三、对于受无偿住宅之支给之人,则不扣除前二款所规定十分之二之金额;

四、对于受有偿住宅之支给之人,则不扣除第一款及第二款所规定十分之二,而扣除其每月份之房租所得之金额。

每月之给与金额无一定之人合于第一类所得之所得金额,依《经济部令》所定,按平均之每月份给与金额计算之。第一类所得中非每月受支给之赏与以外给与,对于第一项之适用,将该给与之年额换算为月额,以其金额视为各月份之给与。

第五条之二 第二类所得以由给与金额中扣除十分之二之金额为所得金额。

第五条之三 给与如为金钱以外之物品者,以支给时之评价额为前二条之给与金额。

第六条 有左列各款情形之一者,免除勤劳所得税之课税。

一、在第一类所得，每月份之所得金额未满七十圆者；

二、在第二类所得，将所得金额以其支给之基础勤务月数除之，所得之金额未满七十圆者。

第七条　勤劳所得税分为正税及附加税。正税之税率，按其所得金额依左列区分。附加税之税率，为正税之百分之五十。

百圆未满：百分之〇·五；

二百圆未满：百分之一；

四百圆未满：百分之一·五；

七百圆未满：百分之二；

千圆未满：百分之三；

千圆以上：百分之四。

对于第二类所得之正税额，将其所得金额以其支给之基础勤务月数除之所得之金额，适用前项税率算出之金额，乘勤务月数计算之。

第八条　给与之支给人应依《经济部令》所定，由每月给与金额中征收勤劳所得税添附计算书，于翌月十日以前缴纳于税捐局长。

对依前项提出计算书之人，依《经济部令》所定，交付一定之金额。

第九条　如由在外国之支给人受给与之支给之人，应于受支给之翌月十日以前，依《经济部令》所定，添附申告书，将勤劳所得税缴纳于税捐局长。

第十条　给与之支给人或前条之纳税义务人不缴纳勤劳所得税者或其缴纳之税额有不足者，税捐局长应调查而决定其应缴纳之税额，令其缴纳之。

于前项情形，关于《国税征收法》之适用，以给与之支给人视为纳税义务人。

第十一条　依前条第一项之规定被命缴纳勤劳所得税之人有异议者，得依《经济部令》所定，对税务监督署长为审查之请求。

纵有前项之请求时，税金之征收不予犹豫。

第十二条　税务监督署长接受前条第一项之请求者，加以审查而决定其税额。

第十三条　对于前条之决定有异议之人，得依《经济部令》所定，更对经济部大臣为审查之请求。税务监督署长却下第十一条第一项之请求者，亦同。

第十一条第二项之规定，就有前项之请求者准用之。

第十四条　经济部大臣接受前条第一项之请求者，加以审查而决定其税额。

第十五条　第十一条至前条之规定，于依第八条经征收勤劳所得税之纳税义务人对于其征收有异议者，准用之。

关于依前项之审查之请求事项，以《经济部令》定之。

第十六条　税务官吏关于勤劳所得税之调查或取缔上认为有必要者，得对于给与之支给人或纳税义务人质询或检查关系账簿书类。

第十七条　以偷漏勤劳所得税或使偷漏之目的有左列各款情形之一之行为之人，处相当于其偷漏或希图偷漏或使偷漏或使希图偷漏之勤劳所得税之一倍以上、十倍以下罚金或科料。但科料额不得少于十圆。

一、不为提出第八条之计算书或第九条之申告书者；

二、于前款之计算书或申告书为虚伪之记载者；

三、依第十一条、第十三条及第十五条规定之审查之请求之际为虚伪之证明者；

四、为蒙混税务官吏之勤劳所得税调查提示虚伪之账簿书类或为虚伪之答辩者。

合于前项规定之人偷漏或使偷漏之勤劳所得税，不拘第八条或第九条之规定，即时征收之。

第十八条　不提出第八条之计算书或第九条之申告书之人，处二十圆以下之科料。

第十九条　阻障依第十六条规定之税务官吏职务之执行之人，处三百圆以下之罚金或科料。

第二十条　新京特别市、市、县或旗，对于依本法受课税之给与，不得为一切之课税。

附则

本法自康德五年一月一日施行。

附则（康德五年十二月二十三日敕令第二九九号）

本法自康德六年一月一日施行。

对于本法施行前应赋课之勤劳所得税，仍依从前之例。

《勤劳所得税法》施行规则

（康德四年十二月二十八日经济部令第九二号）
　　　　修正　康德五年十二月部令第五七号
兹制定《〈勤劳所得税法〉施行规则》如左。

第一条　以给与之支给人或管辖第二条规定之所属机关之所在地或住居所之税捐局为勤劳所得税之所辖税捐局。但对合于《勤劳所得税法》第九条之人，以管辖该人之住居所之税捐局为所辖税捐局。

第二条　给与之支给人如饬其所属机关（官公署之下级机关支店出张所等）为《勤劳所得税法》第八条第一项规定之勤劳所得税之征收为便宜者，应使该机关将记载左列事项之书面提出于管辖该所在地之税捐局长而受许可。

一、支给人之名称或姓名及所在地或住居所；

二、所属机关之名称、所在地及其责任者名。

依前项受许可之所属机关，就给与支给人对于纳税义务人应支给之一切给与，应负《勤劳所得税法》第八条第一项所规定之责任。

第三条　在月之中途，如有纳税义务之发生或消灭者之《勤劳所得税法》第五条、第六条第一款及第七条第一项之规定之适用，应就左列区分之给与金额，以按日计算之方法算定之赏与金额加算之金额而为之。

一、对于新就职之人，于就职发令之日以后现实所受支给之给与金额；

二、对于退职之人，属于退职发令日之月现实所受支给之给与金额；

三、对于由帝国内之勤务地向外国之勤务地异动之人，迄至异动发令日之前日应受之给与金额；

四、对于由外国之勤务地向帝国内之勤务地异动之人，于异动发令日之以后应受之给与金额。（康德·第五七号本条中修正）

第四条　纳税义务人于月之中途至有变更勤务地或勤务处所时之给与支给人或其所属机关应为之《勤劳所得税法》第八条第一项规定之税金征收，应依左列各款。

一、对于帝国内之异动,由新勤务地或勤务处所之给与支给人或该所属机关征收。但异动之发令日在定例给与支给日以后,而由前任地或前任处所之给与支给人或该所属机关就该月份之给与全额已征收完讫时,不在此限。

二、对于由帝国内之勤务地向外国之勤务地异动之人,相当于迄至异动发令日之前日之税金,由帝国内之支给人或该所属机关征收。

三、对于由外国之勤务地向帝国内之勤务地异动之人,相当于异动发令日之以后之税金,由帝国内之支给人或该所属机关征收。

第四条之二　关于《勤劳所得税法》第五条第二项之所得,以依左列计算所算出之金额为每月份之所得金额。

一、于上年中所受支给之赏与金额之十二分之一,加算所平均之每月份赏与以外之给与金额,由其金额中扣除其十分之二所得之金额。但新至受给与支给之人其第一月份之所得金额,按于该月所受支给之给与金额计算之。

二、对于受无偿住宅支给之人,不为扣除前款规定之十分之二之金额。

三、对于受有偿住宅支给之人,不扣除第一款规定十分之二之金额,而扣除其每月份之房租所得之金额。

给与之支给人或其所属机关或纳税义务人拟依前项计算所得金额时,应将记载其根据之书面提出于税捐局长,受其许可。(康五·第五七号本条追加)

第五条　《勤劳所得税法》第八条第一项规定之税金之缴纳,应以第一号样式之勤劳所得税送纳书,向税捐局长或最近之满洲中央银行为之。

《勤劳所得税法》第八条第一项所规定之计算书,应依第二号样式调制,与前项之勤劳所得税送纳书同时提出之。

应添附于前项计算书之支付调书,就每年一月所提出者尔后无异动者,得省略其记载。就为异动之报告者,其翌月以后无异动者亦同。

第六条　对于提出前条计算书之人,依其请求按每一纳税义务人交付一分之金额。但对于国提出之计算书,不在此限。

拟受前项金额之交付之人对于该年中所提出之计算书之份,应于十二月十日以前,将请求书提出于税捐局长。

第七条　《勤劳所得税法》第九条规定之申告，应将记载所得金额及其计算基础之申告书，提出于税捐局长为之。

第五条第二项之规定，就前项之申告书中之该计算基础之记载准用之。

第八条　税捐局长依《勤劳所得税法》第十条第一项规定决定应饬其缴纳之税额时，应以书面通知纳税义务人或给与支给人。

第九条　依《勤劳所得税法》第十一条第一号之规定拟为审查请求之人，应于接受前条通知之日起算二十日内，将证凭书类附具于记载不服事由之书面，呈由为该决定之税捐局长，提出于税务监督署长。

第十条　税务监督署长依《勤劳所得税法》第十二条之规定决定应饬其缴纳之税额时，应以书面通知纳税义务人或给与支给人。

税务监督署长于接受《勤劳所得税法》第十一条第一项之请求时，该请求如系违反程序者，应以书面驳回之。

第十一条　拟依《勤劳所得税法》第十三条第一项之规定为审查请求之人，应于接受前条第一项之决定通知或同条第二项之驳回通知之日起算三十日内，将证凭书类附具于记载不服事由之书面，呈经为该决定之税务监督署长，提出于经济部大臣。

第十二条　经济部大臣依《勤劳所得税法》第十四条之规定决定应饬其缴纳之税额时，应以书面通知纳税义务人或给与支给人。

第十条第二项之规定，对经济部大臣所为之《勤劳所得税法》第十三条第一项之请求如系违反程序者，准用之。

第十三条　拟依《勤劳所得税法》第十五条之规定为审查请求之人，关于依同法第八条被征收勤劳所得税之月之翌月末以前，将证凭书类附具于记载不服事由之书面，呈经缴纳勤劳所得税之税捐局长，提出于税务监督署长。

第十条至前条之规定，就依前项审查之请求准用之。

附则

第十四条　本令自康德五年一月一日施行。

第十五条　对于《勤劳所得税法》第五条第一项第一类所得规定之所得金额之计算，限康德五年中之各月份之所得金额。康德四年中所受之赏与金额不合算之。

附则（康德五年十二月二十三日经济部令第五七号）

本令自康德六年一月一日施行。

自由职业税法

（康德四年十二月六日敕令第四四一号）

朕依《组织法》第三十六条，经咨询参议府，裁可《自由职业税法》，著即公布。

（国务总理、经济部大臣副署）

第一条　对于帝国内经营左列职业之人，依本法课自由职业税。

一、关于宗教业；

二、关于教育及教授业；

三、关于医疗业；

四、关于法务业；

五、关于著述、翻译、艺术、技术诸艺业。

第二条　对于《法人及法人营业税法》第二条所规定之社团，不适用本法。

第三条　自由职业税每年按第一条所列之职业种类及经营该职业场所课之。

第四条　自由职业税之课税标准为收入金额，其税率依左列区分。

职业之种类	税率	
关于宗教		千分之十五
关于教育及教授业	学校经营	千分之六
	其他	千分之十五
关于医疗业	病院组织	千分之十
	其他	千分之十三
关于法务业		千分之十五
关于著述、翻译、艺术、技术诸艺业		千分之十五

第五条　收入金额除依左列各款外，关于其经营之职业，依上年中所收入之总金额。

一、对于上年之一月二日以后至十二月止之间开始之职业，依该年中收入金之预算金额。

二、对于该年开始之职业，自其开始之翌月起至该年十二月止之间之收入金之预算金额。

前项之收入金额，应课勤劳所得税之给与不算入之。

第六条　收入金额未满年额六百圆者，免除自由职业税之课税。

第七条　纳税义务人应依《经济部令》所定，于每年一月三十一日以前将收入金额申告于税捐局长。但于该年一月二日以后开始职业之人，应自开始日起算三十日以内为之。

第八条　收入金额依前条之申告决定之。如无申告或认为申告不相当者，由税捐局长调查后决定之。

第九条　税捐局长收入金额决定上认为有必要者，得向精通第一条所列职业之情形之人征取其意见。

第十条　纳税义务人对于税捐局长所决定之收入金额有异议者，得依《经济部令》所定，对税务监督署长为审查之请求。

纵有前项之请求时，税金之征收不予犹豫。

第十一条　税务监督署长接受前条第一项之请求者，加以审查而决定其收入金额。

第十二条　纳税义务人对于前条之决定有异议者，得依《经济部令》所定，更对经济部大臣为审查之请求。税务监督署长却下第十条第一项之请求者，亦同。

第十条第二项之规定，于有前项之请求者准用之。

第十三条　经济部大臣接受前条第一项之请求者，加以审查而决定其收入金额。

第十四条　该年份之收入金之实际金额不达于依第八条决定之收入金额之二分之一者，税捐局长依纳税义务人之请求查核更订之。

第十五条　于该年之职业之利益金额不达于该年份自由职业税额之二十成者，税捐局长依纳税义务人之请求，免除相当于由该自由职业税额内扣除相当于该利益金额之二分之一之金额所得金额之自由职业税额之缴纳。

对于前项利益金额之计算，以《经济部令》定之。

第十六条　纳税义务人拟依第十四条之规定受收入金额之更订者，或依前条之规定受自由职业税缴纳之免除者，应依《经济部令》所定,于翌年一月三十一日以前对税捐局长为其请求。

有前项之请求者,税捐局长截至为该处分止,得犹豫税金之征收。

第十七条　第十条至第十三条之规定,就纳税义务人对于税捐局长所为之第十四条及第十五条之处分有异议者,准用之。

第十八条　自由职业税将年额分作四份,于左列四期征收之。但废业之际如有未纳之税金者,随时征收之。

第一期:该年六月一日起三十日以前;

第二期:该年八月一日起三十一日以前;

第三期:该年十月一日起三十一日以前;

第四期:该年十二月一日起二十五日以前。

第十九条　废业时之自由职业税,截至其废业月之上月止,按月计算征收之。

废业之人拟受前项之适用者,应依《经济部令》所定,将其意旨申告于税捐局长。

第二十条　纳税义务人有左列各款情形之一者,应依《经济部令》所定,将其意旨申告于税捐局长。

一、变更住所或姓名者;

二、迁移经营场所者。

第二十一条　因继承或让受承继经营时,关于本法之适用,前经营人视为废业人,承继人视为新开始职业之人。

第二十二条　税务官吏关于自由职业税之调查或取缔上认为有必要者,得临检经营该职业之场所,检查关于职业之账簿、物件或质询经营职业之人。

第二十三条　以偷漏自由职业税之目的有左列各款行为之一之人,处相当于其偷漏或希图偷漏之自由职业税之一倍以上、十倍以下之罚金或科料。但科料额不得少于十圆。

一、不为收入金额之申告者;

二、虚伪收入金额之申告者;

三、以诈术请求收入金额之更订或自由职业税缴纳之免除者;

四、请求收入金额审查之际为虚伪之证明者;

五、为蒙混税务官吏之收入金额调查,提示虚伪之账簿书类或为虚伪之答辩者。

合于前项规定之人所偷漏之自由职业税,不拘第十八条之规定,即时征收之。

第二十四条 不为依第七条或第二十条规定之申告之人,处二十圆以下之科料。

第二十五条 阻障依第二十二条规定之税务官吏职务之执行之人,处三百圆以下之罚金或科料。

第二十六条 受依第九条规定之咨询之人或有其经历之人,将关于自由职业税所得知悉之秘密无正当之事由泄漏者,处一千圆以下之罚金。

第二十七条 从事于自由职业税之调查或审查之公务员或曾为公务员之人,关于自由职业税所得知悉之秘密,无正当事由不得泄漏。

第二十八条 新京特别市、市、县或旗,除依《地方税法》课自由职业税附加捐外,对于依本法受课税之人之自由职业税之课税标准之收入金,不得为一切之课税。

附则

本法自康德五年一月一日施行。

《自由职业税法》施行规则

(康德四年十二月二十八日经济部令第九三号)

修正 康德五年一月部令第二号

兹制定《〈自由职业税法〉施行规则》如左。

第一条 《自由职业税法》第一条所列职业之种类之范围依左开。

一、关于宗教业:

僧侣;

宣教师;

布教师;

祠宇、佛堂、教会或说教所之经营。

二、关于教育及教授业:

教师或讲师;

学校或教育施设之经营。

三、关于医疗业:

医师；

汉医；

齿科医师；

兽医师；

药剂师；

齿科技工士；

助产士；

医院或病院以外之医疗施设之经营。

四、关施法务业：

律师；

辩理士；

代书人。

五、关于著述、翻译、艺术、技术诸艺业：

著述家；

翻译家；

书家；

画家；

雕刻家；

音乐家；

舞蹈家；

导演家；

优伶；

演艺家；

技艺师匠；

武术师匠；

计理士；

图案家；

测量家；

设计制图家；

施工监督；

速记者；

鉴定人；

卖卜人；

引水人（向导人）；

信用告知人；

招待员。

第二条　依《自由职业税法》第七条规定之申报，应将开具按职业之种类及种目各别之收入金额及营职业之场所、住所及姓名之申报书，提出于管辖营职业之场所之税捐局长而为之。

第三条　税捐局长依《自由职业税法》第八条之规定决定收入金额时，应以书面通知纳税义务人。

前项之决定通知，每年五月三十一日以前为之。但在左列情形时，应于决定之随时为之。

一、该年废止职业时；

二、该年开始职业时；

三、关于收入金额之决定发见有脱漏情事时；

四、于收入金额之决定后，纳税义务人报明有收入金额增加之情事时。

第四条　拟依《自由职业税法》第十条第一项之规定请求收入金额之审查者，应于自接受前条决定通知之日起算二十日内，将开具不服事由之书面连同证明文件，呈由为该项决定之税捐局长，提出于税务监督署长。

第五条　税务监督署长依《自由职业税法》第十一条之规定决定收入金额时，应以书面通知纳税义务人。

税务监督署长在接受《自由职业税法》第十条第一项之请求时，如该项请求系属违反程序者，应以书面驳回之。

第六条　拟依《自由职业税法》第十二条之规定请求审查收入金额者，应于自接受第五条第一项之通知或同条第二项之驳回之通知之日起算三十日内，将开具不服事由之书面连同证明文件，呈由为该项决定之税务监督署长，提出于经济部大臣。

第七条　经济部大臣依《自由职业税法》第十三条之规定决定收入金额时，以书面通知纳税义务人。

第五条第二项之规定，于对于经济部大臣所为之《自由职业税法》第十二条第一项之请求系属违反程序者时，准用之。

第八条　纳税义务人拟依《自由职业税法》第十四条之规定受收入金额之更订时，或拟依同法第十五条第一项之规定受自由职业税缴纳之免除时，应将开具该项事由之书面连同证明文件，提出于税捐局长而请求之。

第九条　依《自由职业税法》第十五条第一项规定之职业之利益金额，为由该年各该职业之总收入金额内扣除为获得该项收入所必要经费之金额。

第十条　税捐局长依《自由职业税法》第十四条之规定更订收入金额时，或依同法第十五条第一项之规定免除自由职业税之缴纳时，应以书面通知纳税义务人。

遇有《自由职业税法》第十四条之请求时，如该项请求系属违反程序者，由税捐局长认为该年份之收入金之实际金额达依《自由职业税法》第八条决定之收入金额之二分之一者，及遇有同法第十五条第一项之请求时，如该项请求系属违反程序者，或由税捐局长认为该年之职业之利益金额达该年份自由职业税额之二十成者，税捐局长应以书面驳回之。

第四条至第七条之规定，于纳税义务人对于税捐局长所为之前二项处分有异议时，准用之。

第十一条　纳税义务人废止职业时，应将开列职业种类、种目、职业经营场所、姓名及废业年月日之申报书提出于税捐局长。

第十二条　依《自由职业税法》第二十条规定之申报，应于自各该事实发生之日起算十日内，将开具该项事实之申报书提出于税捐局长而为之。

附则

本令自康德五年一月一日施行。

附则（康德五年一月二十八日经济部令第二号）

本令自公布日施行。

地方税

省地方费法

（康德六年十二月七日敕令第三〇六号）

朕依《组织法》第三十六条，经咨询参议府，裁可《省地方费法》，著即公布。

（国务总理、治安部、民生部、产业部、经济部、交通部大臣副署）

第一章　总则

第一条　省（包含黑河省及兴安各省，以下同）设省地方费。

第二条　省地方费为法人。

省长管理省地方费并代表之。

第三条　省长关于省地方费之行政，得将其职权之一部委任省官吏（包含属于省长管理之官署之官吏，以下同）或令其临时代理之。

第四条　省官吏关于省地方费行政之职务关系，除本法有规定者外，则依其关于国之行政职务关系之例。

第五条　省地方费之收入如左。

一、由财产所生之收入；

二、关于省地方费之事务或事业之收入；

三、省地方费税并其督促手续费、延滞金、滞纳处分费及过料；

四、家屋税并其延滞金及过料；

五、国税附加税并其延滞金及过料；

六、省地方费价；

七、国库补给金；

八、捐助金。

第六条　省地方费所应支用之费目如左。

一、关于警察、教育、土木、劝业、卫生、社会、文化及防卫之经费；

二、关于市、县及旗财政调整之经费；

三、关于处理省地方费之经费；

四、除前列各款外，依法令属于省地方费支用之经费。

第七条　省地方费为处理省地方费之事务，得设省地方费条例。

省地方费条例应依一定之公告式告示之。

第八条　省地方费之设置或废止或省之区域变更时，关于省地方费之事务、财产及营造物有必要之事项，由国务总理大臣定之。

第二章　财务

第九条　省地方费为增进公共之利益，得设定以收益为目的之基本财产而维持之。

省地方费为特定之目的，得积存金谷。

第十条　省地方费对于省地方费支用之事业认为有必要时，得向一部之市、县或旗赋课夫役或现品。

第十一条　省地方费得将对于一部市、县或旗特有利益之省地方费事业之费用一部，分赋于各该市、县或旗。

前项之分赋，得以不均一为之。

第十二条　省地方费对于营造物之使用，得征收使用费。

省地方费对于特为一个人所办之事务，得征收手续费。

第十三条　关于前条征收金之赋课征收及滞纳处分，依国税之赋课征收及滞纳处分之例。

第十四条　第十二条之征收金并因其滞纳所生之督促手续费、延滞金及滞纳处分费，次于国之征收金有优先权。关于其追缴、退还，依国税之例。

第十五条　关于省地方费收入金及支付金之时效，依国之收入金及支付金之例。

第十六条　省地方费认为有必要时，得募集省地方费债。

省地方费为办理省地方费预算内之支出，得为一时借入金。

前项之借入金，应以其会计年度之岁入偿还之。

第十七条　省地方费于公益上有必要时，得为捐助或补助。

第十八条　省长应调制每会计年度之省地方费岁入岁出预算，于年度开始前，受国务总理大臣之认可。

省地方费之会计年度，依国之会计年度。

第十九条　省长得经国务总理大臣之认可，为既定预算之追加或更正。

第二十条　省地方费为补充不可避之预算不足及充为预算外将发生临时必要之经费，应设预备费。

预备费充国务总理大臣所指定费用以外之费目时，应受国务总理大臣之认可。

第二十一条　省地方费得设特别会计。

第二十二条　省长经预算之认可时，应即将其誊本交付司计并告示其要领。

司计非有省长或受其委任官吏之命令，不得为支出。虽有命令无支出之预算且不得由预备费或依费目流用为支出时,亦同。

第二十三条 省地方费之出纳,以翌年二月末日为截止。

第二十四条 省长应于出纳期限截止后二月以内作制决算表,报告国务总理大臣,并告示其要领。

第二十五条 关于预算之调制方式、费目流用或其他会计有必要之事项,由国务总理大臣定之。

第三章 司计

第二十六条 省地方费置司计。

司计依国务总理大臣之所定,掌省地方费所有或保管之现金、有偿证券并物品之出纳、保管及其他会计事务。

第二十七条 省长认为有必要时,得为令代理司计事务,置代理司计。

第二十八条 前二条规定之司计或代理司计,就省官吏中由省长任命之。

第二十九条 司计亡失或毁损其所保管之现金、有价证券或物品时,省长应令其赔偿之。但不怠于善良管理人之注意时不在此限。

第三十条 省长有必要时,得令省或省地方费之非省官吏之职员,或市、县或旗之职员,分掌现金或物品之出纳、保管事务。

前条之规定,于前项之职员准用之。

第四章 监督

第三十一条 省地方费由国务总理大臣监督之。

第三十二条 国务总理大臣得为省地方费之监督上必要之命令或处分。

国务总理大臣于省地方费之监督上有必要时,得就实地视察事务或检阅出纳。

第三十三条 拟为省地方费条例之设定或改废时,应受国务总理大臣之许可。其关于省地方费税者,应受国务总理大臣及经济部大臣之许可。

第三十四条 拟为省地方费债之募集并其募集方法、利息定率及偿还方法之决定或变更时,应受国务总理大臣及经济部大臣之许可。但为一时备入金不在此限。

第三十五条 左列事项应受国务总理大臣之许可。

一、关于基本财产、不动产或积存金谷之处分事项；

二、特别会计之设定；

三、关于预算以外之义务负担或权利之抛弃事项；

四、依第十一条规定之分赋金之赋课。

第五章　杂则

第三十六条　省地方费所有或保管之现金及有价证券，依国务总理大臣之所定，令满洲中央银行办理之。

依前项之规定，满洲中央银行所收受之现金为省地方费之存款。

省地方费之存款限于国务总理大臣特定者，令附以相当之利息。

第三十七条　关于依前条规定，满洲中央银行为省地方费所办理之现金或有价证券之出纳、保管，如对省地方费与以损害时，满洲中央银行之赔偿责任依民事法令。

第三十八条　除本法所定者外，关于省地方费有必要之事项，由国务总理大臣定之。

附则

本法自康德七年一月一日施行。

康德三年敕令第二〇〇号《省地方费法》，废止之。

从前省长所定关于省地方费之规则等类，视为依本法之省地方费条例。

省地方费税法

（康德四年十二月二十八日敕令第四九一号）

朕依《组织法》第三十六条，经咨询参议府，裁可《省地方费税法》，著即公布。

（国务总理、经济部大臣副署）

第一条　省地方费得依本法，为省地方费税赋课征收牲畜税。

第二条　牲畜税向牲畜之买主或自产牲畜之所有人赋课之。

第三条　应赋课牲畜税之牲畜之种类及其赋课率如左。

一、牛、马、骡、骆驼：百分之五；

二、驴、羊（包含山羊）、豚：百分之二·五。

第四条　牲畜税对于所买卖之牲畜，于其买卖之时，对于自产牲畜,于其成熟之时,以其时价为标准赋课之。

前项称成熟之时者,谓至于有左列各款情形之一之时。

一、对于牛、马、骡、骆驼为四岁口时;

二、对于驴为三岁口时;

三、对于羊(包含山羊)、豚为二岁口时。

第五条　对于国、省地方费、市、县、旗、街或村供公用或公共用者,不得赋课牲畜税。

第六条　省长得将省地方费税之赋课征收委任于市、县、旗。

第七条　受省地方费税之赋课者,就其赋课认为有违法或错误时,得自受关于赋课之处分之日起于三十日以内,经由为赋课之市、县、旗长,向省长请求审查。

第八条　省长受前条之请求时,应于三十日以内决定之。有不服其决定者,得经由为处分之省长,向国务总理大臣诉愿。

前项之决定应以文书为之并附具理由,交付于本人。

第九条　有于定期内不缴纳省地方费税者时,省长或应赋课征收省地方费税之市、县、旗长,应指定期限督促之。

于前项情形,依命令之所定征收手续费及延滞金。

滞纳人受第一项应督促于其指定期限内仍不完纳时,应依国税滞纳处分之例处分之。

省地方费税并依其滞纳所生之督促手续费、延滞金、滞纳处分费,次于国之征收金,优先于地方税其他之公课及债权。对于其追征、退还及时效,依国税之例。

有不服前三项之处分者,得自受处分之日起于三十日以内,经由为处分之市、县、旗长及省长,向国务总理大臣诉愿。

第三项之处分中扣押物件之公卖,得于处分确定以前停止执行。

第十条　省或市、县、旗之该管职员关于省地方费税之赋课认为有必要时,得临检家宅或营业所或检查账簿物件。

于前项情形,该管职员应携带证明其身分之证票。

第十一条　省长得经国务总理大臣及经济部大臣之许可,对于依诈伪其他不正行为偷漏省地方费税者,科偷漏金额三倍以下(其金额未满五圆时为五圆)之过料,或使为赋课征收省地方费税之市、县、旗长科过料。

对于前项之过料,依省地方费税赋课征收之例。

第十二条　除本法其他之法令所定者外,关于省地方费税之赋课征收有必要之事项,以命令定之。

附则

本法自康德五年一月一日施行。

关于对牲畜及屠畜之内国税课税之一切法令,废止之。但对于本法施行前应赋课或征收之牲畜及屠畜之内国税之赋课征收,仍依从前之例。

地方税法

（康德二年八月二十四日敕令第一〇五号）

修正　康德三年六月敕令第九二号、十二月第二〇一号、四年八月第二四二号、十二月第四九三号、五年十二月第三〇二号、六年十一月第三〇一号

朕依《组织法》第四十一条,经咨询参议府,裁可《地方税法》,著即公布。

（国务总理、民政部、蒙政部、财政部大臣副署）

第一条　县、旗、市除法律另有规定者外,得依本法赋课地方税。

前项之市,由国务总理大臣指定之。（康三·第九二号、四·第二四二号本条中修正）

第二条　地方税之种目如左。

一、营业税附加捐;

二、自由职业税附加捐;

三、家屋税附加捐;

四、游兴饮食税附加捐;

五、地捐;

六、杂捐。（康四·第四九三号本条修正,六·第三〇一号本条中修正）

第三条　营业税附加捐属于市者,为营业税百分之七十五以内;属于县、旗者,为营业税百分之五十以内。

对于营业税附加捐之赋课,依《营业税法》第四条第二项规定之营

业税之免除,视为不免除之。(康三·第九二号、第二〇一号、四·第四九三号、五·第三〇二号本条中修正)

第四条　自由职业税附加捐属于市者,为自由职业税百分之七十五以内;属于县、旗者,为自由职业税百分之五十以内。(康五·第三〇二号本条修正)

第五条　家屋税附加捐属于市者,为家屋税百分之七十五以内;属于县、旗者,为家屋税百分之五十以内。

对于家屋税附加捐之赋课,依《家屋税法》第二十三条规定之家屋税之免除,视为不免除之。(康四·第四九三号本条修正,五·第三〇二号本条中修正)

第五条之二　游兴饮食税附加捐为游兴饮食税百分之二十五以内。(康六·第三〇一号本条追加)

第六条　地捐依命令所定,以土地之面积及其他为标准,向土地所有人或准此者赋课之。

于纳税义务人有异动时,新纳税义务人就其年份及上年份之地捐,负与旧纳税义务人连带缴纳之义务。(康四·第四九三号本条修正)

第七条　得赋课杂捐之种类,应以命令规定者并经国务总理大臣及经济部大臣之许可者为限。(康三·第九二号本条修正,四·第二四二号本条中修正)

第八条　关于杂捐之课税标准并地捐及杂捐赋课之限制,以命令定之。(康四·第四九三号本条修正)

第九条　遇有特别之必要时,得经国务总理大臣及经济部大臣之许可,为不均衡或一部分之赋课。(康三·第九二号、四·第二四二号本条中修正)

第十条　受地方税之赋课者,对其赋课认为有违法或错误时,自受关于赋课之处分之日起于三十日以内,得向县、旗、市长请求审查。(康三·第九二号本条中修正)

第十一条　县、旗、市长接受前条之请求时,应于三十日以内决定之。有不服其决定者,自接受决定书之日起二十日以内,得经由已为处分之县、旗、市长,向省长(如在特别市,则向国务总理大臣)诉愿。

决定及诉愿之裁决,应以文书为之并附具理由,交付于本人。(康二·第九二号、四·第二四二号本条中修正)

第十二条　地方税在定期内有未经缴纳者,县、旗、市长应指定期限催追之。

前项情形,县、旗、市长依命令所定,应征收手续费及延滞金。

滞纳人受第一项之催追在指定期限内仍未完纳时,应依国税滞纳处分之例处分之。

地方税及第二项之征收金在国家征收金之次有优先权。至于追征、退还及时效,依国税之例。

对前三项之处分有不服者,自受处分之日起二十日以内,得经由已为处分之县、旗、市长,向省长(如在特别市,则向国务总理大臣)诉愿。

前条第二项之规定,对于前项之诉愿准用之。

第三项之处分中扣押物件之公卖,在处分确定前停止执行。(康三・第九二号、四・第二四二号本条中修正)

第十三条　关于地方税之赋课征收,在本法其他法律规定外,其必要之事项以命令定之。

附则

本法中关于营业税附加捐及地捐之规定,自康德二年度份起;房捐、户别捐及杂捐之规定,自康德三年度份起适用之。

对于营业之课税,限于康德二年度份,仍得依从前之例赋课。

赋课营业税附加捐时,如有必要,限于康德二年度,对于法人营业,得经民政部大臣及财政部大臣之许可,以资本金或收入金为标准,赋课营业捐。

关于地捐或房捐之赋课,遇有特别事由时,暂不拘第四条及第五条之规定,得经国务总理大臣及经济部大臣之许可,依他项标准。

户别捐对于受法人营业税附加税或营业税附加捐之赋课者,暂不赋课之。但关于营业以外之收入金及资产,不在此限。(康三・第九二号本条修正、第二〇一号本条中修正、四・第二四二号本条修正)

　　附则(康德三年六月十八日敕令第九二号)

本法自公布日施行。

　　附则(康德三年十二月二十六日敕令第二〇一号)

本法自康德四年一月一日施行。

对于本法施行前业经终了之事业年度份纯益或跨连康德三年十二月三十一日与康德四年一月一日之事业年度份纯益中,依按日计算之方法算定之。属于康德三年十二月三十一日以前之期间者所课法人营业税额（正税额）为课税标准之营业税附加捐、康德四年份以前之减税及康德三年份以前之矿产税为课税标准之矿业税附加捐，并本法施行前应行赋课或征收之本捐，其赋课征收仍从前之例。

附则（康德四年八月十二日敕令第二四二号）

本法自康德四年七月一日施行。

附则（康德四年十二月二十八日敕令第四九三号）

本法自康德五年一月一日施行。

对于本法施行前应赋课或征收之房捐及户别赋之赋课征收，仍依从前之例。

附则（康德五年十二月二十三日敕令第三〇二号）

本法自康德六年一月一日施行。

附则（康德六年十一月二十三日敕令第三〇一号）

本法自康德六年十二月一日施行。

关税法

关税法

（康德四年十二月二十日敕令第四五九号）

修正 康德六年六月敕令第一二五号、第一六一号

朕依《组织法》第三十六条，经咨询参议府，裁可《关税法》，著即公布。

（国务总理、经济部大臣副署）

第一章 总则
第一节 课税及征收

第一条 输出内国物品，依另表输出税率表，课输出税。

输入外国物品，依另表输入税率表，课输入税。

第二条 合于左列各款之一之人，为关税之纳税义务人。但第十三条第一项之情形不在此限。

一、申告输出或申告输入之物品，其申告人，但除合于第二十六条至第三十八条规定之物品；

二、合于第五十三条第一项但书之消费物品，其消费人；

三、合于第五十四条第一项之盗难物品，其盗取人，盗取人不明时，如系特许保税区域藏置物品则其设营人，如系保税运送物品或转运物品则各该申告人，如系其他之物品，则该保管人；

四、合于第五十四条第一项之纷失物品，如系特许保税区域藏置物品则其设营人，如系保税运送物品或转运物品则各该申告人，如系其他之物品则该保管人；

五、合于第五十四条第二项之物品，各该申告人；

六、无故脱免或意图脱免关税之缴纳之物品，其脱免或意图脱免缴纳之人，但除合于前款之物品；

七、其他之物品其为输出、输入或欲为输出、输入之人。

前项第一款所载申告人与第二款至第四款或第六款所载之人之纳税义务竞合时，第一款之规定不适用之。

在第一项第三款或第四款之情形，设营人与申告人之纳税义务竞合时，仅以申告人负担其纳税义务。

第三条　关税在前条第一项第一款情形于申告时、在第二款情形于欲消费时、在第三款或第四款情形于盗难或纷失时，依各该时之物品性质及数量并运抵国境平常价格课之。

在前条第一项第五款情形之关税，于指定期间届满时，依该物品于认许时之性质及数量并运抵国境平常价格课之。

不合于前二项情形之关税，除有第十三条第二项情形外，于欲输出或输入时，依该时之物品性质及数量并运抵国境平常价格课之。

第四条　依第一百二十条但书之规定，于搬入之际已受检查之保税仓库藏置物品之关税，不拘前条之规定，依搬入检查当时之性质及数量课之。

受前项搬入检查之物品，如灭失或变质或被灭却，则对其现存部分适用前条之规定。

第五条　经济部大臣认为有必要时，得指定期间，以近似于第三条所定之运抵国境平常价格之价格，为该期间之课税价格。

第六条　课从量税之损伤物品限于认许输出或输入前，得依声请征收按其损伤程度而减轻之税额。但邮件则无须依声请。

因消费或其他事由不能依第三条之时之物品性质及数量时，得依最近该时之物品性质及数量征收关税。

第七条　税关长对于输出或输入物品欲征收关税时，应决定其额，以记载缴纳金额及缴纳场所之纳税告知书，对纳税义务人告知应立即缴纳之旨。但依第九条之规定，检查物品之官吏收纳关税时，得使该官吏以言词告知。

前项之规定，对于依第十六条及第十七条规定之手续者，不适用之。

第八条　纳税告知书之送达，除该管官吏在其执务场所自行交付于纳税义务人为之外，依差役或邮便。

《国税征收法》第三十五条及第三十七条至第四十一条之规定，于纳税告知书之送达准用之。

第九条　合于左列各款情形之一之物品之关税，得由检查其物品之官吏在检查场所收纳之。

一、旅行者之携带品；

二、藏置在非保税区域场所之物品。

第十条　依前条之规定收纳关税之官吏如非出纳官吏时，应将关税移交于出纳官吏。

第十一条　非出纳官吏之官吏如系依第九条规定所收纳之现金亡失时，应赔偿之。但对于经济部大臣证明其未怠于善良管理人之注意时，不在此限。

第十二条　对于已办完提取之物品或无故脱免关税缴纳之物品受关税之纳税告知者不缴纳关税时，税关长除本法另有规定者外，准用《国税征收法》之规定征收之。

第十三条　对于输出邮件之关税，向该寄件人；对于输入邮件之关税，向该收件人课之。

对于邮件之关税，于通关局受理邮件时或邮件运抵通关局时，依各该时之物品性质及数量并运抵国境平常价格课之。

第十四条　邮政官署不得将应征收关税之邮件于未征收关税前向外国发送或交付于收件人。

第十五条　通关局受理包有输出物品之邮件时，应以书面将其旨通报于税关长，并将该邮件提供于税关官吏之检查。包有输出物品或输入物品之邮件运抵通关局时亦同。

第十六条 税关长对于包有输出物品或输入物品之邮件欲为征收关税时，应决定其额，通知于通关局。

邮政官署基于前项通知，应将其关税额通知于邮件之寄件人或收件人。

第十七条 接受前条第二项之通知者，应将相当于税金额之收入印纸贴于通知书，向邮政官署提出之。

邮政官署受理前项书类时应送交税关长。

第十八条 接受第十六条第二项之通知者，对于输出邮件，自通知之日起十日以内；对于输入邮件，自通知之日起二十五日以内。不为前条第一项之手续时，邮政官署在输出邮件，得退还于寄件人；在输入邮件，得退回于寄发邮政官署。

对于邮件之关税之纳税义务，因前项之退还或退回而消灭。输出邮件因无法投递而退还者亦同。

邮政官署为退还或退回之措置时，应速将其旨通报于税关长。

第十九条 依本法之规定应提供或提存之担保物之种类，限于金钱或国债证券。

第二十条 对于提供或提存关税担保物之物品受纳税告知者，自告知书送达之日起十日以内尚未缴纳其关税时，税关长得以担保物抵充关税。为告知书之公示送达时，自其效力发生之日起十日以内尚未缴纳其关税时亦同。

第二十一条 依前条以担保物抵充关税，其担保物如系国债证券时，税关长应以不少于其债权金额之价格变卖之或为买入销却，将其价金抵充关税。

拟以不少于其债权金额之价格将国债证券变卖时，得依随意契约。

第二十二条 将作为关税之担保而提供或提存之担保物抵充关税，如有余款时，退还于担保物之提供人或提存人。如不能退还于担保物之提供人或提存人时，提存之。

第二十三条 关税之征收权，因自得行使之日起二年间未行使而完成其消灭时效。

在无故脱免或意图脱免缴纳关税时之关税征收权，因自意图脱免缴纳之日起五年间未行使而完成其消灭时效。

前项之征收权，以无故脱免或意图脱免缴纳关税之故没收其物品或使归属于国库时,即消灭。

第二十四条　因关税之过误纳所发生对政府之请求权,因自关税缴纳之日起二年间未行使而完成其消灭时效。

第二十五条　前二条之期间内所为之纳税告知、纳税督促或支付请求,中断时效。

第二节　征收之免除

第二十六条　对于御用品、御赐品及献上品不征收其关税。

第二十七条　合于左列各款情形之一之物品,不征收其输入税。

一、属于来游本邦之外国之元首及其一族并其侍从人之物品;

二、属于被派遣至本邦之外国之大使、公使或其他准此之使节之自用品及在本邦之外国大使馆或公使馆为公用所使用之物品,但对属于由本邦派遣之大使、公使或其他准此之使节之自用品或对本邦大使馆或公使馆之公用品,于关税之免除上附有限制之国家,则依相互条件;

三、对于本邦领事馆或通商代表公馆之公用品免除关税之国家,其在本邦之领事馆或通商代表公馆为公用所使用之物品,但依相互条件;

四、对属于本邦大使馆或公使馆之馆员、领事或通商代表之自用品免除关税之国家,其在本邦之大使馆或公使馆之馆员、领事或通商代表所属之自用品,但依相互条件;

五、由外国之元首或外国政府赠与之勋章、记章及赏牌;

六、系政府输入之勋章及记章并其容器;

七、系政府输入之度量衡原器;

八、政府之专卖品,但除合于《盐专卖法》第七条第一项但书之盐;

九、系满洲中央银行输入之纸币原版、铸币原型及铸币原料品;

十、捐助于孤儿院、养老院、施疗病院等慈善团体之物品而直接供慈善之用者;

十一、捐助于神社、寺院、教会等之式典用品及礼拜用品;

十二、忠灵塔、招魂碑等之建设材料品;

十三、建立在公园、道路等之颂德像、颂德碑或其他公共纪念物;

十四、接种动物、栽培用种子并农业用器具机械及其部分品而系国、省、县或其他公共团体或政府所指定之关于产业之法人或组合所输入者;

十五、已输出之物品于一年以内再输入而未变更其输出当时之性

质及形状者,但除依第三十条免除输入税之征收之物品;

十六、由在外军队、军舰或公馆之送还品;

十七、本邦之船舶或其他运输机关因遭难而解体之解体材,但限于系该运输机关之所有人之所有物而由该人输入时;

十八、电力。

第二十八条　合于左列各款情形之一之物品,依经济部大臣所定,不征收其关税。

一、军用品;

二、为运搬旅行者或物品出入国境之运输机关;

三、在国境建设之桥梁或其他准此之建造物之建设或修理用材料品;

四、输出物品或输入物品之容器;

五、馈赠品或其他未随有对价之物品而依邮便、铁道行李或航空便输出或输入者;

六、发明或意匠之雏形或样本及商标之印版。

第二十九条　合于左列各款情形之一之物品,依经济部大臣之所定,不征收其输入税。

一、国有铁道用品;

二、重要产业之基础设备用品;

三、专供防卫空袭用之物品;

四、陈列于学校、博物馆、物品陈列所等之标本及参考品;

五、校旗、团旗及会旗。

第三十条　合于左列各款情形之一之物品而再输出者,依经济部大臣之所定,不征收其输入税。

一、为研究学术而输入之物品;

二、作为试验品而输入之物品;

三、为搜集定货而输入之货样;

四、作为制作样本而输入之物品;

五、来本邦之巡回演艺业人所输入之演艺用物品;

六、为出品于博览会、展览会、竞进会、品评会等而输入之物品;

七、为教化或宣传而输入之电影用影片;

八、为摄影而输入之电影用生影片;

九、为土木工事而输入之工事用器具机械；

十、为修理作业而输入之修理用器具机械；

十一、为检定计器类而输入之检定用器具机械。

税关长于依前项规定免除输入税征收之物品输入之际，得使提供或提存相当于输入税之担保物。

第三十一条　合于左列各款情形之一之物品而税关长认为相当者，不征收其关税。

一、为运搬旅行者或物品而出入国境之运输机关之备品及在该运输机关内消费之食料、燃料或其他消耗品；

二、旅行者之携带品，但限于相当于旅行者之身分者；

三、属于个人之搬家行李，但限于已经使用者；

四、商品样本及广告用物品，但限于仅适用于样本或广告者。

第三十二条　合于左列各款情形之一之物品而税关长认为相当者，不征收其输出税。

一、为出品于博览会、展览会、竞进会、品评会等或为陈列于学校、博物馆、物品陈列所等而输出之物品；

二、在往来外国之外国船舶作为其船用品而装载之食料、燃料或其他消耗品；

三、依第一百四十三条之规定受税关长承认之际，在仅往来于国内各港间之外国船舶内之该船舶之食料、燃料或其他消耗品。

第三十三条　合于左列各款情形之一之物品而税关长认为相当者，不征收其输入税。

一、为慈善或救恤而捐助之给与品；

二、由外国之政府、团体等赠于本邦住在者之纪念品；

三、接种动物、栽培用种子并农业用器具机械及其部分品系人或法人为自己使用而输入者，但除合于第二十七条第十四款者；

四、在往来外国之内国船舶作为其船用品而装载之食料、燃料或其他消耗品；

五、在仅往来于国内各港间之内国船舶因灾害或其他不可抗拒之事由，作为其船用品而装载之食料、燃料或其他消耗品；

六、依第一百四十三条之规定受税关长承认之际，在往来外国之船舶内之该船舶之食料、燃料或其他消耗品。

第三十四条　为加工或修理输出而再输入之物品及为加工或修理输入而再输出之物品，依经济部大臣之所定，不征收其关税之全部或一部。

税关长于依前项规定免除关税征收之物品输出或输入之际，得使提供或提存相当于关税之担保物。

第三十五条　在陆接国境内国地域居住之耕作人自行输入或输出其在陆接国境外国地域所收获之农产物，或在该地域播种或施肥之种子或肥料时，依经济部大臣之所定，不征收其关税。在陆接国境外国地域居住之耕作人自行输出或输入其在陆接国境内国地域所收获之农产物，或在该地域播种或施肥之种子或肥料时，亦同。

第三十六条　陆接国境内国地域居住人为自家消费而自行输入之生活必需品，限于在其居住地附近虽于入手之物品而经税关长认为相当者，不征收其输入税。

第三十七条　陆接国境内国地域居住人为从事于其职业携带输出而于相当期间内再携带输入之职业用具，限于税关长认为相当者，不征收其关税。陆接国境外国地域居住人为从事于其职业携带输入而于相当期间内再携带输出之职业用具，亦同。

第三十八条　陆接国境内国地域居住人为在陆接国境外国地域放牧、农耕等输出而于相当期间内再输入之家畜，限于税关长认为相当者，不征收其关税。陆接国境外国地域居住人为在陆接国境内国地域放牧、农耕等输入而于相当期间内再输出之家畜，亦同。

第三十九条　前四条之规定，对于依铁道车辆输出或输入之物品不适用之。

第四十条　陆接国境地域之范围，依经济部大臣之所定。

第四十一条　以充特定用途为条件之免税物品，如充于规定以外之用途时，征收其关税。但依第一百四十三条之规定受税关长承认之际，在往来外国之内国船舶内作为其船用品而残存之食料、燃料或其他消耗品因其数量合于相当程度之理由，或其他免税物品因于相当期间该物品已充规定之用途之理由，税关长认不征收关税为相当者，不在此限。

第三节　异议及诉愿

第四十二条　对税关长关于关税之赋课征收或免除所为之处分有

不服者,得自受其处分之日起二十日以内,以书面向税关长为异议之声明。

第四十三条　遇有依前条规定之异议声明时,税关长应以书面决定之,并交付于异议声明人。

第四十四条　异议之声明不停止处分之执行。但税关长认为必要时,得停止其执行。

第四十五条　对于第四十三条税关长之决定有不服者,得为诉愿。

第四十六条　关于关税之赋课征收或免除之异议声明或对于其决定之诉愿,如该物品已由本法所定之藏置场所提取时,不得为之。但受税关长之承认已提供或提存相当于物品价格之担保物时,不在此限。

第四十七条　关于课税价格之异议声明,对于申告之际并未提出该物品之发单或可代此书类之物品,不得为之。但邮件及合于第一百十九条但书之物品不在此限。

第二章　物品

第一节　通则

第四十八条　越陆路国境输送之物品须由关税通路。但邮件不在此限。

第四十九条　关税通路如左。

一、供由陆接国境至税关车站一般输送用之铁道;

二、由陆接国境至保税区域之陆路或水路经税关长指定者。

税关长因土地之状况或其他情事认为有必要时,得对由前项第二款关税通路之输送附以限制。

第五十条　因腐败、损伤或其他事由欲灭却合于左列各款情形之一之物品时,应受税关长之承认。

一、保税区域藏置物品,但在第六十二条第一款至第四款规定之保税区域时,除不为通关手续之内国物品;

二、依第五十八条但书之规定藏置在非保税区域之场所之物品;

三、由关税通路输送中之外国物品及经由外国运送〈之〉物品;

四、不合于前列各款之物品在保税运送、转运或经由外国运送中者。

第五十一条　合于前条各款情形之一之物品,除为依本法规定之作业而消费者外,不得消费之。但在该运输机关内消费第三十一条第一款之物品时，及该旅行者在关税通路或直接接续关税通路之保税区域消费第二款之物品时，不在此限。

第五十二条　合于第五十条各款情形之一之物品，除本法另有规定者外，不得为整理、加工或其他作业。

第五十三条　合于第五十条各款情形之一之外国物品及由国内通路运送中之合于第一百二十八条但书之物品，视为未输入者。但非为依本法规定之作业而消费者，不在此限。

合于第五十条第四款之内国物品及经由外国地域运送中之合于第一百三十七条但书之物品，视为未输出者。但已经消费者不在此限。

第五十四条　合于第五十条各款情形之一之外国物品遇盗难或纷失时，即推定为已输入者。

转运内国物品或经由外国运送物品于指定期间内，尚未运抵指运地时，即推定为已输出者。

第五十五条　第五十三条第一项、第五十四条第一项、第五十九条第二项、第六十八条、第七十三条第二项、第八十七条第一项、第九十二条第二项、第一百条、第一百〇三条第二项、第一百十六条第三项第四项、第一百十七条第二项第三项及第一百三十三条之规定，对于已受输出认许而尚未输出之外国物品，不适用之。

第五十六条　第四十八条、第五十条、第五十二条、第一百三十一条、第一百三十二条及第一百三十六条之规定，对于因灾害或其他不可抗拒之事由之行为，不适用之。但该行为人于事由终止后，应速将其原委报告税关长。

第五十七条　为合于第五十条各款情形之一之物品之输送、藏置或其他之处理者，均应遵税关长关于物品之取缔所为之命令，并服税关官吏之指挥。

合于前项规定之人及输送外国物品、转运物品或经由外国运送物品之人，对于税关官吏之职务执行，应供与便宜。

第二节　藏置及作业

第一款　通则

第五十八条　外国物品及欲受输出、转运或经由外国运送认许之内国物品，不得藏置在非保税区域之场所。但合于左列各款情形之一者，不在此限。

一、因巨大重量或其他事由，难藏置在保税区域之物品；

二、依第一百七十三条第一项之规定，欲卸机或装机之物品，合于同项第一款或第二款者；

三、因灾害或其他不可抗拒之事由，欲暂行藏置之物品；

四、检疫物品；

五、扣押物品。

第五十九条　欲将合于前条第一款之物品藏置在非保税区域之场所时，应受税关长之许可。

税关长对于外国物品欲予前项许可时，得使提供其物品之关税担保物。

第六十条　对合于第五十条第一款之保税区域藏置物品，限于为维持其现状有必要时，得受税关长之承认，为整理作业。

前项整理作业准用第一百零八条之规定。

第六十一条　出入保税区域者，应遵税关长关于保税区域之取缔所为之命令，并服税关官吏之指挥。

第二款　指定保税区域

第六十二条　指定保税区域之种类如左。

一、税关车站；

二、税关飞行场；

三、通关局；

四、通关场；

五、税关界地。

第六十三条　税关车站系为对于由铁道之物品办理通关手续之保税区域。

税关车站就接近于连络国外供一般输送用铁道之国境之车站，由经济部大臣指定之。

第六十四条　税关飞行场系为对于由空路之物品办理通关手续之保税区域。

税关飞行场就供公共用之飞行场，由经济部大臣指定之。

第六十五条　通关局系为对于邮件办理通关手续之保税区域。

通关局就邮政局，由经济部大臣指定之。

第六十六条　通关场系为对于由第四十九条第一项第二款之关税

通路之物品办理通关手续之保税区域。

通关场就接近于连络国外供一般输送用之陆路或水路或与此接续区域之国境之场所,由税关长指定之。

第六十七条 税关界地系为藏置欲办理通关手续之物品之保税区域。

税关界地就税关之构内,由税关长指定之。

第六十八条 将外国物品搬入于税关车站、税关飞行场或通关场者,于搬入物品后,应即开始其通关手续或向其他保税区域搬出之。但将依铁道车辆或航空机搬入于税关车站或税关飞行场之物品装载该原运输机关而藏置时,不在此限。

第六十九条 在税关车站、税关飞行场或通关场已完结通关手续之物品,应即由该保税区域搬出之。但装载于铁道车辆或航空机之物品及已完结输入手续之物品,不在此限。

第七十条 税关长于取缔上认为有必要时,得限制在税关车站、税关飞行场或通关场得为通关手续之物品或其通关手续之种类。

第七十一条 第八十条之规定,于税关车站及税关飞行场准用之。

第七十二条 第八十一条第二项、第九十一条、第九十三条及第九十四条之规定,于税关界地准用之。

第七十三条 在税关界地藏置之物品,如经过藏置期限,货主应即搬出之。

货主不搬出前条规定之外国物品时,税关长得变卖之。

税关长由前项之变卖价金中,应收纳变卖费用及相当于该物品之关税金额,仍有余款时,应提存之。

第七十四条 对于搬入通关场或税关界地之物品,货主应任其保管之责。

第三款 特许保税区域

第一目 通则

第七十五条 特许保税区域之种类如左。

一、保税货场;

二、保税仓库;

三、保税工场。

第七十六条 经济部大臣或税关长关于其特许之保税区域之设营

监督设营人。

第七十七条　税关长得对于特许保税区域之设营人,命关于其设营之报告或使税关官吏检查特许保税区域设营之状况。

第七十八条　特许保税区域之设营人,应订定物品保管规则及物品保管费率,呈报于特许保税区域设营之经济部大臣或税关长。但为藏置设营人物品之特许保税区域,不在此限。

特许保税区域之设营人变更前项之物品保管规则或物品保管费率时,亦与前项同。

经济部大臣或税关长依其特许之保税区域设营状况认为有必要时,得命变更物品保管规则或物品保管费率。

第七十九条　对于为藏置设营人物品之特许保税区域,税关长得使该设营人提存保税区域藏置物品之关税担保物。

第八十条　税关长得对于特许保税区域之设营人,命实施通关上必要之设备。

第二目　保税货场

第八十一条　保税货场系为藏置欲办理通关手续之物品之保税区域。

保税货场得于不妨藏置前项所规定之物品之范围内,藏置不合于前项规定之内国物品。

第八十二条　保税货场之种类如左。

一、第一种保税货场;

二、第二种保税货场。

所称第一种保税货场者,系指以专供公共利便为目的之保税货场而言。所称第二种保税货场者,系指其他之保税货场而言。

第八十三条　欲设营保税货场者,应受税关长之特许。

第八十四条　已受第二种保税货场设营之特许者,应依命令之所定,缴纳特派官吏手续费。

第八十五条　保税货场设营之特许期间,自特许日起为三年以内。

前项之特许期间,得依声请更新之。但该期间自更新日起,不得超过三年。

第八十六条　保税货场设营之特许,于左列情形则消灭。

一、货场主关于废止保税货场设营已受税关长之承认时;

二、货场主死亡或为货场主之法人解散时；

三、特许期间届满时；

四、特许被取消时。

第八十七条　保税货场设营之特许消灭时,应以原为货场主者或其继承人（货场主如系法人时,则谓合并后存续之法人或因合并而设立之法人,以下同）之责任,于特许消灭后十日以内,就该区域藏置之外国物品受输入、退运、转运或保税运送之认许。

原为货场主者或其继承人不受前项之认许时,税关长得变卖其物品。但变卖之时期,须自向原为货场主者或其继承人通告应变卖之旨后一月以后。

税关长由前项变卖价金中,应收纳变卖费用及相当于关税之金额,仍有余款时,交付于原为货场主者或其继承人。

第八十八条　保税货场设营之特许虽已消灭时,于藏置在该区域之外国物品之处理未完以前,对其外国物品该区域视为保税货场。

第八十九条　保税货场设营之特许虽已消灭时,于藏置在该区域之外国物品之处理未完以前,原为货场主者或其继承人关于依前条视为保税货场之区域及其藏置物品,视为货场主。

第九十条　合于左列各款情形之一时,税关长得取消保税货场设营之特许。

一、货场主有不堪负担藏置货物关税之疑时；

二、货场主或其使用人或其他从业员违反本法或根据本法所发之命令时；

三、货场主被处二百圆以上之罚金或徒刑以上之刑时；

四、取缔上特有必要时。

第九十一条　保税货场之物品藏置期间,自物品搬入之日起为一月。但税关长认为有相当理由时,得依声请延长之。

第九十二条　经过藏置期限之物品,应以货场主之责任即速搬出之。

货场主不搬出前项规定之外国物品时,税关长得变卖之。

税关长由前项变卖价金中,应收纳变卖费用及相当于关税之金额。仍有余款时,交付于货场主。

第九十三条　对于藏置物品已完结通关手续者,除特受税关长之承认时外，应即由该保税货场搬出该物品。

第九十四条　欲向保税货场搬入物品时，应将其旨呈报于税关长。

欲向保税货场搬入第八十一条第二项所规定之物品时，应受税关长之许可。

欲由保税货场搬出物品时，应受税关长之许可。

第九十五条　货场主欲将保税货场一月以上仅充藏置第八十一条第二项所定之内国物品时，应受税关长之承认。

已有前项承认之保税货场于仅充藏置内国物品之期间中，不适用第五十条至第五十二条、第九十一条、第九十三条及前条之规定。

第三目　保税仓库

第九十六条　保税仓库系为藏置外国物品之保税区域。保税仓库除外国物品外，得藏置合于左列各款情形之一之内国物品。

一、欲受输出、转运或经由外国运送之认许之物品；

二、第一百〇七条所规定之整理作业之材料；

三、因保税仓库所在地之状况或其他情事特有藏置必要之物品。

欲藏置前项第三款之物品者，就其藏置，应预先受税关长之许可。

第九十七条　保税仓库之种类如左。

一、第一种保税仓库；

二、第二种保税仓库。

所称第一种保税仓库者，系指以专供公共利便为目的之保税仓库而言。所称第二种保税仓库者，系指其他之保税仓库而言。

第九十八条　欲设营保税仓库者，应受经济部大臣之特许。

第九十九条　保税仓库设营之特许期间，自特许日起为十年以内。

前项之特许期间，得依声请更新之。但该期间自更新日起，不得超过十年。

第一百条　保税仓库设营之特许消灭时，应以原为仓库主者或其继承人（仓库主如系法人时，则谓合并后存续之法人或因合并而设立之法人，以下同）之责任，于特许消灭后一月以内，就该区域藏置之外国物品，受输入、退运、转运或保税运送之认许。

第一百〇一条　合于左列各款情形之一时，经济部大臣得取消保税仓库设营之特许。

一、仓库主有不堪负担藏置货物关税之疑时；

二、仓库主或其使用人或其他从业员违反本法或根据本法所发之命令时；

三、仓库主被处二百圆以上之罚金或徒刑以上之刑时。

第一百○二条　保税仓库之物品藏置期间如左。

一、外国物品：自搬入之日起一年；

二、内国物品：自搬入之日起一月。

前项第二款之规定，对于第九十六条第二项第二款及第三款之物品不适用之。但税关长认为有必要时，不论何时，得对仓库主命搬出之。

第一百○三条　经过藏置期限之外国物品，应于期限经过后十日以内，以仓库主之责任搬出之。

仓库主不搬出前项所定之物品时，税关长得变卖之。

税关长由前项之变卖价金中，应收纳变卖费用及相当于关税之金额，仍有余款时，交付于仓库主。

第一百○四条　经过藏置期限之内国物品，应于期限经过后三日以内，以仓库主之责任搬出之。

第一百○五条　就藏置物品已完结通关手续者，除特受税关长之承认时外，应于自通关手续完结之日起五日以内，由其保税仓库搬出该物品。

第一百○六条　欲向保税仓库搬入物品时，应受税关长之许可。欲由保税仓库搬出物品时亦同。

第一百○七条　对于保税仓库之藏置物品，得受税关长之承认，于不改变其性质之范围内，为改装、分类、分割、合并或其他类似之整理作业。

第一百○八条　因前条之整理作业附加于外国物品之内国物品，视为外国物品。

外国物品不得为整理作业之材料使用之。

第一百○九条　第八十四条、第八十六条、第八十七条第二项第三项、第八十八条及第八十九条之规定，于保税仓库准用之。

第四目　保税工场

第一百十条　保税工场系为以外国物品或外国物品与内国物品为原料或材料，而制造、加工或为其他类似之作业之保税区域。

在保税工场,得于税关长许可之范围内,仅以内国物品为原料或材料而为合于前项规定之作业。

第一百十一条　以外国物品与内国物品为原料或材料而为作业时,其所得之物品视为外国物品。

第一百十二条　保税工场之物品藏置期间,自物品搬入之日起为一年。但税关长认为有相当理由时,得依声请,于不超过一年之期间内更延长之。

前项之藏置期间,关于使用搬入日不同之原料或材料而得之物品,自其原料或材料中最后搬入者之搬入日起计算之。

第一百十三条　就在保税工场作业之原料或材料或因作业而得之物品为藏置或搬出欲为整理作业时,应受税关长之承认。

前条之规定,对于整理作业之材料不适用之。但税关长认为有必要时,不论何时,得对工场主命搬出之。

第一百十四条　第五十五条、第八十四条、第八十六条、第八十七条第二项第三项、第八十八条、第八十九条、第九十八条至第一百○一条及第一百○三条至第一百○六条之规定,对于保税工场准用之。

第一百○八条之规定,对于前条之整理作业准用之。

第三节　通关

第一款　输出、输入及退运

第一百十五条　欲输出、输入或退运物品时,应向税关长为输出、输入或退运之申告,受其认许。但合于左列各款情形之一之物品,不在此限。

一、邮件;

二、为运搬旅行者或物品而常时出入国境之车辆及航空机,但限于已受税关长之承认者;

三、合于第二十七条第十八款之物品;

四、依第五十一条但书之规定而消费之物品;

五、依第一百五十三条第二项之规定,在往来外国之外国船舶作为其船用品而装载之内国物品;

六、依第一百七十三条第一项之规定,在将向外国离陆之航空机作为其机用品而装载之合于同项第四款之内国物品;

七、依本法之规定所变卖之外国物品。

第一百十六条　已受输出认许之物品为外国物品,已受输入认许之物品为内国物品。

前条第五款及第六款之物品于装船或装机之际,视为已有输出认许者。

前条第七款之物品于变卖手续终了之际,视为已有输入认许者。

因违反法令之理由而没收在国内之外国物品或使归属于国库时,于其处分之际,对于该物品视为已有输入认许者。

第一百十七条　凡向往来外国之外国船舶将内国物品作为其船用品而装载者,为输出。

凡向内国船舶或仅往来于国内各港间之外国船舶将外国物品作为其船用品而装载者,为输入。

凡向往来外国之外国船舶将外国物品作为其船用品而装载者,为退运。

第一百十八条　凡申告非该物品,在本法所规定之藏置场所时,不得为之。但船舶之装载物品,税关长已承认依装载当时之情形申告时,及依铁道车辆之旅行者之携带品于列车内为申告时,不在此限。

第一百十九条　输出或输入之申告人于申告之际,应向税关长提出该物品之发单或可代此之书类。但税关长认为有不能提出上开书类之理由时,不在此限。

第一百二十条　申告人对于已为申告之物品,应受税关官吏之检查。但对于保税仓库藏置物品而依命令所定于搬入之际已受检查之物品及税关官吏认为无检查之必要之物品,不在此限。

第一百二十一条　对于第五十八条第一款或第二款之物品,欲在其藏置场所;或对于碇泊在不开港之船舶之装载物品,欲依装载当时之情形受前条之检查时,申告人应依命令所定,缴纳检查手续费。

第一百二十二条　申告限于有相当理由者,得受税关长之承认取消之。但在已为输出、输入或退运后,不在此限。

已有输出、输入或退运之认许后,依前项之规定如有取消申告时,该认许失其效力。

对于已有输出或输入申告之物品未缴纳关税时,税关长得却下其申告。

第一百二十三条　对于已为输出或输入申告之物品,受税关长之承认已提供或提存关税担保物时,得于认许前由该藏置场所提取之。

第一百二十四条　经济部大臣为取缔输出或输入认为有必要时,得以命令定关于在国境地方输送物品上有必要之事项。

第一百二十五条　税关长认为有必要时,得使申告人缴纳欲输出或输入之物品之样本。

第一百二十六条　欲输出或输入非依法令之规定受政府之许可不得输出或输入之物品者,非向税关长证明其为有政府许可之物品,不得输出或输入。

第一百二十七条　左列物品之输出或输入,禁止之。

一、妨害公安或可紊乱风俗之书籍、图画、雕刻物或其他物品;

二、泄漏政府机密之物品;

三、供谍报用之物品;

四、他法令禁止输出或输入之物品。

第二款　保税运送

第一百二十八条　欲由国内通路运送外国物品时,应向税关长为保税运送之申告,受其认许。但邮件并第五十八条第四款及第五款之物品,不在此限。

第一百二十九条　由接续供一般输送用之铁道或与此直通或连络之专用铁道之保税区域起运,依该铁道所发送之保税运送物品,应由该铁道运送人为保税运送之申告;由税关飞行场起运,依航空运送人之航空机所发送之保税运送物品,应由该航空运送人为保税运送之申告。

第一百三十条　保税运送得限于有左列各款情形之一时为之。

一、将保税区域藏置物品运送于其他保税区域时;

二、将合于第五十八条第一款至第三款之物品,由其藏置场所运送于保税区域时。

第一百三十一条　保税运送物品除由供一般输送用之铁道或与此直通或连络之专用铁道者外,应由税关长所指定之通路运送之。

第一百三十二条　保税运送应于税关长所指定之期间内完了之。

第一百三十三条　税关长认许保税运送时,得使保税运送申告人提供保税运送物品之关税担保物。

第一百三十四条　第一百十八条本文、第一百二十条、第一百二十一条及第一百二十二条第一项第二项之规定,对于保税运送准用之。

第三款　转运及经由外国运送

第一百三十五条　欲依内国贸易船运送外国物品时,应向税关长为转运之申告,受其认许。欲依外国贸易船运送内国物品时亦同。但邮件并第五十八条第四款及第五款所规定之物品,不在此限。

第一百三十六条　转运物品不得转船。

转运内国物品在外国不得卸船。

第一百三十七条　欲经由外国之地域运送内国物品时,应向税关长为经由外国运送之申告,受其认许。但邮件不在此限。

经由外国运送,得限于保税区域间为之。

第一百三十八条　第五十五条、第五十六条、第一百十八条本文、第一百二十条、第一百二十二条第一项第二项、第一百三十二条及第一百三十三条之规定,对于转运及经由外国运送准用之。

第一百二十一条　及第一百三十条之规定,对于转运准用之。

　　　　第三章　运输机关
　　　　　第一节　船舶

第一百三十九条　本法所称外国贸易船者,系指在本邦与外国之间为货物输送之船舶而言;所称内国贸易船者,系指仅在国内各港间为货物输送之船舶而言。

第一百四十条　船舶非有开港,不得往来外国。

往来外国之船舶,不得入港于不开港。

前二项之规定,对于依命令所定受出入不开港之许可者,不适用之。

欲受出入不开港之许可时,船长应依命令所定,缴纳许可手续费。

第一百四十一条　外国贸易帆船,不得往来于国内各港间。

第一百四十二条　往来外国之船舶,不得装载内国物品。但装载、转运内国物品或经由外国运送物品时,及在往来外国之内国船舶作为其船用品而装载内国物品时,不在此限。

仅往来于国内各港间之船舶,不得装载外国物品。但装载、转运外国物品时,不在此限。

第一百四十三条　往来外国之船舶欲仅往来于国内各港间时,及仅往来于国内各港间之船舶欲往来外国时,船长应受税关长之承认。

第一百四十四条　载有外国物品之船舶,不得与他船舶为物品之转船及交通。但已受税关长之许可时,不在此限。

第一百四十五条 往来外国之汽船入港，于开港时，船长应自入港之时起二十四小时以内，向税关长为入港报告，提出装载物品之目录，同时在外国贸易汽船应缴存船舶国籍证书及最终起运港之出港许可书或可代此之书类。

往来外国之帆船入港，于开港时，船长应自入港之时起二十四小时以内，向税关长为入港报告。

载有转运外国物品之船舶入港，于开港时，船长应自入港之时起二十四小时以内，向税关长为入港报告，提出装载货物之目录。

第一百四十六条 往来外国之船舶及载有转运外国物品之船舶欲由开港出港时，船长应受税关长之出港许可。

外国贸易汽船及载有转运外国物品之船舶欲受前项出港许可时，船长应将在该港装载之货物目录提出于税关长。

第一百四十七条 往来外国之船舶及载有转运外国物品之船舶，非于办完第一百四十五条所规定之手续后，不得在开港为货物或船用品之装船、卸船及转船。但已受税关长之许可时，不在此限。

第一百四十八条 在开港物品之装船及卸载并船舶与陆地之交通，应由于税关长所指定之场所。但已受税关长之许可时，不在此限。

第一百四十九条 欲在开港将物品装船、卸船或转船时，应受税关官吏之承认。但未载外国物品之船舶将内国物品装船、卸船或转船时，不在此限。

第一百五十条 就外国物品、转运内国物品或经由外国运送物品之装船、卸载或转船，欲为港外装卸时，船长应受税关长之许可。

欲受港外装卸之许可时，船长应依命令所定，缴纳许可手续费。

受港外装卸之许可之船舶，关于适用第一百四十条第一项、第二项及第一百四十五条至前条之规定，视为碇泊在开港之船舶。

第一百五十一条 内国贸易帆船应受税关长发给证明其资格之书类，于每次入出港时，提示于税关官吏。如税关官吏不在其地时，提示于税务官吏、专卖官吏或警察官吏，受其查证。

欲受发给前项书类时，船长应依命令所定，缴纳发给手续费。

第一百五十二条 第一百四十条第一项第二项、第一百四十一条及第一百四十三条之规定，遇有因灾害或其他不可抗拒之事由者，不适用之。

第一百五十三条　往来外国之船舶因灾害或其他不可抗拒之事由入港，于不开港时，船长应即将其旨呈报于税关官吏。如税关官吏不在其地时，呈报于税务官吏、专卖官吏或警察官吏。该船舶欲由该港出港时亦同。

前项船舶在该港因入港之事由欲为船用品之装载或物品之卸载或转船时，船长应受依前项所呈报之官吏之承认。但因有急迫之情事不及受承认时，船长应于事后速将其旨补报于该官吏。

第一百四十二条及第一百四十四条之规定，于前项情形不适用之。

第一百五十四条　税务官吏、专卖官吏或警察官吏受理依前条第一项规定之入港呈报书时，应速将其旨通报于税关官吏。但因未为物品之装船、卸载或转船，该管官吏认为无其必要时，不在此限。

第一百五十五条　因灾害或其他不可抗拒之事由，有抵触第一百四十条第一项第二项、第一百四十一条或第一百四十三条之行为时，船长应速将其原委呈报于税关官吏。但在合于第一百五十三条第一项规定之情形，不在此限。

第一百五十六条　总积量未满二十吨之汽船及非汽船或帆船之船舶，适用关于帆船之规定。

第一百五十七条　本法之规定中应适用于船长者，于依法令之规定非船长者代船长行其职务时，对其人适用之。

第一百五十八条　仅在国境河川航行之船舶，不适用本法。

经济部大臣对于前项船舶及仅在开港内航行之船舶，得以命令规定取缔上必要之事项。

第一百五十九条　开港之种类如左。

一、第一种开港；

二、第二种开港。

第一种开港为汽船及帆船之开港，第二种开港为帆船之开港。

第一百六十条　第一种开港以敕令定之。

第二种开港由经济部大臣定之。

第一百六十一条　在开港，往来外国之船舶之碇泊区域，依税关长所定。

第二节　车辆

第一百六十二条　出入国境之铁道车辆，应停车于税关车站。

非出入国境之铁道车辆之车辆,应停车于直接接续关税通路之保税区域。

第一百六十三条　铁道车辆由外国到着于税关车站时,站长应速将其装载物品之目录提出于税关长。

第一百六十四条　铁道车辆欲由税关车站向外国开车时,站长应向税关长报告列车之编成,受开车之许可。

第一百六十五条　在保税区域欲将外国物品或经由外国运送物品装车或卸车时,应受税关官吏之承认。

第一百六十六条　非常时出入国境之铁道车辆之车辆,应受税关长发给证明其资格之书类,于每次出入时提示于税关官吏,受其查证。

欲受发给前项之书类时,车辆所有人应依命令所定,缴纳发给手续费。

第一百六十七条　非船舶车辆及航空机之运输机关,视为非铁道车辆之车辆。

第三节　航空机

第一百六十八条　航空机非由税关飞行场,不得往来外国。但依命令所定已受税关长之许可者及合于第一百七十二条之情形者,不在此限。

第一百六十九条　航空机由外国着陆于税关飞行场时,机长应速向税关长为着陆报告。

第一百七十条　航空机欲由税关飞行场向外国离陆时,机长应受税关长之离陆许可。

第一百七十一条　在税关飞行场欲将外国物品或经由外国运送物品装机或卸机时,应受税关官吏之承认。

第一百七十二条　航空机因灾害或其他不可抗拒之事由,由外国着陆于非税关飞行场之场所时,机长应速将其旨呈报于税关官吏。如税关官吏不在其地时,呈报于税务官吏、专卖官吏或警察官吏。该航空机欲由其场所向外国离陆时亦同。

前项之规定,对于从事于定期航空之航空机已受经济部大臣之承认者,不适用之。

第一百七十三条　合于左列各款情形之一时,机长应受税关官吏之承认。如税关官吏不在其地时,受税务官吏、专卖官吏或警察官吏之承认。

一、受税关长之许可,为卸下物品而由外国着陆于非税关飞行场之场所之航空机,欲卸下其物品时;

二、受税关长之许可,为装载物品而着陆于非税关飞行场之场所,欲由其场所向外国离陆之航空机装载其物品时;

三、因灾害或其他不可抗拒之事由着陆于非税关飞行场之场所之航空机,因着陆之事由欲卸下外国物品或经由外国运送物品时;

四、前开各款之航空机,欲由其场所向外国离陆而装载系内国物品之机用品时。

前项第三款之航空机因急迫之情事不及受前项之承认时,机长应于事后将其旨补报于该管官吏。

第一百七十四条 税务官吏、专卖官吏或警察官吏受理前二条所规定之呈报书或为承认时,应速将其旨通报于税关官吏。

第一百七十五条 向国内由国内离陆之航空机,因灾害或其他不可抗拒之事由着陆于外国时,机长应速将其原委呈报于税关官吏。

第四章　通关代办人

第一百七十六条 本法所称通关代办者,系指以自己名义为货主,代办物品之通关手续及随同该手续之物品之搬入、搬出保税区域或其他之处理为业而言。

第一百七十七条 通关代办非受税关长之许可,不得经营之。

除货主或其法定代理人外,非通关代办人不得为物品之通关手续。

第一百七十八条 前条之规定,于运送营业人就其受托物品为保税运送、转运或经由外国运送之手续时,不适用之。

铁道运送人、海上运送人或航空运送人就其受托物品在输送途中为输出、输入或退运时,亦与前项同。但上开运送人就在保税区域为受托或交付之物品在该保税区域为输出、输入或退运之手续时,不在此限。

第一百八十四条至第一百九十条之规定,于前二项之运送营业人准用之。

第一百七十九条 通关代办之许可期间,自许可之日起为三年以内。

前项之许可期间,得依声请更新之。但该期间自更新之日起,不得超过三年。

第一百八十条　通关代办人应在每营业地提存金钱或国债证券，以为身分保证。

前项之身分保证金额在三百圆以上、一万圆以下之范围内，由经济部大臣定之。

第一百八十一条　通关代办人如不缴纳应向税关长缴纳之金钱时，税关长得以身分保证物抵充之。

第二十一条之规定，于前项情形准用之。

第一百八十二条　因通关代办人之业务上之过失受损者，对其债权得受税关长之承认，以身分保证物受清偿。

第一百八十三条　身分保证金额如发生不足时，税关长得命迄至提存相当于不足金额之身分保证物，停止通关代办人之业务。

第一百八十四条　通关代办人应在每营业地订定通关办理费率之最高额，受税关长之认可。欲变更时亦同。

第一百八十五条　通关代办人非完结身分保证物之提存并就通关办理费率受税关长之认可后，不得行其业务。

第一百八十六条　通关代办人限于以善良管理人之注意为受托物品之通关代办时，得请求其通关办理费。

第一百八十七条　税关长关于通关代办业务，监督通关代办人。

第一百八十八条　税关长对于通关代办人，得命关于其业务之报告或使税关官吏检查通关代办人之业务状况。

第一百八十九条　税关长认为公益上有必要时，得命变更通关办理费率。

第一百九十条　税关官吏为取缔通关代办业务，指挥通关代办人、其使用人及其他从业员。

第一百九十一条　通关代办人、其使用人或其他从业员关于通关代办人之业务，有违反本法或根据本法所发之命令之行为，或不遵税关长之命令或不服税关官吏之指挥时，税关长得命停止通关代办人之业务或取消其营业之许可。

第五章　税关官吏之职权

第一百九十二条　税关长为在陆接国境税关官吏执行职务认为有必要时，得使其所属官吏携带枪器或带领监视犬。

第一百九十三条　税关官吏非受对于自己之生命、身体或自由之迫害,于自卫上不以枪器排除其迫害则不能执行职务时,不得对人使用枪器。

税关官吏非于前项之情形或为逮捕欲逃亡之犯人有必要时,不得对人使用监视犬。

税关官吏虽遇前二项之情形,不得以枪器或监视犬害人之生命。

第一百九十四条　税关长为执行本法或根据本法所发之命令认为有必要时,得阻止运输机关之出发或停止其进行。

第一百九十五条　税关长为执行本法或根据本法所发之命令认为有必要时,得使提出关于物品、运输机关或藏置场所之书类或为报告,并命其他必要之事项。

第一百九十六条　税关官吏为防止违反本法或根据本法所发之命令之行为认为有必要时,得检查物品、运输机关、藏置场所或与此有关之账簿书类或施封锁或为其他必要之处置。

第一百九十七条　税关官吏为调查输出物品或输入物品之市价认为有必要时,不论对于何人,得要求提示账簿书类或提出调查资料。

第六章　罚则

第一百九十八条　输出或欲输出输出禁止品者,或输入或欲输入输入禁止品者,处五千圆以下之罚金或科料。其物品犯人所占有者,没收之。

合于前项规定之行为在他法令有刑之规定时,前项规定不适用之。

第一百九十九条　偷漏或意图偷漏关税者,处相当于其偷漏或意图偷漏之税额一倍以上、十倍以下金额之罚金或科料。其物品犯人所占有者,没收之。

为常习而犯前项之罪者,处相当于偷漏或意图偷漏之税额五倍以上、二十倍以下金额之罚金。其物品犯人所占有者,没收之。但罚金额不得少于二十圆。

第二百条　供给或欲供给前二条犯罪用之物品而为供其犯罪之用为特殊之加工者,不问属于何人之所有,没收之或毁灭其效用。

第二百〇一条　收受合于第一百九十八条第一项或第一百九十九条规定之物品者,处一千圆以下之罚金或科料;运搬、寄藏、故买或牙保前项记载之物品者,处三千圆以下之罚金或科料。

前项罪之未遂犯,罚之。

第二百〇二条　　违反第一百四十条第一项第二项、第一百四十一条、第一百四十三条、第一百四十六条第一项、第一百五十条第一项、第一百六十二条、第一百六十四条、第一百六十八条或第一百七十条之规定者,处三千圆以下之罚金。

第二百〇三条　　合于左列各款情形之一者,处三千圆以下之罚金或科料。但合于第一百九十八条或第一百九十九条之规定者,不在此限。

一、违反第五十一条、第五十八条、第五十九条第一项、第九十四条第三项、第一百〇六条后段、第一百〇八条第二项、第一百十五条、第一百二十八条、第一百三十五条、第一百三十七条第一项或第一百四十二条之规定者;

二、违反第六十条所准用之第一百〇八条第二项,第七十二条所准用之第九十四条第三项,或第一百十四条所准用之第一百〇六条后段,或第一百〇八条第二项之规定者;

三、违反第一百四十四条之规定而为物品之转船者。

第二百〇四条　　违反第一百七十七条第一项之规定者,处一千圆以下之罚金。

第二百〇五条　　合于左列各款情形之一者,处三百圆以下之罚金或科料。

一、违反第四十八条、第五十条、第五十二条、第一百四十七条、第一百四十八条、第一百五十三条第二项、第一百七十三条、第一百七十七条第二项、第一百八十五条或第一百七十八条所准用之第一百八十五条之规定者;

二、不遵根据第七十六条或第七十八条第三项规定之经济部大臣或税关长之命令者;

三、不遵根据第五十七条第一项、第六十一条、第一百〇二条第二项但书、第一百十三条第二项但书、第一百二十五条、第一百八十三条、第一百八十七条、第一百九十一条或第一百七十八条所准用之第一百八十七条规定之税关长之命令者;

四、不服根据第五十七条第一项、第六十一条、第一百九十条或第一百七十八条所准用之第一百九十条规定之税关官吏之指挥者;

五、不服根据第四十九条第二项规定税关长所定之限制者；

六、不为根据第七十七条、第一百八十八条或第一百七十八条所准用之第一百八十八条规定，税关长所命之报告或为虚伪之报告者；

七、拒绝或阻障根据第七十七条、第一百八十八条或第一百七十八条所准用之第一百八十八条规定之税关官吏之检查者；

八、违反第一百三十一条、第一百三十二条或第一百三十八条所准用之第一百三十二条时之该申告人；

九、未受第一百八十四条或第一百七十八条所准用之第一百八十四条规定之认可，或不服根据第一百八十九条或第一百七十八条所准用之第一百八十九条规定之税关长之命令而取得通关办理费者；

十、拒绝或阻障根据第一百九十四条或第一百九十六条规定之税关长或税关官吏之处置者；

十一、对于根据第一百九十五条规定之税关长之命令，不为报告或为虚伪之报告或其他不服该命令者；

十二、不应根据第一百九十七条规定之税关官吏之要求者；

十三、违反特许保税区域特许事项之设营人；

十四、违反第二百七十六条第一项规定而为在保税区域或运输机关之物品之处理者。

第二百〇六条　合于左列各款情形之一者，处二百圆以下之罚金或科料。

一、违反第五十六条但书、第六十八条、第六十九条、第七十三条第一项、第九十二条第一项、第九十三条、第九十四条第二项、第九十六条第三项、第一百〇四条、第一百〇五条、第一百〇六条前段、第一百三十六条、第一百四十五条、第一百五十一条第一项、第一百五十三条第一项、第一百五十五条、第一百六十三条、第一百六十六条第一项、第一百五六十九条、第一百七十二条第一项或第一百七十五条之规定者；

二、违反第七十二条所准用之第九十三或第九十四条第二项或第一百一十四条所准用之第一百〇四条、第一百〇五条或第一百〇六条前段之规定者；

三、违反第一百〇三条第一项或第一百十四条所准用之第一百〇三条第一项之规定而不将已受输出认许、尚未输出之外国物品搬出者；

四、违反第一百四十四条之规定而为交通者；

第二百〇七条　合于左列各款情形之一者,处一百圆以下之罚金或科料。

一、违反第七十八条第一项第二项、第九十四条第一项、第一百四十九条、第一百六十五条或第一百七十一条之规定者;

二、违反第七十二条所准用之第九十四条第一项之规定者。

第二百〇八条　因过失犯第二百〇二条至前条之罪者罚之。

第二百〇九条　对于有抵触本法罚则之行为者,《刑法》第十九条第二项之规定不适用之。

对于犯合于第二百〇二条至第二百〇七条规定之罪者,《刑法》第十六条但书、第二十条后段、第二十八条、第五十七条第一项及第五十八条之规定不适用之。

第二百十条　合于左列各款情形之一者之使用人或其他从业员,关于本人之业务有抵触本法罚则之行为时,除罚该行为人外,并处罚本人。但本人如系心神丧失人或关于营业未具有与成年人同一能力之未成年人时,则处罚其法定代理人。

一、特许保税区域之设营人;

二、经营输出、输入或运送之业者;

三、通关代办人。

第二百十一条　法人之职员、社员或使用人其他从业员,关于法人之业务有抵触本法罚则之行为时,除罚该行为人外,并处罚法人。

第二百十二条　在第二百十条之情形,如本人或法定代理人证明其对于各该违反行为无法防止时,不罚之。

在前条之情形,对于执行法人业务之职员或社员有前项之证明时,不罚其法人。

第二百十三条　依第一百九十九条之规定应没收之物品,因消费或其他事由不能没收时,则向犯人追征由其价格中扣除相当于关税及消费税之金额后之金额,以代没收。

第七章　犯罪之搜查及处分

第一节　通则

第二百十四条　本章所称关税犯者,系指违背依本法或根据本法所发之命令所课之义务之行为而应科刑罚者而言。

第二百十五条　关于关税犯之事件,除已有对于即决处分之正式裁判请求者外,不系属于法院。

第二百十六条 《刑事诉讼法》第三十九条及第四十条之规定,于关于关税犯之即决处分之手续,准用之。

第二百十七条 本章所规定书类之作成,除本法另有规定者外,准用《刑事诉讼法》第六十四条、第六十六条及第六十七条之规定。

第二百十八条 本章所规定书类之送达,准用《刑事诉讼法》第六十八条第一项第三项第四项、第六十九条、第七十一条、第七十二条第二项第四项及第七十四条之规定。

第二百十九条 本章所规定期间之计算,准用《刑事诉讼法》第七十五条及第七十六条之规定。

第二节 搜查

第二百二十条 税关官吏思料有关税犯时,应搜查犯人、犯罪事实及证据。

第二百二十一条 税关官吏认为搜查上有必要者,得讯问被疑人。

前项之讯问,准用《刑事诉讼法》第一百二十四条至第一百二十九条及第二百二十一条之规定。

第二百二十二条 税关官吏认为搜查上有必要者,得讯问参考人。

前项之讯问,准用《刑事诉讼法》第一百二十七条、第一百七十条至第一百七十三条、第一百七十九条至第一百八十一条及第二百二十一条之规定。

第二百二十三条 被疑人或参考人之讯问应作成调书,调书应记载被疑人或参考人之讯问及其供述。

调书应由税关官吏向供述人朗读或使阅览,并问其记载有无错误。

供述人为增减变更之请求时,应在调书记载其供述。

调书应使供述人署名盖章。

第二百二十四条 前条之调书,应记载为调查之年月日及场所,由为该调查或处分者署名盖章。

如有在场人时,应使在场人共同署名盖章。

第二百二十五条 对于现行犯人之讯问须急速时,得以记载其要领之书面代调书。

前项之书面应记载调查之年月日时及场所,由为调查者署名盖章。

第二百二十六条 税关官吏认为搜查上有必要时,得召唤被疑人或参考人。

税关官吏认为搜查上有必要者，得命被疑人或参考人投到或偕往指定之场所。

第二百二十七条 被疑人受召唤如无正当事由不到场时，税关官吏得拘引之。

被疑人不遵前条第二项之命令时，税关官吏得在该场所拘引之。

第二百二十八条 在合于左列各款之一之情形，税关官吏得迳行拘引被疑人。

一、被疑人无一定之住居者；

二、被疑人有湮灭罪证之虞者；

三、被疑人逃亡或有逃亡之虞者。

第二百二十九条 前三条之召唤或拘引准用《刑事诉讼法》第八十二条、第八十五条第一项至第三项、第八十六条、第九十条第一项、第九十二条、第九十三条、第九十五条第一项第二项、第九十六条及第九十七条之规定。

第二百三十条 税关官吏于讯问被疑人后，有第二百二十八条所规定之原由时，得于不超过二十日之期间，将被疑人留置于税关官署、税务官署、专卖官署、警察官署或其他适当之场所。

被疑人之留置，应发留置票为之。

留置准用《刑事诉讼法》第八十五条第一项第三项、第九十条第三项、第九十二条、第九十三条、第九十五条第一项第三项、第九十八条、第九十九条第一项及第一百○二条之规定。

第二百三十一条 税关官吏得为停止被疑人留置之处分。

前项之停止留置，准用《刑事诉讼法》第一百○四条至第一百○六条及第一百○八条之规定。

第二百三十二条 税关官吏、税关巡役、税务官吏、专卖官吏或警察官吏当行其职务，知有关税犯之现行犯而犯人在其场所时，应迳行逮捕之。

第二百三十三条 关税犯之现行犯人在其场所时，不论何人得逮捕之。

将犯人逮捕时，应速引渡于税关官吏、税关巡役、税务官吏、专卖官吏或警察官吏。

第二百三十四条　税关巡役、税务官吏、专卖官吏或警察官吏将现行犯人逮捕或收受时，应速引致于税关官吏。

第二百三十五条　扣押现行犯人遗留之物品认为应没收者，而犯人逃亡自犯罪之日起经过二月时，该物品归属于国库。

第二百三十六条　前四条之现行犯准用《刑事诉讼法》第一百十六条、第一百十九条第二项及第一百二十条之规定。

第二百三十七条　税关官吏认为搜查上有必要时，得临检船舶、车辆、航空机、仓库或其他场所，而为搜索税关巡役、税务官吏、专卖官吏或警察官吏为逮捕现行犯人认为有必要时，亦同。

第二百三十八条　税关官吏思料被疑人将足资证明犯罪事实之物品藏置于其身边时，得要求其开示。如不服从时，得为身边搜索。

搜索妇女之身边时，应使成年妇女在场。但有急速情形者不在此限。

第二百三十九条　税关官吏思料因搜查而发见之物品足资证明犯罪事实或应没收者时，得扣押之。

第二百四十条　税关官吏所为临检、搜索及扣押，并税关巡役、税务官吏、专卖官吏或警察官吏所为临检及搜索，准用《刑事诉讼法》第一百三十三条、第一百三十四条、第一百三十六条、第一百三十七条、第一百四十三条、第一百四十五条、第一百四十六条、第一百四十八条及第一百四十九条之规定。

第二百四十一条　临检、搜索或扣押应作成调书。

临检调书得添附明确临检之目的物之现状之图画或像片。

为扣押时，应记载其品目及数量于调书，或分别作成目录添附于调书。

第二百四十二条　前条调书之作成，准用第二百二十四条之规定。

对于现行犯人之搜索或扣押有急速情形者，其调书之作成准用第二百二十五条之规定。

第二百四十三条　税关官吏在其所属税关之管辖区域外为搜查被疑事件有必要时，得嘱托于管辖其地之税关之税关官吏。

第二百四十四条　税关官吏为讯问、拘引、临检、搜索或扣押时，或税关巡役、税务官吏、专卖官吏或警察官吏为临检或搜索时，应着用制服或携带证明其身分之证票，遇有受该处分者之要求时提示之。

为前项之处分者,如不着用制服并不应提示证明其身分证票,遇有受该处分者之要求时,提示之。

为前项之处分者,如不着用制服并不应提示证明其身分证票之要求时,受该处分者得拒绝其处分。

第二百四十五条　税关官吏当为讯问、拘引、逮捕、临检、搜查、扣押或留置之处分,或税关巡役、税务官吏或专卖官吏当为逮捕、临检或搜索认为有必要时,得求警察官吏之援助。

第二百四十六条　税关官吏于搜查完毕时,应向所属税关长或税关分关长以书面报告其结果。

税关官吏为前项之报告时,应同时向税关长或税关分关长提出关系书类。

第三节　处分

第二百四十七条　税关长或税关分关长对于在其税关管辖区域内犯关税犯者,得以即决处分科刑。

税关长或税关分关长对于前项犯人在他税关管辖区域内所犯之关税犯,得经管辖该地之税关长之同意,合并前项之罪,对该犯人以即决处分科刑。

第二百四十八条　税关长或税关分关长依调查证凭得犯罪之证明时,应即为科刑之处分。但因情状认为无科刑之必要时,不在此限。

第二百四十九条　税关长或税关分关长不为即决处分时,应即释放留置之被疑人,发还扣押物品。

第二百五十条　为即决处分时,应作成处分书。

即决处分书应记载左列事项,并由为处分者署名盖章。

一、受处分人之姓名、年龄、性别、职业及住居;

二、刑及换刑处分;

三、犯罪事实;

四、适用法条;

五、正式裁判之请求期间及方式;

六、即决处分之年月日。

第二百五十一条　即决处分之告知,应依即决处分书誊本之送达为之。

第二百五十二条　公诉时效因即决处分之告知中断。

第二百五十三条 受即决处分者有不服时,得对于管辖为处分之税关或税关分关所在地之区法院请求正式裁判。受处分者之法定代理人或夫,得为受处分者独立为前项之请求。但有第二百五十六条第二项但书之情形,不在此限。

第二百五十四条 正式裁判之请求,应自即决处分告知之日起二十日以内,以送至管辖区法院之请求书,提出于为即决处分之税关长或税关分关长为之。

请求书应表示即决处分,并记载对此声明不服之旨。

第二百五十五条 受即决处分者,因不可归责于自己之事由未能于期间内为正式裁判之请求时,得为回复原状之请求。

回复原状准用《刑事诉讼法》第三百二十三条、第三百二十四条及第三百二十五条第一项规定。

第二百五十六条 受即决处分者,得抛弃或撤回正式裁判之请求。

前项之人有法定代理人或夫时,非得其同意不得为抛弃或撤回。但因所在不明或其他事由,于相当于正式裁判请求期间之期间内不能征求其意见时,不在此限。

为受即决处分者得独立为正式裁判之请求者,得经受即决处分者之同意,撤回正式裁判之请求。

正式裁判请求之抛弃或撤回,准用《刑事诉讼法》第三百十九条及第三百二十条本文之规定。

第二百五十七条 受即决处分者系在拘禁中时,前三条之请求、抛弃或撤回,准用《刑事诉讼法》第三百十五条第三项至第五项之规定。

第二百五十八条 接受正式裁判之请求书之税关长或税关分关长,应速将关系书类及扣押物品送交于所辖区法院之对置检察厅。

检察厅依前项之规定,受正式裁判请求书及关系书类之送交时,应速将其送交对置法院。

第二百五十九条 正式裁判之请求,其方式如有重大瑕疵时,或系于请求权消灭后所为者时,法院应咨询检察厅之意见,以裁定却下之。

对于前项之裁定,得为即时抗告。

第二百六十条 合于左列各款情形之一时,法院应咨询检察厅之意见,以裁定取消即决处分。

一、对于无权限之事件为即决处分时;

二、受即决处分者死亡时。

第二百六十一条　法院除有前二条情形外，应依通常手续为审判。

对于依前项规定之判决，许其上告，惟不许控诉。

第二百六十二条　于第二百五十九条第一项之情形，原法院未却下正式裁判之请求时，上告法院应以判决破毁原判决，并却下正式裁判之请求。

第二百六十三条　合于左列各款情形之一时，上告法院应以判决破毁原判决，并取消即决处分。

一、合于第二百六十条各款情形之一，原法院未取消即决处分时；

二、有原判决后受即决处分者死亡时。

第二百六十四条　即决处分于左列各款之一之情形即确定。

一、正式裁判之请求期间内无该请求时；

二、抛弃或撤回正式裁判之请求时；

三、却下请求正式裁判之裁判已经确定时。

第二百六十五条　即决处分已经确定时，税关长或税关分关长应准《国税征收法》之规定执行之。但换刑处分之执行，应嘱托于管辖受即决处分者现在地之检察厅或警察官署执行之。

检察厅或警察官署于前项执行完毕时，应将执行完毕通知书送交为即决处分之税关长或税关分关长。

于依第二百五十八条第一项之规定发送关系书类后即决处分确定时，所辖检察厅得指挥其执行。

第二百六十六条　为即决处分时，为保全其执行遇有必要，得使受处分者缴纳保证金或将其责付于亲属或其他之人。

前项之处分得合并行之。

保证金之缴纳、没取及发还并责付，准用《刑事诉讼法》第一百〇四条第三项、第一百〇五条、第一百〇六条及第一百〇八条之规定。

第二百六十七条　受即决处分者，如不服从缴纳保证金之命令时，得于即决处分确定前留置之。但留置期间不得超过即决处分所定之劳役场留置之期间。

有正式裁判之请求，于请求后经过七日时，应不拘前项之规定解除留置。

第二百六十八条　即决处分已经确定时，前条之留置日数，依即决处分所定之换刑处分之比率算入于本刑。

依正式裁判科刑时,前条之留置视为未决拘留。

第二百六十九条 即决处分确定后如发见有错误时,税关长或税关分关长为受即决处分者之利益,得取消或变更之。

第二百七十条 受即决处分者或其继承人,得以书面对于该税关长或税关分关长,请求取消或变更依前条规定之即决处分。

税关长或税关分关长认为前项之请求无理由时,应以书面弃却之。

第二百七十一条 前条第一项之请求不妨即决处分之执行。但税关长或税关分关长得于确定对于请求之处分以前,停止其执行。

第二百七十二条 取消或变更即决处分时,应于其取消或变更之限度内,将已征收之金钱或现存之没收物品发还于其权利人。

第二百七十三条 扣押物品及前条所规定之金钱或没收物品之发还,准用《刑事诉讼法》第四百四十三条之规定。

第二百七十四条 税关长或税关分关长如有事故时,代理其职务之税关官吏得代行本节所规定属于税关长或税关分关长权限之处分。

第八章 杂则

第二百七十五条 税关之放假日及办公时间并在保税区域及运输机关之物品处理时间,均依命令所定。

第二百七十六条 于税关之放假日或办公时间外欲为通关手续者,或于保税区域或运输机关之物品处理时间外欲为物品之处理者,应依命令所定,受税关长之特许。

欲受前项特许者,应依命令所定,缴纳特许手续费。

第二百七十七条 依本法之规定变卖物品或国债证券,其手续除本法另有规定者外,依政府契约规则所定。

依本法规定由物品之变卖价金中收纳相当于关税之金额时,该金额之算定依变卖之日物品之性质及数量并运抵国境平常价格,准用该日现行之关税率。

第二百七十八条 订定期间如系以日时为之时,则于其期间中不算入税关之放假日。

期间之计算准用《民法》第一百四十八条、第一百四十九条及第一百五十一条至第一百五十三条之规定。

前二项之规定,于第七章所规定之期间不适用之。

附则

第二百七十九条　本法自康德五年一月一日施行。

第二百八十条　于关东州税关监视之货物藏置区域,并关于经过图们江国境之列车直通运转,及税关手续简捷之满洲国与日本国间之协定所规定之雄基、罗津、清津之日本国税关构内,及上三峰车站之货物检查场,关于适用保税运送之规定,视为保税区域。

于关东州税关监视之货物藏置区域,关于适用内国物品转运之规定,视为保税区域。

第二百八十一条　《赈灾附加税法》《保税法》及《通关代办人法》,废止之。

依《保税法》或《通关代办人法》之规定而为之处分、手续或其他行为,如在本法中有相当规定时,即视为依本法规定所为者。

附则(康德六年六月一日敕令第一二五号)

本令自公布日施行。

附则(康德六年六月二十九日敕令第一六一号)

本法自公布日施行。

吨税法

(康德元年六月十八日敕令第四八号)

朕依《组织法》第四十一条,经咨询参议府,裁可《吨税法》,著即公布。

(国务总理、财政部、交通部大臣副署)

第一条　贸易船驶入财政部大臣所指定之港时,均依本令课以吨税。但从事于沿岸贸易之帆船,则不在此限。

第二条　吨税之税率如左。

一、第一种税率:纯载量每一吨轮船为一角,帆船为五分;

二、第二种税率:纯载量每一吨轮船为五角,帆船为二角。

适用前项税率时,其未满一吨之零数,视为一吨。

第三条　吨税应于船舶出港前,由船长按照第一种税率或第二种税率缴纳于税关。船舶自入港时起在港内逗留四十八小时以上者,应自入港时起四十八小时以内缴纳之。

第四条　按照第二种税率缴纳吨税者，船长关于该船舶自缴纳吨税之日起一年间，在该港无须再纳吨税。

第五条　税关长因赋课吨税认为有必要时，得丈量船舶之载量。

第六条　凡贸易船有左列各款情形之一者，免缴吨税。

一、不装卸旅客货物或邮政物件，而自入港时起于二十四小时以内出港者；

二、因装载经税关长之承认供该船所用之燃料、水或粮食而入港，且自入港时起于四十八小时以内出港者；

三、因遭海难或为避难或修缮而入港，且自其事由终止时起于二十四小时以内出港者，但非因入港事由而装卸旅客货物或邮政物件者，不在此限。

第七条　迄至第三条所定之时仍未缴纳吨税时，处船长以一百圆以下之过怠金。

第八条　意图偷漏吨税或偷漏吨税时，处船长以核于其意图偷漏或已偷漏之税金额三倍之罚金。

第九条　税关长因防范偷漏吨税认为有必要时，得请求海边警察队之援助。

第十条　本令中凡关于船长之规定，如有代行船长职务者时，即对于该代行人适用之。

第十一条　本令所称轮船，系指主用机器力运航之船舶而言；所称帆船，系指轮船以外之船舶主用帆运航者而言。

第十二条　本令所称贸易船，系指因以营利之目的输送旅客货物或邮政物件所使用之船舶而言。

第十三条　关于第二条及第五条所规定之纯载量及其丈量，以《财政部令》定之。

附则

本令自康德元年六月二十日施行。

关于吨税之从前法令，废止之。但依其规定在本令施行前所发给之吨税执照，至本令施行之日其有效期间尚未届满者，则截至该期间届满之日止，依从前法令仍有效力。

依据《吨税法》第一条港之指定之件

（康德元年六月十八日财政部令第一七号）

修正　康德四年四月部令第一七号

兹制定《依据〈吨税法〉第一条港之指定之件》如左。

依据《吨税法》第一条之港指定如左。

安东、营口、葫芦岛。

附则

本令自康德元年六月二十日施行。

附则（康德四年四月二十六日财政部令第一七号）

本令自康德四年五月一日施行。

专卖法

鸦片法

（大同元年十一月三十日敕令第一一一号）

修正　康德元年三月敕令第一一号、二年十二月第一五五号、四年十二月第四八七号

（《刑事法》之部收载）

盐专卖法

（康德三年十二月二十四日敕令第一九一号）

修正　康德四年六月敕令第一七〇号、十二月第五〇八号

朕依《组织法》第四十一条，经咨询参议府，裁可《盐专卖法》，著即公布。

（国务总理、财政部大臣副署）

第一条　盐为政府之专卖。

咸水视为盐。

第二条　盐非政府或受政府之许可者，不得制造之。

盐之采取，视为制造。

第三条　政府得限制盐制造人之制造地域、制造期间或制造数量。

第四条　盐之制造除因继承外,非经政府之许可,不得承继之。

第五条　盐制造人有左列各款情形之一时,政府得撤销其许可。

一、于政府所指定之期间内,盐田或工场之筑造尚未竣工或认为无竣工之能力时；

二、继续休止盐制造一年以上时；

三、违反本法或根据本法所发命令之规定,或违反根据本法或命令所为之处分时。

第六条　盐非政府或受政府之许可者,不得输出或输入之。

第七条　制造或输入之盐,由政府收纳之。但命令所定之盐,不在此限。

应收纳之盐,应依命令之所定,缴纳于政府。

第八条　政府对于收纳之盐,交付相当之补偿金。

第九条　盐之销售,使政府所指定之盐销售人为之。

关于盐之销售及盐销售人之事项,以命令定之。

第十条　政府得限制盐销售人之应贩卖价格。

第十一条　于左列情形,政府得将盐自行售与需要人。

一、为输出或加工输出声请售与时；

二、为腌藏鱼类声请售与时；

三、为供命令所定之用途声请售与时；

四、声请命令所定数量之售与时。

第十二条　依前条第一款至第三款之规定已售与之盐,非经政府之许可,不得转让于他人。

依前条第一款至第三款之规定已售与之盐及依前项之规定已受转让之盐,不得供该用途以外之用。(康四·第五〇八号本条修正)

第十三条　非系政府售与之盐及违反前条规定而转让之盐,不得知情所有、持有、转让、受让或消费之。但合于第七条第一项但书规定之盐,不在此限。

第十四条　政府对于盐制造人、盐销售人或已受盐之输出或输入之许可者,得命施设之改善及其他监督上必要之事项。

第十五条　该管官吏得进入盐田、工场、商铺、存储所及其他认为有盐存在之处所,检查盐、器具、机械、账簿、文件及其他物件或寻问关系人。

第十六条　政府关于盐之输送，得定取缔上必要之事项。

第十七条　关于依本法或根据本法所发命令之规定应缴款项之征收，准用《国税征收法》之规定。

第十八条　违反第二条、第六条或第七条第二项之规定者，处五千圆以下之罚金或科料。

前项之罪之未遂犯，罚之。（康四·第五〇八号本条中修正）

第十九条　违反第十二条或第十三条之规定者，处二千圆以下之罚金或科料。（康四·第五〇八号本条中修正）

第二十条　系前二条犯罪之盐及供犯罪用或拟供犯罪用之物件，无论其属于何人之所有，均得没收之。如不能没收其全部或一部时，则追征其价额。

第二十一条　有左列各款情形之一者，处三百圆以下之罚金或科料。

一、违反根据第三条或第十条规定之限制者；

二、违反根据第十四条规定之命令者；

三、阻障该管官吏之职务执行，或对其寻问不为答辩或为虚伪之答辩者。（康四·第五〇八号本条中修正）

第二十二条　关于本法或根据本法所发命令所定之犯罪，准用《租税犯处罚法》之规定。

《租税犯处罚法》所定之职务中，执行属于税务官吏职务之官吏为专卖官吏、税务官吏或税关官吏，执行属于税捐局长职务之官吏为专卖署长或专卖局长，执行属于税务监督署长职务之官吏为专卖总局长。

税务官吏或税关官吏依前项之规定执行职务时，应将嫌疑人、扣押物件及关系文件移送就近专卖官署。（康四·第一七〇号本条中修正）

附则

第二十三条　本法自康德四年一月一日施行。

第二十四条　于本法施行前已受政府之许可以制造盐为业者，如依命令之所定呈报政府时，则视为已受本法第二条之许可者。

第二十五条　于本法施行前已受政府之许可以制造盐为业者，其于本法施行前所制造之盐，如于本法施行之际现系其所有或持有者，则视为依本法之规定所制造者。

第二十六条　关于本法施行前已受政府之许可以贩卖盐为业者，其于本法施行之际现所有或持有之盐，而于本法施行前尚未缴纳盐税者，适用第七条第二项之规定。

第二十七条　本法施行之际现以贩卖盐为业者，得自本法施行日起三个月间，仍为依本法之盐销售人贩卖盐。

第二十八条　于本法施行前已缴盐税之盐或由政府售与之盐，视为依本法由政府售与之盐。

第二十九条　关于盐之从前法令中抵触本法者，废止之。但关于属本法施行前之事项，仍依从前之例。

附则（康德四年十二月二十八日敕令第五〇八号）

本法自康德五年一月一日施行。

火柴专卖法

（康德三年十二月二十四日敕令第一九二号）

修正　康德四年六月敕令第一四一号、第一七〇号、十二月第五〇六号

朕依《组织法》第四十一条，经咨询参议府，裁可《火柴专卖法》，著即公布。

（国务总理、财政部大臣副署）

第一条　火柴为政府之专卖。

第二条　火柴非政府或受政府之许可者，不得制造、输入或输出之。

第三条　制造或输入之火柴，由政府收纳之。但以命令规定者，不在此限。

第四条　政府对于收纳之火柴，交付相当之补偿金。

第五条　火柴之销售，使政府所指定之火柴销售人为之。但供命令所定之目的用者，得由政府自行售与需要人。

依前项但书之规定，受火柴之售与者，不得供该目的以外之用。

第六条　关于火柴制造人、火柴销售人及其他办理火柴者之事项，以命令定之。（康四•第五〇六号本条中修正）

第七条　政府对于火柴制造人、火柴销售人或已受火柴之输入或输出之许可者，得命施设之改善及其他监督上必要之事项。

第八条　该管官吏得进入火柴之制造所、存储所、销售商铺及其他处所,检查火柴、账簿、文件及其他物件或寻问关系人。

第九条　受第二条之许可者,如有违反本法或根据本法所发之命令,或违反根据本法或命令所为之处分时,政府得撤销其许可或命其于一定期间内停止业务。

第十条　关于依本法或根据本法所发之命令应缴款项之征收,准用《国税征收法》之规定。

第十一条　有左列各款情形之一者,处五千圆以下之罚金或科料。

一、违反第二条之规定为火柴之制造或输入者;

二、违反第三条之规定不应政府之收纳者。

前项之罪之未遂犯,罚之。(康四·第五〇六号本条中修正)

第十二条　有左列各款情形之一者,处二千圆以下之罚金或科料。

一、违反第二条之规定为火柴之输出者;

二、违反第五条第二项之规定者。(康四·第五〇六号本条中修正)

第十三条　系前二条犯罪之火柴及供犯罪用或拟供犯罪用之物件,无论其属于何人之所有,均得没收之。如不能没收其全部或一部时,则追征其价额。

第十四条　有左列各款情形之一者,处三百圆以下之罚金或科料。

一、违反根据第七条规定之命令者;

二、阻障依第八条规定之该管官吏之职务执行,或对其寻问不为答辩或为虚伪之答辩者。(康四·第五〇六号本条中修正)

第十五条　关于本法或根据本法所发命令所定之犯罪,准用《租税犯处罚法》之规定。

附则

第十六条　本法施行日期,由经济部大臣定之。(以康德四年二月财政部令第七号,自同年二月十六日施行)

第十七条　本法施行之际现以制造火柴为业者,如于本法施行后一个月内呈报政府时,则视为依本法已受制造之许可者。

第十八条　本法施行之际现系火柴制造人所有之火柴,则视为依本法所制造者。

第十九条　本法施行之际现以批发火柴为业者,得于本法施行后一个月内,仍为依本法之火柴销售人贩卖火柴。

附则（康德四年十二月二十八日敕令第五〇六号）

本法自康德五年一月一日施行。

煤油类专卖法

（康德元年十一月十四日敕令第一四九号）

修正 康德四年六月敕令第一四一号、十二月第五〇七号

朕依《组织法》第四十一条，经咨询参议府，裁可《煤油类专卖法》，著即公布。

（国务总理、财政部大臣副署）

第一条 本法所称煤油类，系指挥发油、灯油、轻油、重油、徧苏油并代用燃料油而言。

前项代用燃料油之范围，以敕令定之。

第二条 煤油类为政府之专卖。

第三条 煤油类之制造、输入及输出，非呈经政府许可者，不得为之。

第四条 制造或输入之煤油类，由政府收纳之。但命令之所定时，不在此限。

第五条 政府对于收纳之煤油类，交付相当之补偿金。（康四·第五〇七号本条追加）

第六条 煤油类之销售，使政府所指定之煤油类销售人为之。但政府限于供命令所定之用途时，得直接售与需用人。

依前项但书之规定受煤油类之售与者，不得供该用途以外之用。（康四·第五〇七号本条修正）

第七条 关于煤油类制造人、煤油类销售人及其他办理煤油类者，有必要之事项，以命令定之。（康四·第五〇七号本条追加）

第八条 政府认为有必要时，得对于煤油类销售人指定一定之数量，令其存储煤油类。（康四·第五〇七号本条修正）

第九条 煤油类以外之矿物性油之制造、输入或输出，非呈经政府许可者，不得为之。（康四·第五〇七号本条修正）

第十条 政府认为有必要时，得对于办理煤油类或前条之油类者，令其报告或改善设备及其他事项。（康四·第五〇七号）

第十一条　该管官吏认为有必要时,得进入煤油类或第九条所载油类之制造所、存储所、销售商铺及其他处所,检查煤油类、第九条所载油类、账簿、文件及其他物件或行各项调查。

第十二条　已呈经第三条或第九条之许可者或经指定为煤油类销售人者,如有违反本法或根据本法所发之命令时,或违反根据本法或命令所为之处分时,政府得撤销其许可或指定或令其一定期间停止业务。

第十三条　依本法或根据本法所发之命令应缴纳之金钱之征收,准用《国税征收法》之规定。

第十四条　有左列各款情形之一者,处以五千圆以下之罚金。

一、违反第三条之规定者;

二、违反第四条之规定不应政府之收纳者。

第十五条　违反第九条之规定而为该条所定油类之制造、输入或输出者,处以三千圆以下之罚金。(康四·第五〇七号本条修正)

第十六条　前二条之未遂罪,罚之。(康四·第五〇七号本条修正)

第十七条　有左列各款情形之一者,处以二千圆以下之罚金。

一、违反第六条第二项之规定者;

二、违反依第八条之政府存储命令者。(康四·第五〇七号本条修正)

第十八条　有左列各款情形之一者,处以五百圆以下之罚金。

一、违反第十条之命令或为虚伪之报告者;

二、妨碍依第十一条之该管官吏执行职务者。(康四·第五〇七号本条修正)

第十九条　第十四条至第十六条犯罪之煤油类及供或拟供犯罪用之物,无论其属于犯人之所有与否,得没收之。不能没收其全部或一部时,则追缴其价格。(康四·第五〇七号本条修正)

第二十条　关于本法或根据本法所发命令规定之犯罪,准用《租税犯处罚法》之规定。

附则

本法施行日期由经济部大臣定之。(以康德二年三月财政部令第五号,自同年四月十日施行)

本法公布之际,现以制造煤油类或第九条之油类为业者,如于本法施行后一个月以内呈报政府时,则视为依本法已受许可者。(康四·第五〇七号本项中修正)

附则（康德四年十二月二十八日敕令第五〇七号）

本法自康德五年一月一日施行。

酒精专卖法

（康德四年十二月十三日敕令第四五四号）

朕依《组织法》第三十六条，经咨询参议府，裁可《酒精专卖法》，著即公布。

（国务总理、经济部大臣副署）

第一条　酒精由政府专卖。

第二条　本法所称酒精，系指酒精成分九十以上之酒精而言。

本法称酒精成分，谓"依气尔阿鲁叩尔"含有容量之百分率。

第三条　酒精非政府或受政府之许可者，不得制造、输入或输出。

第四条　凡制造或输入之酒精，均由政府收纳之。但命令所定者，不在此限。

第五条　政府对于收纳之酒精，交付相当之补偿金。

第六条　收纳前之酒精不得加工。但政府命令加工者，不在此限。

第七条　酒精之销售，使政府所指定之酒精销售人行之。但政府以供于命令所定之用途者为限，得直接售与需要人。

依前项但书之规定受酒精之售与者，不得于其用途以外使用之。

第八条　关于酒精之制造人、酒精销售人及其他酒精之办理者之必要事项，以命令定之。

第九条　酒精成分九十未满之酒精，不得依新式蒸馏机制造之。

第十条　酒精成分九十未满之酒精而命令所定者，非受政府之许可，不得输入之。

第十一条　政府对于酒精之制造人、酒精销售人及其他酒精之办理者，得命令其为施设之改善及其他监督上必要之事项。

第十二条　该管官吏得进入酒精之制造所、存储所、销售商铺及其他处所，检查酒精、原料、机械、器具、账簿、文件及其他物件并得寻问关系人。

第十三条　已受第三条、第七条或第十条之许可或指定者，如有违反本法或基于本法所发命令之规定，或违反基于本法或命令所为之处分时,政府得取消其许可或指定或于一定期间停止其业务。

第十四条　关于依本法或基于本法所发之命令,应缴纳款项之征收,准用《国税征收法》之规定。

第十五条　有左列各款情形之一者,处五千圆以下之罚金。

一、违反第三条之规定而为酒精之装造或输入者;

二、违反第四条之规定不应政府之收纳者;

三、违反第六条或第九条之规定者。

前项罪之未遂犯,罚之。

第十六条　有左列各款情形之一者,处二千圆以下之罚金。

一、违反第三条之规定而为酒精之输出者;

二、违反第七条第二项或第十条之规定者。

第十七条　系前二条犯罪之酒精、第九条或第十条之酒精及供犯罪用或拟供犯罪用之物,不问其属于何人之所有,得没收之。其全部或一部不能没收时,则追征其价额。

第十八条　有左列各款情形之一者,处三百圆以下之罚金。

一、违反基于第十一条之规定所发命令者;

二、阻碍该管官吏依第十二条之规定所执行之职务,或对其寻问不为答辩或为虚伪之答辩者。

第十九条　关于本法或基于本法所发命令所定之犯罪,准用《租税犯处罚法》之规定。

附则

第二十条　本法施行期日由经济部大臣定之。(以康德四年十二月经济部令第八二号,自同五年一月一日施行)

第二十一条　本法施行之际,现依《酒税法》受有酒精或酒类之制造许可者,为酒精或酒类之制造;已有新式蒸馏机之设备者,视为依本法已受有酒精制造之许可者。

第二十二条　本法施行之际,前条所定者所有之酒精现存于制造场者,视为依本法制造者。

小麦粉专卖法

(康德六年十二月七日敕令第三〇八号)

朕依《组织法》第三十六条,经咨询参议府,裁可《小麦粉专卖法》,

著即公布。

（国务总理、经济部、产业部大臣副署）

第一条　小麦粉及以命令特定其代用粉（以下简称小麦粉）为政府之专卖。

第二条　小麦粉非政府或受政府之许可者，不得制造、输入或输出之。但命令所定者，不在此限。

第三条　制造或输入之小麦粉，由政府收纳之。但命令所定者，不在此限。

应收纳之小麦粉，应依命令之所定，缴纳于政府。

第四条　政府对于收纳之小麦粉，交付相当之补偿金。

第五条　小麦粉之贩卖，使政府所指定之小麦粉贩卖人行之。但政府限于命令所定者，得直接售与需要人。

依前项但书之规定受小麦粉之售与者，不得供该目的以外之用。

第六条　小麦粉非前条之小麦粉，贩卖人不得贩卖之。但命令所定者，不在此限。

第七条　小麦粉贩卖人不得以超过政府所定贩卖价格之价格贩卖小麦粉。

第八条　小麦粉贩卖人不得无正当之事由拒绝小麦粉之贩卖，或附以不当之条件而贩卖之。

第九条　关于小麦粉制造人、小麦粉贩卖人或其他以办理小麦粉为业者，有必要之事项，以命令定之。

第十条　关于小麦粉之输送，于取缔上有必要之事项，以命令定之。

第十一条　政府对于小麦粉制造人、小麦粉贩卖人及其他以办理小麦粉为业者，得为监督上必要之命令。

第十二条　该管官吏得进入小麦粉之制造场、存储所、贩卖商铺或其他场所，检查小麦粉、机械、器具、账簿、文件或其他物件或寻问关系人。

第十三条　已受第二条之许可或第五条之指定者，如有违反本法或根据本法所发命令之规定，或违反根据本法或命令之处分时，政府得取消其许可或指定或命停止业务。

第十四条　关于依根据本法所发之命令应缴纳之款项之征收，准用《国税征收法》之规定。

第十五条 违反第二条、第三条第二项、第五条第二项或第六条至第八条之规定者,处五千圆以下之罚金。

于前项情形,系犯罪之小麦粉而为犯人之所有或所持者,得没收之。不能没收其全部或一部时,则追征其价额。

第十六条 不从根据第十一条规定之命令者,处五百圆以下之罚金或科料。

第十七条 阻障依第十二条规定之该管官吏之职务执行,或对其寻问不为答辩或为虚伪之答辩者,处三百圆以下之罚金或科料。

第十八条 关于本法或根据本法所发命令所定之犯罪,准用《租税犯处罚法》之规定。

附则

本法自康德六年十二月十日施行。

本法施行之际现以制造小麦粉为业者,而于本法施行前已受《重要产业统制法》第一条之许可者,视为已受第二条之制造许可者。

本法施行之际现以制造小麦粉为业者,而不需《重要产业统制法》第一条之许可者,得自本法施行之日起,以九十日为限,仍如从前营业。以制造前项之小麦粉为业者拟继续经营其业时,应于前项之期间内受第二条之制造许可。

对于第二项及第三项规定者或于本法施行前受政府之许可而输入小麦粉者,于本法施行之际现所有之小麦粉,准用第三条之规定。本法施行之际现以贩卖小麦粉为业者,自本法施行之日起,以三十日为限,对于本法之适用,视为已受第五条之指定者。

第八编 诸法

经济诸法

满洲国经济建设纲要

（大同二年三月一日满洲国政府）

关于满洲国经济建设,声明书如左。

第一 序言

我满洲国承旧东北军阀秕政之后,去岁三月奠立邦基,建国意义之宏远已见,宣言炳若日星。一年以来,虽曰内外多事,未臻上治。顾内则尽力廓清往日之积弊,修明法律制度,巩固政治组织之基础,确立币制财政之根底,同时奋力肃清匪祸,以维持治安;外则本独立国家之精神,敦善邻之谊,隆邦交之礼,而于国际的地位尤期卓尔而立,是皆国人所共见共闻者也。窃念建国本义,在于顺天安民。质言之,在于三千万民众乐土之实现耳。

今当建国一周年纪念之日,确立经济建设之方针,冀以稳健沉着之步骤,从事历史的大事业之发轫。虽为政不在多言,在于力行,惟兹事体大,非有明确之方针、缜密之计画与乎上下一致之努力,难期有成。爰举其根本之方针与计画之纲要,以为我官民共任仔肩,协力实行之准绳焉。又,本纲要为国家百年大计,在最近之将来当另行拟定计画,公诸国人。

第二 经济建设之根本方针

当兹着手我国经济建设之际,吾人鉴于无统制之资本主义之流弊,知非剂之以国家的统制,善用资本之功能,图国民经济全体之健全与发展不可。盖惟如是,而后可使国民经济得以富厚、国民生活得以向上、国力得以充实,而于世界经济之发展有所贡献,更进而谋文化之增进,实现模范国家之理想,此乃经济建设之究极目的也。

欲达上述之目的,则须依左列之四大根本方针,致力于经济建设。

一曰以国民全体之利益为其主眼,凡开拓利源,振兴实业之利益,务摈除一部阶级垄断之弊,必使万民咸享其利而同其乐。

二曰举国内天赋之所有资源开发无滥,而谋经济各部门之综合的发达,特于重要之部门施以国家的统制,切实讲求合理之计画。

三曰当开发利源奖励实业之际,本门户开放、机会均等之精神,广求资金于世界。尤应采取先进各国之技术经验,并搜集一切文明精华,利用弗遗,以收实效。

四曰以东亚经济之融合与“合理化”为其鹄的,先审察满日两国相依相辅之经济关系而注重其谐协,使相互扶助之关系益加紧密。凡此四大方针为经济建设之根本要谛,不论何时何事,均须澈底奉行,以期达于完成之域也。

第三　经济统制之方策

兹依上述之四大根本方针，衡之今日国情，就尤切实吃紧者，在左开范围之内，实行国民经济之统制。

一、带有国防的或公共公益的性质之重要事业，以公营或令特殊公司经营为原则。

二、在上项以外之产业及资源等之经济事项，委诸民间自由经营。但为注重国民福利，维持其生计起见，对于生产、消费两方面，施以必要之调剂。

第四　交通之充实

农业为我国经济之根干，欲振兴之，固待交通机关之发达，而其他一般资源之开发、治安之维持、商业之繁盛与乎对外经济之连络，亦何尝不待交通之完备。此乃经济建设之基本工作，亟应企图其有机的扩充。

一、铁路

甲、铁路之建设，以开发经济为主眼，并以巩固国防、维持治安为其方针。

乙、将来铁路之总长度，以二万五千公里为目标。在今后十年间，先筑造四千公里之新路线，合之旧有路线，使总长度达一万公里。

丙、主要铁路收为国有，统一经营之。

二、港湾

甲、为促进我国经济之开发，并图生产地与各海港之最经济的连络起见，不但须利用我国港湾，即邻国港湾，亦宜善为利用。

乙、营口、安东两港应加以必要之修筑。

丙、葫芦岛筑港工程在将来经济上之需要益见，切实时续工完成之。

丁、关于海运事业，目前先图近海航路之充实，对于外洋航路，亦当及早谋其发展。

三、河川

河川航运颇关重要，对于黑龙江、松花江、鸭绿江、辽河等，力谋增进河运之便利。

四、道路

甲、为资国民一般交通之便利与维持治安起见，在今后十年间，兴筑或修筑主要都市相互联络之路线及主要都市与县城间联络路线，以至其他开发僻陬或属于国防等之必要路线，计总长度约六万公里。

乙、前项道路互〈通〉全国，以汽车资交通之发达。

五、通信

甲、国内通信以统一联络为主眼，对于海外通信亦力图便捷扩充。

乙、统一经营有线、无线之电报，并改良扩充经济干线及附属支线。又，主要都市之电话设备及放送设备，亦实行改良与扩充。

六、航空运输

鉴于日进月增之趋势助长航空运输之发达，令满洲航空会社经营之。盖以该会社备有优秀之飞机与技术也。在今后三年间，暂开航空路三千五百公里，将来更努力开拓欧亚及东洋各地间之航空路。

七、都市计画

甲、国都新京之建设，以广袤二百平方里、收容人口五十万为目标，建设模范都市。

乙、奉天、哈尔滨、吉林、齐齐哈尔等都市，亦于适当时期实行近代的都市计画。

第五　农业之开发

一、农产业

（一）我国民经济以农业为其根干。今欲图其振兴，宜一面对于仰给外国之农产物讲求自给之法，一面尽力一般农产物之输出，以增进农民大众之福利，而丰润其生活。

（二）农业之改良与繁殖

甲、大豆、高粱、谷子、玉蜀黍等实为我大宗农产物。对其栽培加以指导与奖励，而图品种之改良与繁殖。

乙、棉花栽培面积使达五拾万垧，每年轧棉量使达一万万五千万斤。

丙、小麦栽培面积使达约四百万垧，每年产量使达二千万石。

丁、烟草、麻类、落花生、芝麻、蓖麻、甜菜、忽布（译音）、果树、蔬菜等类奖励其培殖，并劝养野蚕，以图农业经营之改良与农家经济之富裕。

二、畜产业

（一）我国畜产，以其量论固多，以其质论则劣，其为资源之价值实甚低也。故振兴畜产业，以家畜数量之增加与品种之改良为其主眼。

（二）家畜之改良与蕃〔繁〕殖

甲、以"阿拉夫"或"昂克罗阿拉夫"等之马改良从来之马种。如此改良之马，至少须常达二百万匹。

乙、以"美里纳"种之羊改良从来之绵羊，至必须改良旧种四百万匹。

丙、对于从来之牛种加以选择淘汰，力图优良种之蕃〔繁〕殖，至少须达二百七十万匹之数。

丁、对于豚豕，以国内之肉类供求为目标，并以"巴克夏"种之豕改良劣种而图其（蕃）〔繁〕殖。

（三）确立家畜卫生制度，以图畜产业之安定而资畜产资源之培养。

（四）实行改良牧场，以促进家畜数量之增加。

三、林业

（一）禁止森林滥伐，尽力保护增殖，而以合理的经营图林力之继续保养为林业之主眼。

（二）林场暂时停止发放，期于今后五年间整理林场权，对于主要森林，施行基本的调查整顿。国有森林，确立其合理的经营之基础。关于国有森林之经营，以国营为原则。然有必要时，变通办理。至于公有森林、私有森林，在政府监督之下，使行合理的经营，一面奖励造林，以图林业之发达。

四、水产业

（一）渔业用孵化养殖法尽力培养资源，戒滥捕，以图恒久利用。

（二）制盐业整理并扩张盐田，以期盐业之发达。

五、农业经营

以从来兼有牧畜之农业经营为基础，使栽培各种之新农产品，更增以副业经营与机械农法，以图改良与进步。

六、农业施设

（一）以振兴农村、充实农家之经济力为目标，广兴农村组合制度，藉以改良生产之消费与流通，并使融通之资本流畅无滞，以促进斯业之发达。此外更谋农村各种制度之改良与确立。

（二）指导并奖励农业，渐次设置各种试验机关、家畜改良机关、兽疫研究机关、试种地苗圃、模范造林地等。

(三)自大同元年度起,约五年间完成气象观测之设备。

(四)对于治水及灌溉事业,施行基本的调查。

七、土地

(一)从速着手调查土地,确立土地制度,防止土地兼并之弊。

(二)对于未耕地,设置农地开拓之特殊机关,使农业移民于今后十五年间开垦约八百万垧。

第六 矿工业之振兴

一、方针

以开发矿业资源、确立基本工业及国防工业、丰润国民经济、增大国富为方针。

二、矿业

甲、在煤炭,则统一各煤矿施行合理的生产与供给,俾得有低廉丰富之燃料,同时力谋输出之增加。

乙、在有关国防之矿产资源,原则上使特殊公司得确保其矿业权,以戒滥采而便开采。

丙、在砂金矿及金矿,则区别国有与非国有。其非国有者开放之。

三、工业

甲、左开工业随国内之需要,在必要之统制之下逐渐发达之。

金属工业;

机械工业;

油脂工业;

巴尔普(PULP)工业;

曹达工业;

酒精工业;

野蚕工业;

纺绩工业;

制粉工业;

洋灰工业;

酿造工业。

乙、除上开各种工业外,其他概听其自然发达。但将来有必要时,加以统制。

丙、对于电气事业施行统一经营,供给丰富低廉之电力。

四、施设

甲、为促进工业之发达与谋建设集中之利益起见,在左开地方特定工业区域。

奉天;

安东;

哈尔滨;

吉林附近。

乙、统一工业品之标准。

第七　金融之整备

旧军阀秕政中,其为害极大者,为纸币之滥发与私帖之充斥。政府有鉴于此,照建国时之既定方针,力图国币之流通与市价之维持,藉以巩固金融之基础,并改良信用制度,致力于流通经济之畅达。

一、满洲中央银行从速整理附业,谋通货之调剂与安定,专负统制金融之责。

二、力图产业组合、金融组合等各种民众金融机关及一般金融机关之完备,与以适当之扶助,加以取缔之方法。

三、为资农工业之发达起见,设立特殊金融机关,特许发行有奖债券,藉以供给长期低利之资金。

四、彩票之发行,除政府自办外,概不准许。

有奖债券之发行,除上开特殊金融机关外,概不准许。

五、为引起一般国民之储蓄心起见,改良邮政储金制度而谋其发达。

第八　促进商业

一、对于一般商业,锐意促进并奖励之。力谋交易之通畅,广拓国内产物之销路于世界,以图商业之繁荣。

因此之故,其为我商民之特长者,益助长之;其为旧习惯之应改者,则矫正之,以期商业之"合理化"。

又,对于生活必需品及其他有关国民生活之商品,就其供给与价格,施以适当之调剂。

二、颁布特许法及商标法,以保护工业所有权,并制定关于寄托保险等法制、统一度量衡制度、改良交易所制度,从事一切交易上之文明的施设。

三、关税政策以振兴贸易为主旨，而图国际贸易之增进。

第九　私人经济之改良

政府不但排除旧东北军阀残民之秕政，且积极的努力实行各种政策与施设，深期济世安民，泽及一般民众。故刻意改良私人经济，培养民力。惟游手好闲之徒，不能容其存在。亟应振兴自治与乡邻相助之美风，而求其普及。兹拟方略如左。

一、讲求所有方法以期民众生命财产之安全稳固。

二、官民协力，实行适当之施设，常备荒年及其他天灾之用，以期野无饿莩。

三、整理税制，谋负担之均衡与轻减，以期民力之伸张。

四、对于民众，力图生活必需品之低廉。

五、力谋各种产业组合及金融组合之发达，冀举相互扶助之实。

六、对于一般失业者，力筹给与职业之道。

第十　结论

以上所开建设方针，系就经济各部门略举纲要。虽其规模较小，但将随我国家财政经济之实力而逐渐扩充之。且即以本计画而言，果能切实进行，敢信现在我国总生产额三十万万圆，不出十年，必增一倍无疑。况将来国力之蒸蒸日上，可期而待乎！虽然，在实行上开初期方针之时，亦需巨额之资本与精良之技术，并赖国民一致之协力。此项经济建设之资金，当广求之于世界，同时在国内努力吸收中小资本，以谋增进国民全体之福利。至于技术的指导，亦当求之中外也。

总之，以国家与国民永远繁荣为主旨，冀得完成世界上无比之新经济组织，以全我王道建国之大使命也。兹以本建设纲要，公诸我三千万民众之前，望以不挠不屈之精神，共襄大计焉。

重要产业统制法

（康德四年五月一日敕令第六六号）

朕依《组织法》第四十一条，经咨询参议府，裁可《重要产业统制法》，著即公布。

（国务总理、实业部、蒙政部、军政部、财政部大臣副署）

第一条　欲经营重要产业者，应依命令所定，受主管部大臣许可。

重要产业之种类，以敕令定之。

第二条　经营重要产业者，应依命令所定，于每事业年度将事业计画书及事业报告书提出于主管部大臣。

第三条　主管部大臣得向经营重要产业者关于其业务，发公益上或统制上必要之命令。

第四条　主管部大臣认为特有必要时，得令经营重要产业者报告其业务和财产之状况，或派所属官吏检查其金库、账簿及其他各种文书物件。

第五条　经营重要产业者，于左列情形应依命令所定，受主管部大臣许可。

一、欲为统制协定或改废统制协定时；

二、欲扩张或变更生产设备时；

三、欲转让事业之全部或一部时；

四、法人欲为合并时。

第六条　经营重要产业者于左列情形，应即呈报主管部大臣。

一、废止或休止事业之全部或一部时；

二、法人解散时。

第七条　经营重要产业者，违反本法或根据本法所发之命令，或违反根据本法或命令所为之处分时，主管部大臣得撤销第一条之许可。

第八条　未受主管部大臣许可而经营重要产业者，处五千圆以下之罚金。

第九条　经营重要产业者有左列各款情形之一时，处一千圆以下之罚金。

一、违反依第三条规定之主管部大臣命令时；

二、违反第五条规定时。

第十条　不为依第四条规定所命之报告或为虚伪之报告，或拒绝、妨碍或回避该条之检查者，处三百圆以下之罚金。

第十一条　违反第二条或第六条之规定者，处一百圆以下之罚金。

第十二条　使用人及其他从业员关于本人之业务有抵触本法罚则之行为时，除罚该行为人外，并处罚本人。但本人如系心神丧失人或关于营业未具有与成年人同一能力之未成年人时，则处罚其法定代理人。

第十三条　法人之使用人及其他从业员关于法人之业务有抵触本

法罚则之行为时,除罚该行为人外,并处罚执行业务之股东或职员。

执行法人业务之股东或职员有前项之行为时,处罚该股东或职员。

第十四条 于第十二条及前条第一项情形,如应受处罚之本人、法定代理人、股东或职员证明其对于各该违反行为无法防止时,则不罚之。

附则

本法自康德四年五月十日施行。

本法施行之际已受主管部大臣许可现为营业者,则视为依本法已受许可者。

本法施行之际未受主管部大臣许可现为营业者,应自本法施行之日起六十日以内,依本法为许可之声请。

已为前项之声请者,于受该许可以前,仍得照旧营业。

关于施行《重要产业统制法》之件

(康德四年五月一日敕令第六七号)

修正 康德四年六月敕令第一四三号

朕经咨询参议府,裁可《关于施行〈重要产业统制法〉之件》,著即公布。

(国务总理、实业部、蒙政部、军政部、财政部大臣副署)

第一条 依《重要产业统制法》第一条第二项规定之重要产业如左。

兵器制造业;

航空机制造业;

自动车制造业;

液体燃料(矿油及无水酒精)制造业;

铁、钢、铝、镁、铅、亚铅、金、银及铜之精炼业(除金及银之湿式精炼);

炭矿业(除年产五万吨未满者);

毛织物制造业(除用手织机者);

棉纱纺绩业;

棉织物制造业(除用手织机者);

麻制线业(年产五十吨以上者);

麻纺织业（除用手织机者）；

制粉业（日产能力五百袋以上者）；

麦酒制造业；

制糖业；

烟草制造业（纸卷烟草年有一千万支以上之生产者）；

曹达制造业（除天然曹达精制业）；

肥料（硫酸铔、硝酸铔、过磷酸石灰及石灰窒素）制造业；

巴尔普（制纸原料）制造业；

油房业（设有抽出式及压榨器十五台以上者）；

洋灰制造业；

火柴制造业。

第二条　《重要产业统制法》中所称主管部大臣者，关于兵器制造业及航空机制造业，则为实业部大臣（在蒙政部管内为蒙政部大臣）及治安部大臣；关于液体燃料制造业及火柴制造业，则为实业部大臣（在蒙政部管内为蒙政部大臣）及经济部大臣；关于其他产业，则为实业部大臣（在蒙政部管内为蒙政部大臣）。

第三条　实业部大臣（在蒙政部管内为蒙政部大臣）关于兵器制造业，依《重要产业统制法》第四条规定，欲征取报告或令为检查时，应预先与治安部大臣协议。

附则

本令自《重要产业统制法》施行日施行

《重要产业统制法》施行规则

（康德四年五月一日实业部令第二号、蒙政部令第一七号、军政部令第一二号、财政部令第二一号）

修正　康德四年七月产令第八号、治令第三号、经令第二号

兹制定《〈重要产业统制法〉施行规则》如左。

第一条　《重要产业统制法》第一条之许可呈请书，须记载左列事项。

一、姓名或名称及营业所之位置；

二、工场之位置；

三、重要产业之种类；

四、主要生产设备、生产能力及生产方法；

五、所需资金及资金筹办之方法；

六、一年间之生产、贩卖及使用原材料之预计额（按种类分别记其数量及价额）；

七、原材料之取得方法；

八、事业年度及收支概算。

前项之呈请书如呈请人为法人之发起人时，须附具章程；为法人时，则须附具章程、贷借对照表及财产目录。

第二条　经营重要产业者，欲变更前条第一项第二款、第四款或第七款之事项时，须受主管部大臣许可。

第三条　受到《重要产业统制法》第一条之许可者，遇有左列情事时，须从速呈报主管部大臣。

一、生产设备已完了时；

二、已着手生产时；

三、姓名或名称或营业所已变更时；

四、发起人已设立法人时。

第四条　《重要产业统制法》第二条之事业计画书，须记载左列事项，于每届事业年度开始前提出之。

一、关于生产、贩卖、购买、调查、研究及其他施设之计画；

二、如为法人时，其重要之资金计画；

三、生产额、贩卖额、原材料之购买额及使用额（按种类分别记其数量及价额）；

四、如有统制协定时，其事业计画与统治协定之关系。

第五条　《重要产业统制法》第二条之事业报告书，须记明前条第一款至第三款之事业计画实施经过，如经营重要产业者为法人时，并须附具贷借对照表及财产目录，于每届事业年度经过后，从速提出之。

第六条　应依《重要产业统制法》第五条第一款受许可之统制协定如左。

一、关于生产之协定；

二、关于贩卖之协定；

三、关于购买原材料之协定。

第七条　《重要产业统制法》第五条第一款之许可呈请书，须记载产业之种类、协定事项及统制之组织，并附具协定书之抄本。

第八条　《重要产业统制法》第五条第二款之许可呈请书，须记明欲扩张或变更之生产设备及扩张和变更后之生产能力。

第九条　《重要产业统制法》第五条第三款之许可呈请书，须记明欲让渡之事业、其生产设备及生产能力，并由当事人连署而提出之。

前项之呈请书，须附具让渡契约书之抄本，如受让人为法人时，并须附具章程、贷借对照表及财产目录。

受让人须备具书面，记明因受让事业所需之资金及资金筹办之方法，并受让事业后之生产能力而提出之。

第十条　《重要产业统制法》第五条第四款之许可呈请书，如系因合并而欲新立法人时，须由发起人提出之，其他时须由合并后应存续之法人代表人提出之。

前项之呈请书，须附具合并契约书之抄本，如因合并而新设立法人时，并须附具章程；其他时，并须附具章程、贷借对照表及财产目录。

第十一条　《重要产业统制法》第六条第一款之呈报书，须记载已休止或废止之事业，其生产设备及生产能力，如系休止时，并须附记休止之期间。

第十二条　经营重要产业者之继承人欲继承被继承人之事业时，须于继承开始之日起三月以内，附具证明其为继承人之书面，呈请《重要产业统制法》第一条之许可。继承人有数人时，须由其中之一人呈请之，此时应附具其他继承人关于此之同意书。

前项之呈请，得省略第一条第一项各款之记载事项。

继承人已为第一项之呈请时，在准驳决定以前得经营被继承人之事业。

第十三条　在左列产业时，应向主管部大臣提出之书面，除《重要产业统制法》第五条第一款之呈请书外，须经由主要营业所所在地之省长或特别市长提出之。

一、毛织物制造业；

二、绵丝纺绩业；

三、绵织物制造业；

四、麻制线业；

五、麻纺织业；

六、制粉业；

七、麦酒制造业；

八、制糖业；

九、烟草制造业；

十、巴尔普制造业；

十一、油房业。

在左列产业时，应向主管部大臣提出之书面，除《重要产业统制法》第五条第一款之呈请书外，须经由矿业监督署长提出之。

一、作为采掘矿物之附属事业而经营之矿油制造业；

二、炭矿业；

三、作为采掘矿物之附属事业而经营之铁、钢、铝、镁、铅、亚铅、金、银及铜之精炼业；

四、作为采掘矿物之附属事业而经营之肥料制造业。

（康四·产令第八号、治令第三号、经令第二号本条中修正）

附则

本令自《重要产业统制法》施行日施行。

合于《重要产业统制法》附则第二项者，须自本令施行之日起六十日以内，提出第四条之事业计画书。

欲依《重要产业统制法》附则第三项呈请许可者，须于许可呈请书上附具第四条之事业计画书。

附则

（康德四年七月十九日产业部令第八号、治安部令第三号、经济部令第二号）

本令自康德四年七月一日施行。

铁钢类统制法

（康德五年四月一日敕令第五五号）

朕依《组织法》第三十六条，经咨询参议府，裁可《铁钢类统制法》，著即公布。

（国务总理、产业部、经济部大臣副署）

第一条　本法所称铁钢类,系指铣铁、钢块、大钢片、小钢片、平钢片、薄板材、马口铁用板材、管材、丝材、棒钢、形钢、钢板、钢管、轨条、夹接板、阳螺旋、阴螺旋、垫圈、锅钉、斯派克、线索、钉、丝、马口板、铸铁品及屑铁等而言。

前项之钢板、钢管、丝、线索及钉等,包含锌镀者。

第二条　将产业部大臣所指定品种之铁钢类由生产人买受,或受其贩卖之委托,或将铁钢类输出或输入,得限于产业部大臣所指定者为之。

前项所规定者以外之人,非受产业部大臣之许可,不得将产业部大臣所指定品种之铁钢类由生产人买受,或受其贩卖之委托,或将铁钢类输出或输入。

产业部大臣拟为依前项规定之输出或输入之许可时,应预先与经济部大臣协议。

第三条　铁钢类之生产人,对于产业部大臣所指定之品种,非受其许可,对于前条第一项所规定者以外之人不得出卖或委托其贩卖。

第四条　铁钢类之生产人,每年应定其生产铁钢类之品种及数量,预先受产业部大臣之认可。其变更时亦同。

产业部大臣认为公益上或统制上特有必要时,得命变更依前项所认可之事项。

第五条　第二条第一项所规定者,每年应定其输出或输入铁钢类之品种及数量,预先受产业部大臣之认可。其变更时亦同。

产业部大臣认为公益上或统制上特有必要时,得命变更依前项所认可之事项。

产业部大臣拟为依第一项规定之认可或依前项规定时命令时,应预先与经济部大臣协议。

第六条　铁钢类之生产人及第二条第一项所规定者,关于产业部大臣所指定品种之铁钢类之贩卖价格及贩卖条件,应受产业部大臣之认可。

产业部大臣认为公益上或统制上特有必要时,得对于铁钢类之生产人或第二条第一项所规定者或铁钢类之贩卖业者,为关于贩卖其所指定品种之铁钢类必要之命令。

第七条　产业部大臣认为有必要时,得令铁钢类之生产或办理者关于其业务为报告，或派所属官吏临检其营业所仓库及其他场所，检查金库、账簿及其他各种文书物件或寻问关系人。

第八条　违反第二条第二项或第三条之规定者，处五千圆以下之罚金。

于前项情形，犯人所有或所持之铁钢类得没收之，若不能没收其全部或一部时，得追征其价额。

第九条　违反第四条第一项、第五条第一项或第六条第一项之规定，或违反依第四条第二项、第五条第二项或第六条第二项规定之命令者，处一千圆以下之罚金。

第十条　不为依第七条规定所命之报告或为虚伪之报告，或阻障该管官吏之临检检查，或对于寻问不为答辩或为虚伪之答辩者，处三百圆以下之罚金或科料。

第十一条　使用人或其他从业员关于本人之业务有抵触本法罚则之行为时，除罚该行为人外，并处罚本人。但本人如系心神丧失人或关于营业未具有与成年人同一能力之未成年人时，则处罚其法定代理人。

第十二条　法人之使用人或其他从业员关于法人之业务有抵触本法罚则之行为时，除罚该行为人外，并处罚执行业务之社员或职员。

执行法人业务之社员或职员有前项之行为时，则处罚其社员或职员。

第十三条　于第十一条及前条第一项之情形，应受处罚之本人、法定代理人、社员或职员证明无法防止该违反行为时，则不罚之。

附则

本法自公布日施行。

米谷管理法

（康德五年十一月七日敕令第二五三号）

（国务总理、产业部大臣、经济部大臣代理［经济部次长］副署）

朕依《组织法》第三十六条，经咨询参议府，裁可《米谷管理法》，著即公布。

第一条　本法以确保米谷（指稻子及稻米而言）之生产、调节其需给、使其价格适正为目的。

第二条　欲造成水田者,应依产业部大臣之所定,具明关于开田及其所必要之灌溉、排水或防水施设之事项,受行政官署之许可。欲变更已受许可之事项者亦同。

第三条　水稻生产之经营,于受前条许可所造成之水田以外之土地,不得为之。但于沼泽、湿地或其他土地之水稻生产之经营而由产业部大臣所定者,不在此限。

第四条　欲废止受第二条许可所造成之水田或休止其水田之水稻之耕种时,该水田之所有人和水稻生产之经营人,应依产业部大臣之所定,将其旨呈报于行政官署。

依前项之规定有呈报水田之废止时,对于该水田之造成所受之许可,视为已被取消者。

第五条　由米谷之生产人或作为地租取得米谷者或其他产业部大臣所定之米谷取得者之米谷之买入,非满洲粮谷株式会社不得为之。但自家用米之买入或其他米谷之买入而由产业部大臣所定者,不在此限。

第六条　满洲粮谷株式会社得限于米谷贩卖业人卖出米谷。但不妨受产业部大臣之认可,而向米谷贩卖人以外者卖出米谷。

第七条　欲为米谷贩卖业人者,应依产业部大臣之所定,受地方行政官署之许可。

第八条　满洲粮谷株式会社对于米谷之买入及卖出之价格,应依产业部大臣之所定,受其认可。

第九条　米谷之输入或输出,非满洲粮谷株式会社不得为之。但货样或其他不供贩卖用之米谷而由产业部大臣所定者之输入或输出,不在此限。

第十条　满洲粮谷株式会社欲为米谷之输入或输出时,应依产业部大臣之所定,受其许可。

第十一条　米谷贩卖业人为谋米谷配给之圆滑及价格之适正,应依产业部大臣之所定,受地方行政官署之认可,设立米谷配给组合。

米谷贩卖业人尚未依前项规定设立米谷配给组合时,地方行政官署关于定款之作成或其他设立,得为必要之处分。

第十二条　米谷配给组合为法人。

米谷配给组合,不得以盈利为目的而经营其事业。

第十三条　米谷配给组合决定米谷之零卖价格,对于组合员之配给数量之比率或其他关于米谷之配给事项。

米谷配给组合得除前项之业务外,执行组合之目的达成上必要之业务。

第十四条　米谷配给组合于有设立之认可或依第十一条第二项之规定有定款之作成时成立。

第十五条　米谷配给组合之地区,依新京特别市、市、县或旗之区域。但有特别之事由时,得不依此区域。

第十六条　有米谷配给组合之设立时,地区内之米谷贩卖业人为其组合员。

米谷配给组合得受地方行政官署之认可,将其地区外之米谷贩卖业人为组合员。

第十七条　米谷配给组合为第十三条第一项之决定时,应依产业部大臣之所定,受地方行政官署之认可。其变更时亦同。

地方行政官署认为公益上有必要时,得为前项决定之全部或一部之变更或取消。

第十八条　米谷配给组合未为第十三条第一项之决定时,地方行政官署得命应为其决定或为应代组合决定之决定。

第十九条　地方行政官署认为公益上有必要时,对于米谷配给组合之组合员,得命应从第十三条第一项之决定或依前条规定地方行政官署所为之决定。

第二十条　米谷配给组合之决议或其职员之行为违反法令、定款或行政官署之处分,或认为有害公益或有害公益之虞时,行政官署得为决议之取消、职员之改任或其他必要之处分。

第二十一条　除本法规定者外,关于米谷配给组合必要之事项,由产业部大臣定之。

第二十二条　行政官署认为米谷之管理上有必要时,对于米谷贩卖业人或米谷配给组合,关于其业务得发命令或为处分。

第二十三条　行政官署认为有必要时,得令所属官吏或满洲粮谷株式会社之职员对于与米谷之生产或交易有关系者为质问,或进入种稻地、精米所、贮藏所、销售所、船车其他场所为土地之测量或米谷、账簿其他文书物件之检查或为其他必要之处分。

于前项情形,该官吏或满洲粮谷株式会社之职员,应携带证明其身分之票。

于第一项情形,从事该事务之满洲粮谷株式会社之职员,视为依法令从事公务之职员。

第二十四条　产业部大臣认为公益上有必要时,对于水田之所有人,得命该水田之灌溉、排水或防水施设之变更。

第二十五条　受第二条许可造成水田者或米谷贩卖业人违反本法或根据本法所为之处分时,行政官署得取消其许可。

第二十六条　行政官署关于未受第二条许可所造成之水田,对于其所有人,得命回复原状或为其他必要之处分。关于未受第二条许可所变更之开田区域或灌溉、排水或防水之施设,亦同。

第二十七条　违反第五条规定以米谷之买入为业而为买入者,或违反第九条规定已为或拟为米谷之输入或输出者,处五千圆以下之罚金。

于前项情形,所买入之米谷或已为或拟为输入或输出之米谷而系犯人之所有或所持者,得没收之。如不能没收其全部或一部时,得追征其价额。

第二十八条　不从依第十九条规定之处分者,处三千圆以下之罚金。

第二十九条　未受第二条许可而造成水田者,处一千圆以下之罚金。

第三十条　有左列各款情形之一者,处三百圆以下之罚金。

一、未受第二条许可而变更关于开田或灌溉、排水或防水施设之事项者;

二、违反依第二十二条规定之命令或不从处分者。

第三十一条　关于前四条规定之适用,依康德五年敕令第二二五号关于适用行政法规罚则之件。

附则

第三十二条　本法施行之期日以敕令定之。

第三十三条　本法施行前所造成水田之所有人,或本法施行后于其水田已为或拟为水稻生产之经营者,应依产业部大臣之所定,自本法施行之日起,于六月以内将其旨呈报行政官署。

有前项之呈报时,该水田视为已受第二条许可所造成者。

第一项所揭者,得于第一项呈报为止之间,不拘第三条之规定,于该水田为水稻生产之经营。

第三十四条　本法施行前依康德四年敕令第四四六号《关于根据〈贸易统制法〉之输出及输入限制之件》所为米谷之输入或输出之许可,不拘本法之规定,仍有其效力。

棉花统制法

（康德四年十月七日敕令第二九二号）

修正　康德五年十二月敕令第二八四号

朕依《组织法》第三十六条,经咨询参议府,裁可《棉花统制法》,著即公布。

（国务总理、产业部大臣副署）

第一条　本法以促进棉花之改良增殖、统制其生产及配给而谋棉花经营之健全发达为目的。

第二条　子棉应由产业部大臣指定者收买之。

前项规定者,对于子棉收买之价格、时期及场所,应依产业部大臣之所定,受其认可。（康五·第二八四号本条中修正）

第三条　纺棉作业除前条第一项规定者外,不得为之。但命令另有规定者,不在此限。

第四条　第二条第一项规定者,应依产业部大臣之所定,为播种用种子之保存及配布。

第五条　栽培棉花者,非受第二条第一项规定者配布之种子,不得播种。但命令另有规定者,不在此限。

第六条　产业部大臣认为有必要时,得依命令之所限定期间,为棉花输入或输出之限制。

第七条　第二条第一项规定以外者买入子棉时,处五千圆以下之罚金。（康五·第二八四号本条修正）

第八条　违反依第六条规定之限制为棉花之输入或输出者,处五千圆以下之罚金。

前项罪之未遂犯,罚之。

第九条　于前二条之情形，犯人所有或所持之棉花得没收之，如不能没收其全部或一部时，得追征其价额。（康五·第二八四号本条修正）

第十条　关于前三条规定之适用，依康德五年敕令第二二五号《关于适用〈行政法规罚则〉之件》。

附则

本法自康德四年十月十五日施行。

第二条、第三条及第五条之规定，对于产业部大臣指定之地域，暂时不实行之。

附则（康德五年十二月十四日敕令第二八四号）

本法自公布日施行。

《棉花统制法》施行规则

（康德五年十二月十四日产业部令第四六号）

兹改正《〈棉花统制法〉施行规则》如左。

第一条　依《棉花统制法》第二条第二项规定之子棉收买价格认可声请书，应记载左列事项，于每月二十五日以前提出于产业部大臣。

一、于翌月收买子棉之地域别、品种别及等级别之收买价格；

二、前款所列价格算出之基础及说明。

第二条　依《棉花统制法》第二条第二项规定之子棉收买价格，应参酌子棉生产费、物价其他经济情形及国之棉花奖励方策，按地域别、品种别及等级别定之。

第三条　欲改定已受认可之收买价格时，应将记载左列事项之改定认可声请书，提出于产业部大臣。

一、改正事由；

二、地域别、品种别及等级别之改定收买价格。

第四条　依《棉花统制法》第二条第二项规定之收买时期及场所之认可声请书，应具其事由，于每年八月十日以前提出于产业部大臣。

第五条　欲改正已受认可之收买时期或场所时，应具明其事由，将改正认可声请书提出于产业部大臣。

第六条　产业部大臣已为依《棉花统制法》第二条第二项规定之认可时，公告之。

第七条　合于左列各款之一者，得为轧棉作业。

一、对于国、省、县或旗经营之棉花原种圃所生产之子棉为轧棉作业者；

二、以轧棉供自家用之目的所为之轧棉作业而已受县长或旗长许可者；

三、已受产业部大臣之许可者。

第八条　欲依前条第二款之规定受县长或旗长许可者，应于每年七月末日以前，将记载左列事项之声请书提出于县长或旗长。

一、耕作棉花之种类、面积及收获豫想书；

二、供自家用轧棉之数量及用途；

三、欲为轧棉作业之时期及场所；

四、轧棉机之种类、能力及台数。

第九条　县长或旗长认为有必要时，得对于前条声请书指定供轧棉作业用子棉之种类、数量并轧棉之作业方法、时期及场所。

第十条　依第七条第三款之规定欲受产业部大臣许可者，应将记载左列事项之声请书提出于产业部大臣。

一、轧棉作业之目的；

二、耕作棉花之种类、面积及收获豫想量；

三、供轧棉作业用子棉之种类及数量；

四、欲为轧棉作业之时期及场所；

五、轧棉机之种类、能力及台数。

第十一条　因第七条第一款轧棉作业所生产之轧棉及因同条第二款轧棉作业所生产之棉子，除依第四条规定时期及场所贩卖于《棉花统制法》第二条第一款规定者外，对于他人不得贩卖之。

《棉花统制法》第二条第一项规定者，应于每月十日以前，将上月中依前项规定收买之轧棉或棉子之数量及价格，报告于产业部大臣。

第十二条　为翌年度配布用应保存之种子种类及数量，于每年十月末日以前，由产业部大臣指定之。

《棉花统制法》第二条第一项规定者于有前项指定时，应拟定配布用种子之保存方法、保存场所及配布方法，受产业部大臣承认。

第十三条　欲栽培棉花者，应于每年二月末日以前，将该年度全农产耕作预定面积、棉花品种别、播种预定面积及棉花种子配布希望数量,声报县长或旗长,受其承认。

县长或旗长认为有不得已事由时,虽于前项期间经过后有声报者,亦得承认之。

县长或旗长依前二项之规定已为承认时,应将其棉花种子配布希望数量通知于《棉花统制法》第二条第一项规定者。

第十四条　《棉花统制法》第二条第一项规定者,应基于前条之通告为种子之配布。

第十五条　依前条之规定已受配布之种子,非受县长或旗长许可,不得让渡于他人。

第十六条　依第十四条之规定已受配布之种子,因不得已之事由不得播种时,应速报告县长或旗长,将其种子退还于《棉花统制法》第二条第一项规定者。

第十七条　合于左列各款之一者,虽非由《棉花统制法》第二条第一项规定者,受到配布之种子亦得播种之。

一、播种由国、省、县或旗经营之棉花原种圃或采之种子者;

二、产业部大臣所指定者。

附则

本令自公布日施行。

依第四条规定之认可声请书,于康德五年度,应于康德五年十二月二十日以前提出之。

重要特产物检查法

（康德四年九月十七日敕令第二七三号）

朕依《组织法》第三十六条,经咨询参议府,裁可《重要特产物检查法》,著即公布。

（国务总理、产业部大臣副署）

第一条　欲输出或移出重要特产物者,应依产业部大臣之所定,受检查。

欲将重要特产物依铁道或船舶向国内运出者,亦与前项同。

前二项之检查,委任产业部大臣指定之检查机关行之。

第二条　重要特产物之种类、检查标准及检查手续费,由产业部大臣定之。

第三条　重要特产物非合格于第一条之检查者，不得输出之。但因特别事由受产业部大臣许可时，不在此限。

第四条　检查机关应置检查员。

检查机关关于检查员之选任及解任，应受产业部大臣认可。

产业部大臣认为必要时，得选任检查员。

检查机关应拟具关于检查员服务之规程，受产业部大臣认可。其变更时亦同。

第五条　检查机关应拟具检查规程及关于检查之收支预算，受产业部大臣认可。其变更时亦同。

第六条　产业部大臣得对于检查机关就检查事项为检查，或征取报告或命检查施行上必要之施设或发其他监督上必要之命令或为处分。

第七条　检查机关违反本法或根据本法所发之命令或根据本法或命令所为之处分时，产业部大臣得命停止其检查之全部或一部，或取消第一条之指定，或解任检查员。

第八条　该管官吏认为有违反本法或根据本法所发之命令者时，得进入其人之店铺、仓库、工场其他场所，检查物品、账簿其他物件，寻问关系人，或搜索可以证明其事实之物件或扣押之。

第九条　关于重要特产物之检查，检查机关所附之印文、记号或证票抹消、除却或隐蔽之重要特产物，关于第一条之适用视为未受检查者。

第十条　违反第一条第一项之规定输出或移出重要特产物，或违反第三条之规定输出重要特产物者，处五千圆以下之罚金。

前项罪之未遂犯，罚之。

于前二项情形，犯人所有或所持之重要特产物，得没收之。

如不能没收其全部或一部时，得追征其价额。

第十一条　无正当理由将关于重要特产物之检查，检查机关所附之印文、记号或证票抹消、除却或隐蔽者，处一千圆以下之罚金。

第十二条　无正当理由阻碍依第八条规定之该管官吏之职务执行，或对于寻问不为答辩或为虚伪之答辩者，处三百圆以下之罚金或科料。

　　第十三条　违反第一条第二项之规定运出重要特产物者,处一百圆以下之罚金或科料。

　　第十四条　使用人其他从业员关于本人之业务有合于第十条、第十二条或前条规定之行为时,除罚该行为人外,并处罚本人。但本人如系心神丧失人或关于营业未具有与成年人同一能力之未成年人时,处罚其法定代理人。

　　第十五条　法人之使用人其他从业员关于法人之业务有合于第十条、第十二条或第十三条规定之行为时,除罚该行为人外,并处罚执行业务之社员或职员。

　　执行法人业务之社员或职员有前项之行为时,处罚其社员或职员。

　　第十六条　于第十四条及前条第一项之情形,应受处罚之本人、法定代理人、社员或职员证明无法防止该违反行为时,不罚之。

附则

　　本法施行期日以敕令定之。(依康德四年十二月敕令第四五七号,自康德五年一月一日施行)

《重要特产物检查法》施行规则

(康德四年九月三十日产业部令第一○号)

　　兹制定《〈重要特产物检查法〉施行规则》如左。

　　第一条　《重要特产物检查法》第二条之重要特产物种类如左。

　　一、大豆;

　　二、豆饼;

　　三、豆油。

　　第二条　检查于产业部大臣指定检查地之检查场行之。但受到产业部大臣许可者,得于检查场以外之场所受检查。

　　产业部大臣为前项之指定时,布告之。

　　第三条　重要特产物有左列情形之一者,无须受检查。

　　一、由无检查场之地输出或移出,或依铁道或船舶向国内搬出(以下称为搬出)时;

　　二、青豆、黑豆、茶豆、黑饼、茶色饼、带边饼、板饼、碎饼及粉饼输出或移出或搬出时;

三、青饼、青皮豆饼、特选圆饼、干燥圆饼、光饼及小饼而对此有检查机关之证明者输出或移出或搬出时；

四、受到产业部大臣许可之铭柄之精制豆油输出或移出或搬出时；

五、供试验、调查或种子之用或向博览会、共进会、品评会等出品而对此有官公署之证明者输出或移出或搬出时；

六、为军之所有物而有其证明者输出或移出或搬出时；

七、依铁道之零拨或客车便输出或移出或搬出时；

八、在大豆一吨未满，在豆饼五十枚未满，在豆油一百吨未满者，依铁道以外之输送机关输出或移出时；

九、在大豆六十吨或七百袋未满，在豆饼一千一百枚未满，在豆油三吨未满者，依船舶搬出时。

虽合于前项第八款或第九款之情形，而认为系将各该数量以上分割输出或移出或搬出者时，得行检查。

第一项第七款至第九款揭载之数量，对于特定之地域得变更之。

第四条　于前条第一项第一款之情形，于到着地或田家、图们及开山屯以外之国内通过地有检查场时，须于该检查场受检查。

第五条　产业部大臣为《重要特产物检查法》第一条第三项之指定时，将左列事项布告之。

一、名称及住所；

二、检查开始年月日。

第六条　检查分左列种别行之。

大豆：

一、黄大豆（包含改良大豆及白眉大豆）；

二、间岛大豆（间岛省内生产之黄大豆而于间岛省内受检查者）。

豆饼：

一、大豆普通圆饼。

豆油。

第七条　检查在大豆，关于包装、重量或容量、品质、调制及干燥；在豆饼，关于重量及品质；在豆油，关于品质行之。

第八条　检查呈请人，须依另外所定纳付检查手续费。

第九条　检查之结果，分为合格及不合格。

合格或不合格及合格品之等级，依另定检查标准决定之。对检查之决定，不得声明异议。

　　第十条　检查之结果，依检查规程所定，于检查品或其包装附加证明合格或不合格之印文、记号或证票表示之。

　　第十一条　检查品或其包装，不得附加商标或其他标记。但受到商业部大臣许可者，不在此限。

　　第十二条　检查机关认为有必要时，何时皆得行再检查。

　　第十三条　检查机关无正当事由，不得拒绝检查。

　　第十四条　检查除另有规定者外，依检查规程之所定行之。

　　检查规程记载左列事项。

　　一、行检查之重要特产物种类及种别；

　　二、关于检查场所事项；

　　三、关于检查施行之时间及休日事项；

　　四、关于检查休止事项；

　　五、关于检查呈请之手续事项；

　　六、关于检查施行之顺位事项；

　　七、关于检查标准事项；

　　八、关于检查方法事项；

　　九、关于供试料品之采取事项；

　　十、关于检查使用之印文、记号或请票事项；

　　十一、关于再检查事项；

　　十二、关于检查手续费事项；

　　十三、关于检查之效力及其认定事项；

　　十四、关于检查证明事项；

　　十五、前各款之外关于检查必要之事项。

　　第十五条　检查机关欲受《重要特产物检查法》第四条第二项之认可时，在选任须将检查员之履历书，在解任须将记载其事由之书面，添附于认可呈请书，提出于产业部大臣。

　　第十六条　关于检查员之服务规程，须记载左列事项。

　　一、关于职制事项；

　　二、关于资格及任免事项；

　　三、关于给与事项；

　　四、关于服务规律事项；

五、关于惩戒事项。

第十七条　检查机关每月须作成检查成绩报告书,速提出于产业部大臣。

第十八条　检查机关须将关于检查之会计与关于他事业之会计分别经理之。

第十九条　检查机关须于每事业年度开始之三月前,将关于检查之收支预算认可呈请书提出于产业部大臣。

第二十条　检查机关须于每事业年度终了后二月以内,将关于检查之收支决算书及检查事业报告书提出于产业部大臣。

第二十一条　欲受第二条第一项但书、第三条第一项第四款及第十一条但书之许可者,须将呈请书经由检查机关提出于产业部大臣。

第十一条但书之呈请书,须添附记载图形、径、肉幅及肉色之雏形图。

附则

本则自《重要特产物检查法》施行之日施行。

第十九条之认可呈请书关于康德五年度收支预算,须于本则施行后速提出之。

贸易统制法

(康德四年十二月九日敕令第四四五号)

朕依《组织法》第三十六条,经咨询参议府,裁可《贸易统制法》,著即公布。

(国务总理、经济部、产业部大臣副署)

第一条　政府为调节重要物资之需给或价格认为特有必要者,得依敕令之所定指定期间及物品,除海关出口税税则所定之输出税或海关进口税税则所定之输入税外,课以与其物品价格同额以下之输出税或输入税、减免输出税或输入税或限制或禁止其输出或输入。

第二条　政府为图国际收支之适合或与特定国之输出及输入之均衡,拟调节贸易而认为特有必要者,得依敕令之所定指定期间及物品而限制或禁止其输出或输入。

第三条　政府为应付外国或外国商社所行或拟行之措置而拥护通

商或产业认为特有必要者,得依敕令之所定指定期间及物品,除海关进口税税则所定之输入税外,课以与其物品价格同额以下之输入税或限制或禁止其输出或输入。

第四条　政府关于依前三条规定所为之措置认为有必要者,得对于营关于输出或输入该物品之业之人,命设立以输出或输入之统制为目的之组合,或指定得输出或输入该物品之人。

政府得对于依前项规定所设立之组合或受指定之人,为输出或输入之统制上必要之命令。

第五条　政府得依命令之所定,就依第一条至第三条规定所为之限制或禁止有关系之事项征取报告,或派该管官吏检查账簿其他物件。

第六条　违反依第一条至第三条规定所为之限制或禁止而已为或拟为输出或输入之人,处二年以下之徒刑或五千圆以下之罚金。

于前项情形,已为或拟为输出或输入之物品而犯人所有或所持者,得没收之。如不能没收其全部或一部者,得追征其价额。

第七条　违反依第四条第二项规定之命令之人,处一年以下之徒刑或一千圆以下之罚金。

第八条　违反根据第五条规定所发之命令而不为报告、为虚伪报告或阻障账簿其他物件检查之人,处六月以下之徒刑或一千圆以下之罚金。依据第一条至第三条规定所发之命令,提出于政府之书类内为虚伪记载之人亦同。

第九条　使用人其他之从业员关于本人之业务有抵触本法罚则之行为者,除罚该行为人外,并处罚本人。但本人如系心神丧失人或关于营业未具有与成年人同一能力之未成年人者,则处罚其法定代理人。

第十条　法人之使用人其他之从业员关于法人之业务有抵触本法罚则之行为者,除罚该行为人外,并处罚执行业务之社员或职员。

执行法人业务之社员或职员有前项之行为者,处罚该社员或职员。

第十一条　于第九条或前条第二项之情形,应受处罚之本人、法定代理人、社员及职员证明其曾无法防止该违反行为者,不罚之。

第十二条　本法之罚则,对在本法施行地有住所之人或其使用人其他之从业员在本法施行地外所为之行为,亦适用之。在本法施行地有本店或主事务所之法人业务执行之社员、职员或使用人其他之从业员在本法施行地外所为之行为，亦同。

附则

本法自公布日施行。

《贸易紧急统制法》废止之。但就应于本法施行前适用同法罚则之行为，仍依同法。

关于根据《贸易统制法》之输出及
输入限制之件

（康德四年十二月九日敕令第四四六号）

修正　康德五年七月第一五一号、十二月第二八二号

朕经咨询参议府，裁可《关于根据〈贸易统制法〉之输出及输入限制之件》，著即公布。

（国务总理、经济部、产业部大臣副署）

第一条　自本令施行之日起二年以内，拟输出左列物品之人，应受经济部大臣之许可。

一、玉蜀黍；

二、蓖麻子；

三、高粱；

四、小麦及小麦粉；

五、米；

六、猪毛；

七、马毛；

八、羊毛、山羊毛、山羊绒毛及骆驼毛；

九、生皮及熟皮；

十、毛皮；

十一、木材；

十二、麻袋；

十三、锑矿、锑、硫化锑、锑合金及锑制品；

十四、钼矿、钼及钼铣；

十五、钨矿、钨及钨铣；

十六、萤石；

十七、那弗他林；

十八、硝酸；

十九、黄麻、亚麻、苎麻、大麻、青麻及洋麻；

二十、屑棉纤维；

二十一、屑纸；

二十二、自动车、自动车用内燃机关及自动车车台。（康五·第一五一号、第二八二号本条中修正）

第二条　自本令施行之日起二年以内，拟输入左列物品之人，应受经济部大臣之许可。

一、米；

二、小麦及小麦粉；

三、糖品；

四、烟叶及制造烟；

五、曹达灰。

第三条　本令施行上必要之事项，由经济部大臣定之。（康五·第二八二号本条中修正）

第四条　关于第一条及第二条之许可之主要事项，由经济部大臣与产业部大臣协议定之。

附则

本令自公布日施行。

康德三年敕令第一三六号，废止之。

本令施行前依前项之敕令就小麦、小麦粉或米之输入已受经济部大臣许可之人，视为依本令已受许可。

附则（康德五年七月十四日敕令第一五一号）

本令自公布日施行。

附则（康德五年十二月八日敕令第二八二号）

本令自公布日施行。

原产地证明书发给规则

（康德五年九月一日经济部令第三九号）

兹将《原产地证明书发给规则》制定如左。

第一条 拟输出本国生产或制造之物品者,得对税关长声请发给其原产地证明书。

第二条 拟受原产地证明书之发给者,应将记载关于拟输出物品之左列事项之声请书,提出于就近税关长。

一、品名;

二、数量;

三、价额;

四、记号及号数;

五、包装之种类及个数;

六、生产地或制造地;

七、起运地;

八、指运地。

第三条 拟受原产地证明书之发给者,每一通应缴纳手续费五角。前项之手续费,应以收入印纸缴纳之。

附则

本令自公布日施行。

汇兑管理法

(康德二年十一月三十日敕令第一四一号)

修正 康德四年六月敕令第一四一号、十月第二九三号,五年八月第二〇六号,六年七月第一八四号

朕依《组织法》第四十一条,经咨询参议府,裁可《汇兑管理法》,著即公布。

(国务总理、财政部大臣副署)

第一条 政府得依命令之所定,禁止或限制左列之交易或行为。

一、外国通货或外国汇兑之取得或处分;

二、通货或外国通货之输出或输入;

三、对于外国之汇款中不依前二款所包含之方法者;

四、生金、金之合金、以金为主要材料之物或生银之输出或输送;

五、根据在外国所为之委托而在国内所为之支付;

六、外国汇兑行市之决定。

七、以外国通货标示之证券、债权或债务之取得或处分；

八、对于外国居住人之以国币标示之债权或债务之取得或处分；

九、信用状之发行或取得；

十、对于外国居住人与以信用之行为；

十一、证券之输出或输入；

十二、就价额之全部或一部不经外国汇兑手续之货物之输出或输入；

十三、在外国之财产中不列于第一款、第七款或第八款者之取得或处分。

第二条　政府得依命令之所定，对于关前条之禁止、限制或第四条之处分命令有必要之事项，征求报告或检查账簿及其他物件。

第三条　政府得依命令之所定，将关于外国汇兑之交易限定其对方为满洲中央银行或其他政府所指定者。（康四·第二九三号本条中修正）

第四条　政府得依命令之所定，对于有左列之财产者，命令将该财产卖与满洲中央银行其他政府所指定者，或为其他关该财产必要之处分。

一、生金、生银、外国通货或外国汇兑；

二、以外国通货标示之证券或债权，或以国币标示之对于外国居住人之债权；

三、在外国之财产中，不列于前二款者。

依前项规定命令卖与政府所指定者时之买卖价额，依经济部大臣之所定。

第五条　违背根据第一条或第三条规定所发命令规定之交易或行为之禁止或限制者，处以三年以下之徒刑或一万圆以下之罚金。但该交易或行为之标的物价额之三倍如超过一万圆时，其罚金为该价额之三倍以下。

违背根据第一条规定所发命令而以输出或输入之目的收得通货或外国通货者或拟输出或输入之者，亦与前项同。

违背根据第一条所定所发命令而以输出之目的收得生金、金之合金、以金为主要材料之物或生银者或拟输出之者，亦与第一项同。

不服从关于根据前条规定所发命令规定之生金及其他之处分或卖

与之政府命令者,处以一年以下之徒刑或该生金及其他价额之二倍以下之罚金。

违背根据第二条规定所发命令不为报告或为虚伪之报告,拒阻账簿及其他之检查或依隐蔽账簿书类陈述不实及其他方法妨碍检查者,处以六月以下之徒刑或五千圆以下之罚金。依根据本法所发命令提出于政府之许可声请书及其他书类上为虚伪之记载或依其他方法欺罔政府者,亦同。

第六条 法人之代表人或法人及人之代理人、使用人及其他从业员,关于其法人或人之业务有前条之违背行为时,除处罚行为人外,对于其法人或人,亦科以前条之罚金刑。

第七条 本法之罚则,对于在本法施行地内有本店或主事务所之法人代表人、代理人、使用人及其他从业员在本法施行地外所为之行为,亦适用之。在本法施行地内有住所之人或其代理人、使用人及其他从业员在本法施行地外所为之行为,亦同。

第八条 政府关于以根据第一条规定所发命令规定之交易或行为之许可事务,得令满洲中央银行办理之。

办理前项事务所需之经费,由满洲中央银行担负之。

于第一项情形,从事该事务之满洲中央银行职员视为依法令从事公务之职员。(康五·第二〇六号本条追加)

附则

本法自康德二年十二月十日施行。

《禁止金出口法》废止之。但于本法施行以前应适用同法罚则之行为,仍依同法。

附则(康德四年十月八日敕令第二九三号)

本法自公布日施行。

附则(康德五年八月十八日敕令第二〇六号)

本法自公布日施行。

附则(康德六年七月二十七日敕令第一八四号)

本法自公布日施行。

根据《汇兑管理法》之命令之件

(康德四年十月八日经济部令第二三号)

修正　康德四年十一月敕令第四〇号、五年三月第一三号、十一月第四四号、康德六年七月第二八号

兹将《根据〈汇兑管理法〉之命令之件》制定如左。

第一条　非经经济部大臣之许可，不得输出生金（砂金在内，以下同）、金之合金或以金为主要材料之物或托输送机关输送之。

依前项之规定呈经许可后而输出生金、金之合金或以金为主要材料之物者，应依另项规定，在其输出申告或寄发邮件之际，经由税关或寄发之邮政局，呈报经济部大臣。

第二条　不根据于商业交易之必要及其他实际需要，纯以藉国币或日本国通货（国币及日本国通货，以下简称圆）之汇兑行市之变动以得利益为目的者，不得买卖外国通货（日本国通货不在此例，以下同）或外国汇兑（指由满洲[指满洲国及关东州而言，以下同]向满洲外或由满洲外向满洲所开发之汇票、支票、支付指示书、电汇、邮政汇兑而言。但满洲与日本国间之圆汇兑不在此例，以下同）或满洲外（日本国不在此例，以下同）各地间之圆汇兑。

第二条之二　非外国汇兑银行，不得以买卖外国通货为业。

第三条　非经经济部大臣之许可，不得为左列之交易或行为。

一、买入以圆为对价之外国通货或外国汇兑；

二、卖出以圆为对价之外国汇兑而其对方非为外国汇兑银行者或以抵销买汇为目的者；

三、卖出以外国通货为对价之属于外国汇兑之圆汇兑；

四、买入以外国通货为对价之属于外国汇兑之圆汇兑而以抵销卖汇为目的者；

五、寄送或携带通货、日本国通货、外国通货、支票或票据等及其他向满洲外汇款而不依包含于本条其他各款之方法者；

六、根据在满洲外所为之委托而在国内所为之支付。（康五·第一五号本条中修正）

第三条之二　向满洲外旅行者，由满洲内向满洲外携带通货、日本国通货、外国通货、汇票或信用状（旅行支票在内，以下同）时，应依另项规定，于出发之际，经由通过国境所辖税关，向经济部大臣报告之。（康六·第二八号本条追加）

第三条之三　非经经济部大臣之许可，不得由满洲内向满洲外寄送或携带纸币及日本国银行券之百圆券。（康六·第二八号本条追加）

第四条　有左列情形时，不拘前条之规定，关于为第三条之交易或行为，无须呈请经济部大臣之许可。但除有第三款或第七款所载之情形者外，向满洲外寄送或携带通货、日本国通货或外国通货时，不在此限。

一、因由满洲内向满洲外输出货物（证券不在此例，以下同。本令所称证券者，系指本国或外国之公债、社债、株式或公债、社债之息单而言）或由满洲外向满洲内输入货物有必要时；

二、因将应在本令施行地内支付之公债、社债或银行存款之利息或金钱信托之利益，寄交在满洲外有住所之权利者有必要时；

三、向满洲外旅行者为充作旅费起见，连同其已经取得之信用状（依据第十条第三款之规定而取得者，不在此限）之金额而携带总计在折合国币五百圆以下之通货、日本国通货、外国通货或汇票有必要时；

四、（删除）；

五、因对向满洲外旅行或滞在者可充一年内所需旅费、俸给、给料、津贴、学费其他类此费用，而其金额连同已经取得之信用状之金额，并该旅行者或滞在者出发之际所携带汇款通货、日本国通货、外国通货、汇票及信用状之金额，总计在折合国币五百圆以下者有必要时，或在满洲内滞在者因对在满洲外之家属寄交可充一年内所需生活费用，而其金额为折合国币一千圆以下者有必要时；

六、根据在满洲内或日本国所发行之信用状卖出汇兑或支付款项，或为支付款项而买入汇兑时；

七、因官衙之业务办理时，或根据官衙之需要办理时；

八、除有其他各款情形者外，于一年之中因汇寄或支付在折合国币一百圆以下之款项有必要时。

第五条　非经经济部大臣之许可，不得有偿取得外币证券（系指以外国通货标示之公债、公司债、股份或公债、公司债之息单而言。已经登录之公债、公司债或股份而以外国通货标示者，视为外币证券，以下同）。

康德五年三月二十八日在满洲内所有之外币证券，或依第十一条第一项之规定合法所输入之外币证券，于本令施行地内取得时，不适用前项之规定。（康五·第一三号本条中修正）

第五条之二　非经经济部大臣之许可,不得处分在满洲外之外国之外币证券。但依第十八条第一项之规定,于支付日期届满后卖出时,不在此限。(康五·第一三号本条追加)

第六条　非经经济部大臣之许可,不得受让以圆为对价之外国通货标示之债权(属于外国汇兑及外币证券者,不在此例)。

第七条　非经经济部大臣之许可,不论以何人之计算,不得在满洲内订立存款或消费借贷之契约,以取得外国通货标示之债权或债务。

第八条　非经经济部大臣之许可,不得在满洲内订立信托或保险(再保险及海上保险不在此例,以下同)之契约,以取得外国通货标示之债权或债务。

第九条　非经经济部大臣之许可,不得发行以外国通货标示之地方债或社债,并不得以满洲内或日本国内之财产为担保,而于满洲外举办以外国通货标示之借款或由满洲外居住者举办以圆标示之借款。(康五·第一三号本条修正)

第九条之二　非经经济部大臣之许可,不得对在满洲外居住者之债务提交担保。但依第五条之二之规定呈准许可,以在满洲外所有之外币证券为担保时,不在此限。(康五·第一三号本条追加)

第十条　非经经济部大臣之许可,不得在满洲内取得信用状(向日本国所发行者,不在此例)。但有左列情形时,不在此限。

一、因由满洲外向满洲内输入货物或由满洲内向满洲外输出货物有必要时;

二、向满洲外旅行者为充作旅费取得信用状,而其金额连同该旅行者携带之通货、日本国通货、外国通货及汇票金额,总计在五百圆以下时;

三、因携带或寄送由官衙所领受之旅费及其他给与取得信用状时。

第十一条　非经经济部大臣之许可,不得由满洲外向满洲输入或由满洲向满洲外输出证券。

已为前项之输入或输出者,应依另项所定,在二周以内呈报经济部大臣。但欲向满洲外旅行者,应于出发前呈报之。

第十一条之二　非经经济部大臣之许可,不得由满洲外向满洲内输入纸币或日本国银行券。但有左列情形时,不在此限。

一、旅行者携带输入金额二百圆以下时;

二、因官衙之必要而输入时。（康六·第二十八号本条追加）

第十一条之三　由满洲外向满洲内输入纸币、日本国银行券或外国通货者，应依另项规定，如为携带输入时，经由其到达国境所辖税关；于到达时如为其他场合时，经由输入地所辖税关，于输入后二周间以内，向经济部大臣报告之。（康六·第二八号本条追加）

第十二条　非经经济部大臣之许可，不得对于价额之全部或一部不卖外国汇兑而向满洲外输出货物。但有左列情形时，不在此限。

一、为寄样本或为赠送而输出时；

二、为委托贩卖而输出时，或将为委托贩卖而由满洲外向满洲内所输入之货物向满洲外转发或发回时；

三、于输出货物以前在满洲内由满洲外业将价金领讫时，或为交换在满洲内由满洲外业将价金领讫之货物而输出时；

四、订有于输出货物后二月以内，确实在满洲内由满洲多领受价金之契约时；

五、为支付因由满洲内向满洲外输出货物或由满洲外向满洲内输入货物所需之贩卖佣金、损害赔偿金及其他费用而输出时；

六、输出于检收后方可确定价金之货物时；

七、由邮政局输出价额一千圆以下之物件时，或由铁路以代收货价之办法而输出时；

八、订有以托收款项票据，由满洲外收取价金后即时向满洲内解款之契约，而于一月之中输出价额二万圆以下之物件时；

九、根据官衙之必要而输出时；

十、输出价额百圆以下之物件时；

十一、输出随身行李、迁移行李或船舶用品（渔业用品在内，以下同）。

已根据由满洲外寄来之信用状开发以满洲内之银行为付款人之汇票而卖出之者，或已向满洲内之银行提交装船书类等而与领讫价金者，视为已经卖出外国汇兑。

第十三条　对于价额之全部不卖外国汇兑而向满洲外输出货物者，应依另项规定，在其输出申告或寄发邮件时，经由税关或寄发之邮政局，呈报经济部大臣。但关于左列物件，不在此限。

一、为慈善或救恤之赠送品；

二、官衙输出之物件；

三、价额百圆以下之物件；

四、随身行李、迁移行李或船舶用品。（康五·第一三号、第四四号本条中修正）

第十四条　对于价额之全部或一部业经卖出外国汇兑而向满洲外输出货物者，对于该汇兑之卖出，应依另项规定，在输出申告或寄发邮件之时，经由税关或寄发之邮政局，呈报经济部大臣。但有前条各款情形者，不在此限。

已为前项之报告后，倘其所卖汇兑之金额并未变更时，应依另项规定，在输出认许或寄发邮件后二周以内，附以买汇银行之证明，经由税关或寄发之邮政局，呈报经济部大臣。（康五·第四四号本条中修正）

第十五条　已为前条第一项之报告者，倘其后未卖汇兑或已卖汇兑而变更其金额时，应依另项规定，于输出认许或寄发邮件后二周以内，经由税关或寄发邮政局，呈报经济部大臣。但变更其所卖出汇兑之金额时，须附以买汇银行之证明。

对于价额之全部或一部业经卖出外国汇兑而将货物输出于满洲外者，倘其后偿还或买回其所卖出之汇兑时，应依另项规定，即时经由税关或寄发之邮政局呈报经济部大臣。（康五·第四四号本条中修正）

第十六条　对于价额之全部或一部未经卖出外国汇兑而将货物或证券输出于满洲外者及其他应由满洲外领受该货物或证券之价金者，应于该货物或证券运抵运往地后五月以内，扣除充作该货物或证券在满洲外所需之费用及抵充由满洲外向满洲内输入货物之价金后，将其价金统向满洲内收回之。但已呈经经济部大臣之许可者，不在此限。

关于前项规定之价金之抵充及收回状况，应依另项规定，将各月份于翌月十五日以前，呈报经济部大臣。

第十七条　在满洲内所有之外币证券而届支付日期者，应于其届期后三月以内，在满洲内卖出之或委托代收或在满洲内领受其支付。但已呈经经济部大臣之许可者，不在此限。

第十八条　在满洲外所有之外币证券或应在满洲外领受支付之外币证券之利息或股利已届支付日期者，应于其届期后三月以内领受其支付或卖出之。但已呈经经济部大臣之许可者，不在此限。

卖出在满洲外所有之外币证券或领受其支付时，或在满洲外领受外币证券利息、股利之支付或将其领受支付之权利让与他人时，应于二月以内扣除关于该外币证券、外币证券利息或股利之在满洲外所需之费用后，着手办理调款之手续。但其金额总计折合国币不满千圆者或已呈经经济部大臣之许可者，不在此限。

第十八条之二　非经经济部大臣之许可，不得取得在满洲外之不动产、矿业权、森林采伐权或工业所有权以及有满洲外之国籍之轮船。但有左列情形时，不在此限。

一、一年之中取得价额在折合国币五万圆以下之财产时；

二、为汇寄应取得财产之价金或为支付该价金，已经依第三条或第十条之规定呈准许可时；

三、受矿业权或工业所有权之设定时；

四、因继承或遗赠而取得时；

五、官厅取得时。

第十八条之三　非经经济部大臣之许可，不得为受让事业、营业，或出资或为出资，或为取得在满洲内之财产而处分在满洲外之财产。但有左列情形时，不在此限。

一、为受让在满洲外之事业、营业或出资或为在满洲外出资，而于一年之中处分价额折合国币五万圆以下之财产；

二、依第五条之规定呈经许可而取得外币证券时；

三、依第五条之二之规定呈经许可而处分外币证券时。

第十九条　于康德四年十月八日以后，欲在既存或新设之店铺经营外国汇兑业务之银行，应呈请经济部大臣之许可。

依康德二年财政部令第五十七号《根据〈汇兑管理法〉之命令之件》第十六条之规定，关于经营外国汇兑业务，业经呈报或呈经许可之银行及依前项之规定呈经许可之银行，谓之外国汇兑银行，而其经营外国汇兑业务之店铺，由经济部大臣布告之。

外国汇兑银行欲废止其全部或一部店铺之外国汇兑业务时，或欲变更经营其外国汇兑业务之店铺之名称或位置时，应预先呈报经济部大臣，而经济部大臣经呈报后布告之。

第二十条　外国汇兑银行不拘第三条、第五条、第六条及第十一条之规定，关于为左列交易或行为，无须呈请经济部大臣之许可。

一、为应顾客（银行在内）之要求买卖外国通货或外国汇兑（外国汇兑银行业务上准于外国汇兑者在内）；

二、因依前款规定买卖外国通货或外国汇兑之结果，于必要范围内为调剂资金而买卖外国汇兑（外国汇兑银行业务上准于外国汇兑者在内）或向满洲外汇款；

三、将由满洲外所委托之代收款项之收进款项汇往满洲外；

四、交付由满洲外汇入之汇款；

五、为领受外币证券之支付（根据顾客之委托，代收者在内）于支付日期前三月以内或于支付日期后输出该证券。

第十六条之规定，对于外国汇兑银行输出外币证券时，不适用之。

第十七条及第十八条之规定，对于外国汇兑银行，不适用之。

经济部大臣认为有必要时，关于第一项之交易或行为，得使其呈请许可。

第二十一条　外国汇兑银行为第三条或第十条所载之交易或行为之对方时，应确认顾客（银行在内）关于该交易或行为业依本令之规定呈经许可或并无呈请许可之必要。

第二十一条之二　经济部大臣认有必要时，得指定事项及人，免除本令所定之交易或行为之限制。

第二十二条　外国汇兑银行应依另项规定，将关于外国通货、外国汇兑（外国汇兑银行业务上准于外国汇兑者在内）之买卖及外国汇兑之缺额或多额，满洲与日本国间之圆汇兑之买卖、托收及代收款项之办理、汇入汇款之支付、信用状之发行等之报告书，具呈经济部大臣。

第二十三条　（删除）

第二十四条　（删除）

第二十五条　以证券之买卖或其媒介为主要业务者，应依另项规定，将关于外币证券之买卖或其媒介之报告书，具呈经济部大臣。

第二十六条　康德五年三月一日与满洲外居住者订有以圆标示之存款或消费贷借之契约者，应依另项规定，于本令施行后一个月以内，呈报经济部大臣。但其金额不满千圆时，不在此限。

第二十七条　本令施行后，凡为左列之交易或行为者，应依另项规定，将各月份之报告书于翌月十五日以前，具呈经济部大臣。但每款之交易或行为之标的物之金额总计折合国币不满一千圆时，不在此限。

一、外国通货之取得或处分；

二、外国汇兑之取得或处分；

三、不依前各款所包含之方法之向满洲外之汇款；

四、外币证券之取得或处分；

五、信用状之发行或取得；

六、以外国通货标示之债权（属于外国汇兑及外币证券者不在此限）或以圆标示之对满洲外居住者之债权之受让；

七、以外国通货标示之存款或以圆标示之对满洲外居住者之存款之存入或提出；

八、以外国通货标示之放款或以圆标示之向满洲外居住者之放款之贷放或收回；

九、以外国通货标示之信托之委托或受托；

十、以外国通货标示之保险契约之订立；

十一、以外国通货标示之地方债或公司债之发行或偿还；

十二、以外国通货标示之存款或由满洲外居住者存来之以圆标示之存款之受入或付还；

十三、以外国通货标示之借款或由满洲外居住者举办之以圆标示之借款之借入或偿还；

十四、根据在满洲外所为之委托而在满洲内所为之支付或其受领。

欲向满洲外旅行者，不拘前项之期限，应于出发前报告之。（康五·第一三号、第四四号本条中修正）

第二十七条之二　于本令施行地内与满洲外居住者订有交互计算账目或抵销账目者，应依另项规定，将各月所有之内容于翌月十五日以前，呈报经济部大臣。（康五·第一三号本条追加）

第二十七条之三　于满洲外经营事业或营业者，关于其事业或营业，应依另项规定，将其每年一月至六月及七月至十二月各期间在满洲外所发生之收入、支出状况及与满洲间之汇款及其他资金移动之状况，并各期末在满洲外所有之资产负债之内容，呈报经济部大臣。

依前项之规定应具呈经济部大臣之报告书，应于各期间经过后一月以内，由该地发送之本店或准此者或在新京之店铺接受后，应即时具呈之。

第二十七条之四　在满洲外有财产者（外币证券、存款放款及信托之收益权不在内），应依另项规定，关于其财产将其每年一月至六月及七月至十二月各期间之增减内容及于各期末之结余额呈报于经济部大臣。但该财产之期末结余额总计折合国币不满一万圆时，不在此限。

前项之规定，对于官厅或在满洲外经营事业或营业者，不适用之。

前条第二项之规定，对于第一项准用之。

第二十七条之五　依第二十七条之规定，关于在满洲外之交易或行为应具呈经济部大臣之报告书，应于翌月十五日以前，由当地发送本店或准此者或在新京之店铺接受后即时具呈之。（康五·第一三号本条追加）

第二十八条　有外国通货、外国汇兑或外币证券者订有以外国通货标示之存款、消费贷借、信托或保险之契约者，或与满洲外居住者订有以圆标示之存款或消费贷借之契约者，倘在本令施行地内新置住所时，应依另项规定，于翌月十五日以前呈报经济部大臣。但其金额折合国币不满一千圆时，不在此限。（康五·第一三号本条修正）

第二十九条　依本令规定负有应于一定期限内具呈明细书或报告书之义务者，因灾变及其他不得已之事故于所定期限内不能具呈时，应至其事故终止后即时具其情由，一并具呈之。

第三十条　经济部大臣认为有必要时，得指定事项及人，征求本令规定以外之报告，或免除或延长报告期限本令所定之报告。（康五·第一三号本条中修正）

第三十一条　经济部大臣认为有必要时，无论对于何人，关于与《汇兑管理法》第一条之禁止或限制或关于同法第四条之处分命令认有必要之事项，得令官吏检查其账簿或其他物件。（康五·第一五号本条中修正）

第三十二条　经济部大臣对于有左开财产者，除本令规定者外，得令其卖与满洲中央银行或其他经济部大臣所指定者，或令其为其他关于该财产必要之处分或禁止或限制其处分。

一、生金、外国通货或外国汇兑；

二、以外国通货标示之证券或债权，或对满洲外居住者之以圆标示之债权；

三、在满洲外之财产未载列于前二款者。（康五·第一三号本条修正）

第三十三条　关于依本令之规定呈请经济部大臣许可时及须呈报经济部大臣时之手续，另定之。

第三十四条　对于本令施行地内有住所、营业所或事务所者，在关东州所为之交易或行为于该地域内，倘适用外国汇兑管理法令时，不适用第三条、第三条之二、第五条、第十条、第十一条、第十一条之二及第十二条之规定。（康五·第一三号本条修正，康六·第二八号本条中修正）

附则

本令自公布之日施行。但第十二条至第十五条之规定，自康德四年十月十三日施行之。

康德二年财政部令第五七号，废止之。

附则（康德四年十一月二十七日经济部令第四〇号）

本令自康德四年十二月一日施行。

附则（康德五年三月二十九日经济部令第一三号）

本令自公布日施行。

依第二十七条之二之修正规定应具呈之报告书，须康德五年四月份具呈之；依第二十七条之三及第二十七条之四之修正规定具呈之报告书，须康德五年一月至六月之期间份呈报之。

附则（康德五年十一月八日经济部令第四四号）

本令自康德五年十一月十六日施行。

附则（康德六年七月二十七日经济部令第二八号）

本令自康德六年八月一日施行。

关于《汇兑管理法》之施行手续

（康德四年十月八日经济部令第二四号）

修正　康德五年三月部令第一四号、十一月第四五号，六年七月第二九号

兹制定《〈汇兑管理法〉之施行手续》如左。

第一条　依据康德四年十月八日经济部令第二十三号《根据〈汇兑管理法〉之命令之件》（以下简称命令）之规定，凡关于其交易或行为呈请经济部大臣之许可者，应遵照本令之规定，缮就正副书类各一份，经由就近满洲中央银行（总行及各分支行之谓，以下同），具呈经济部大臣。但有特别规定时，不在此限。

依前项手续呈请许可一事，倘因业务上或其他情由殊有障碍时，应将其情由具呈经济部大臣。此时经济部大臣得规定特别手续。

第二条　关于命令第一条所规定之输出生金、金之合金、以金为主要材料之物件之许可呈请书,必须记载左列事项。

一、呈请人之住所、职业及姓名或商号;

二、欲输出物件之种类、数量、价额,倘其输出物件为金之合金或以金为主要材料之物件时,并其金之含有量;

三、领取人之住所、职业及姓名或商号;

四、欲输出之物件倘系他人之所有时,其所有人之住所、职业及姓名或商号;

五、输送之方法、输出通过之税关名及运往地,倘经由邮政局者,其寄发之邮政局名;

六、输出之预定年月日,倘经由邮政局者,其寄发之预定年月日;

七、输出之目的及必须输出之情由;

八、其他可作参考之事项。

关于欲往外国旅行者之随身携带物品及身边装饰品,得不依前项手续而于通过税关之际,将现品提示于税关官吏,呈请其许可。(康五·第四五号本条中修正)

第三条　关于命令第一条所规定之输送生金及其他之许可呈请书,必须记载左列事项。

一、呈请人之住所、职业及姓名或商号;

二、欲输送物件之种类、数量及价额;

三、输送之方法及委托输送之机关;

四、起运地及运往地;

五、发送人及领取人之住所、职业及姓名或商号;

六、输送之预定时期;

七、输送之目的及必须输送之情由;

八、其他可作参考之事项。

第四条　关于命令第三条第一款所规定之买入外国通货之许可呈请书,必须记载左列事项。

一、呈请人之住所、职业及姓名或商号;

二、外国通货之种类、金额及所在地;

三、卖主之住所、职业及姓名或商号;

四、买入之预定时期;

五、买入之目的及必须买入之情由；

六、其他可作参考之事项。

第五条　关于命令第三条第一款或同条第二款所规定之买入或卖出外国汇兑之许可呈请书，必须记载左列事项。

一、呈请人之住所、职业及姓名或商号；

二、汇兑之种类及金额；

三、汇兑受款人之住所、职业及姓名或商号；

四、汇兑之付款地、付款日期并付款人之住所、职业及姓名或商号；

五、现货或预约之区别，倘系预约时，其受交期；

六、交易对方人之住所、职业及姓名或商号；

七、买入或卖出之预定时期；

八、买入或卖出之目的及必须买入或卖出之情由；

九、其他可作参考之事项。

第六条　关于命令第三条第三款或同条第四款所规定之买入或卖出圆汇兑之许可呈请书，必须记载左列事项。

一、呈请人之住所、职业及姓名或商号；

二、汇兑之种类、金额及应支付或领受之对价之外国通货之种类；

三、自前条第三款至第九款所记载之事项。（康五·第一四号本条中修正）

第七条　关于命令第三条第五款所规定之向外国汇款之许可呈请书，必须记载左列事项。

一、呈请人之住所、职业及姓名或商号；

二、汇款之方法；

三、所汇金额；

四、汇往地；

五、倘有受款人时，其住所、职业及姓名或商号；

六、托他人办理时，其办理人之住所、职业及姓名或商号；

七、汇款之预定时期；

八、汇款之目的及必须汇款之情由；

九、其他可作参考之事项。

第八条　关于命令第三条第六款所规定之根据在满洲外所为之委托而在满洲内所为之支付之许可呈请书，必须记载左列事项。

一、呈请人之住所、职业及姓名或商号；

二、委托人之住所、职业及姓名或商号；

三、支付金额；

四、委托支付之方法；

五、支付对方之住所、职业及姓名或商号；

六、支付之预定时期；

七、倘系纳付时，其货款收回之方法及预定时期；

八、支付人与支付委托人之关系及受支付之委托而承办之理由；

九、其他可作参考之事项。

第八条之二　关于命令第三条之三所规定之纸币或日本国银行券之寄送或携带之许可呈请书，准照第七条之规定，须将必要事项适宜填记之。

欲向满洲外旅行者，应依前项规定，将许可呈请书经由输出通过税关，向经济部大臣提出之。

第九条　关于命令第五条或第五条之二所规定之外币证券之有偿取得或处分之许可呈请书，必须记载左列事项。

一、呈请人之住所、职业及姓名或商号；

二、外币证券之名称、金额、数量及所在地；

三、对价之通货等之种类及预定额；

四、收交外币证券或提交担保物件等之地；

五、交易之对方人或媒介人之住所、职业及姓名或商号；

六、取得、卖出或提交担保物件等之预定时期；

七、取得、卖出或必须提交担保物件等之情由；

八、其他可作参考之事项。

第十条　关于命令第六条所规定之受让以外国通货标示之债权之许可呈请书，必须记载左列事项。

一、呈请人之住所、职业及姓名或商号；

二、债权之种类及金额；

三、债务人之住所、职业及姓名或商号；

四、预定价额；

五、让与人之住所、职业及姓名或商号；

六、受让之预定时期；

七、受让之目的及必须受让之情由；

八、其他可作参考之事项。

第十一条　关于命令第七条或第八条所规定之存款、消费借贷、信托或保险之契约之许可呈请书，必须记载左列事项。

一、呈请人之住所、职业及姓名或商号；

二、存款余额之最高限度或消费借贷、信托或保险之契约金额；

三、契约之种类及预定之主要条件；

四、倘以他人之计算而办理时，则他人之住所、职业及姓名或商号；

五、契约对方人之住所、职业及姓名或商号；

六、契约之预定时期；

七、契约之目的及必须订立之情由；

八、其他可作参考之事项。

前项之许可呈请书，须由当事人双方具呈之。但当事人之一方在本令施行地外时，不在此限。

第十二条　关于命令第九条所规定之发行地方债或公司债或举办借款之许可呈请书，必须记载左列事项。

一、呈请人之住所、职业及姓名或商号；

二、地方债或公司债之发行预定额或借款之借入预定金额及预定之主要条件；

三、担保物件之种类、数量及所在地；

四、地方债或公司债之预定发行地或预定借入地；

五、契约对方人之住所、职业及姓名或商号；

六、发行地方债或公司债或借款之预定时期；

七、发行地方债或公司债或借款之目的及必须发行或借款之情由；

八、其他可作参考之事项。

第十二条之二　关于命令第九条之二所规定之提交担保物件之许可呈请书，必须记载左列事项。

一、呈请人之住所、职业及姓名或商号；

二、提交担保物件之预定时期；

三、担保物件之种类、数量及所在地；

四、为债务人之在满洲外居住者之住所、职业及姓名或商号；

五、债权人之住所、职业及姓名或商号；

六、债务之金额及主要条件；

七、必须提交担保物件之情由；

八、其他可作参考之事件。

第十三条　关于命令第十条所规定之取得信用状之许可呈请书，必须记载左列事项。

一、呈请人之住所、职业及姓名或商号；

二、信用状之种类、金额及主要条件；

三、根据信用状开发票据之开票人之住所、职业及姓名或商号；

四、信用状发行人之住所、职业及姓名或商号；

五、取得之预定时期；

六、取得之目的及必须取得之情由；

七、倘系旅行信用状时其旅行之预定计画，如另有为同一旅行而取得之信用状时并其金额，如另有携带或寄送之旅费时并其金额；

八、其他可作参考之事项。

第十四条　关于命令第十一条第一项所规定之输入或输出证券之许可呈请书，必须记载左列事项。

一、呈请人之住所、职业及姓名或商号；

二、证券之名称、数量及所在地；

三、取得证券之原因及时期；

四、证券之发送人及领取人之住所、职业及姓名或商号；

五、倘证券系他人之所有时，其所有人之住所、职业及姓名或商号；

六、输送之方法，倘系输入时，并其邮件寄发地或输入通过之税关名，倘系输出时，并其寄发之邮政局名或输出通过之税关名；

七、输入或输出之预定时期，倘经由邮政局输出时，其寄发之预定时期；

八、倘证券为买卖之标的物时，其价金清账之方法及预定时期；

九、输入或输出之目的及必须输入或输出之情由；

十、其他可作参考之事项。（康五·第四五号本条中修正）

第十五条　欲携带输入证券者，得于抵至输入通过税关之际，将前条所规定之输入许可呈请书正副二份，经由该税关具呈经济部大臣。

第十五条之二　关于命令第十一条之二所规定之纸币或日本国银行券之输入许可呈请书，必须记载左列事项。

一、呈请人之住所、职业及姓名或商号；

二、纸币或日本国银行券之名称、种类、数量及金额；

三、纸币或日本国银行券之取得原因及时期；

四、纸币或日本国银行券之发送人及领取人之住所、职业及姓名或商号；

五、倘纸币或日本国银行券属他人所有时，其所有者之住所、职业及姓名或商号；

六、输送之方法、发出地及输入通过税关所在地；

七、输入之预定时期；

八、输入之目的及其他必要之理由；

九、其他可作参考之事项。

前项之许可呈请书，应将正副二份经由输入通过税关，向经济部大臣提出之。（康六・第二九号本条追加）

第十六条　关于命令第十二条第一项所规定之对于价额之全部或一部不卖外国汇兑而输出货物之许可呈请书，必须记载左列事项。

一、呈请人之住所、职业及姓名或商号；

二、输出货物之品名、数量及价额；

三、受货人之住所、职业及姓名或商号；

四、倘货物系他人之所有时，其所有人之住所、职业及姓名或商号；

五、输送之方法、输出通过之税关名，倘经由邮政局时，其寄发之邮政局名；

六、货物价金之领受方法、价金支付人之住所、职业及姓名或商号并领受之预定时期；

七、由在国内之人领受价金之交付时，其支付人之住所、职业及姓名或商号；

八、倘有他人由外国领受其价金时，则他人之住所、职业及姓名或商号；

九、输出之预定时期，倘经由邮政局时，其寄发之预定时期；

十、不卖外国汇兑之理由；

十一、其他可作参考之事项。（康五・第四五号本条中修正）

第十七条　关于命令第十六条第一项但书所规定之不收回对于价额之全部或一部未卖汇兑而输出之货物或证券之价金或延长其收回期

限之许可呈请书,必须记载左列事项。

一、呈请人之住所、职业及姓名或商号;

二、输出申告、寄发邮件之手续,倘由他人办理时,则他人之住所、职业及姓名或商号;

三、受货人之住所、职业及姓名或商号;

四、输出货物之品名或输出证券之名称、数量、价额及发票金额;

五、输出之时期及输送之方法;

六、输出货物或证券之运往地及到货时期;

七、不收回之金额或必须延长收回期限之金额;

八、延长收回期间时,其收回之预料时期及方法;

九、不收回或必须延长收回期间之理由;

十、其他可作参考之事项。

第十八条　关于命令第十七条或第十八条第一项之各但书所规定之延长外币证券等之卖出期限、委托代收或领受付款之期限之许可呈请书,必须记载左列事项。

一、呈请人之住所、职业及姓名或商号;

二、外币证券之名称、数量及所在地;

三、外币证券、外币证券利息或股利之支付期日及支付金额;

四、必须延长期限之金额;

五、卖出、委托代收或领受付款之预料时期;

六、必须延长期限之理由;

七、其他可作参考之事项。

第十九条　关于命令第十八条第二项但书所规定之不调回外币证券等之代价或延长其调款期限之许可呈请书,必须记载左列事项。

一、呈请人之住所、职业及姓名或商号;

二、外币证券之名称、数量及所在地;

三、外币证券、外币证券利息或股利之卖出时期或领受其付款之时期及金额;

四、卖出人或付款人之住所、职业及姓名或商号;

五、不调回之金额或必须延长调款期限之金额;

六、延长调款期限时,其调款之预料时期及方法;

七、必须不调款或延长调款期限之理由;

八、其他可作参考之事项。

第十九条之二　关于命令第十八条之二所规定之取得不动产等之许可呈请书，必须记载左列事项。

一、呈请人之住所、职业及姓名或商号；

二、取得之不动产等之种类、数量及其所在地；

三、取得之对方人之住所、职业及姓名或商号；

四、对价之通货等之种类、数量、价额及其所在地

五、取得之预定时期；

六、必须取得之情由；

七、其他可作参考之事项。（康五·第一四号本条追加）

第十九条之三　关于命令第十八条之三所规定之财产之处分许可呈请书，必须记载左列事项。

一、呈请人之住所、职业及姓名或商号；

二、出资地、受让事业、营业或出资或取得财产之对方人之住所、职业及姓名或商号；

三、出资或受让出资时，其出资额及其出资地之事业或营业之财产及损益之状况；

四、受让事业或营业时，其事业或营业之所在地、种类、财产及损益之状况；

五、取得财产时，其财产之种类、数量、价格及所在地；

六、为受让或取得对价之通货等之种类、数量、价额及所在地；

七、所处分之财产之种类、数量、价额及所在地；

八、处分及出资、受让或取得之预定时期；

九、必须处分及出资、受让或取得之情由；

十、其他可作参考之事项。

第二十条　命令第十九条第一项所规定之欲经营外国汇兑业务时之许可呈请书，必须记载左列事项。

一、呈请银行之住所及商号；

二、欲经营外国汇兑业务之店铺名称及其所在地；

三、前款店铺之开始外国汇兑业务之时期；

四、必须经营外国汇兑业务之理由；

五、其他可作参考之事项。

第二十一条　命令第十九条第三款所规定之呈报书,必须记载左列事项。

一、呈报银行之住所及商号;

二、欲废止外国汇兑业务时,其店铺之名称及所在地、名称,或欲变更店铺之名称或位置时,其新旧店铺名称或新旧店铺所在地;

三、废止或变更之时期;

四、必须废止或变更之理由;

五、其他可作参考之事项。

第三十二条　(康五·第四五号删除)

第二十三条　对于法人之代表人、代理人、使用人及其他从业人在外国所为之交易或行为呈请许可时,需由法人之本店、主要事务所或新京所在之店铺具呈呈请书。此时必须将为其交易或行为者之住所、职业及姓名或商号一并记载之。

对于人之代理人、使用人及其他从业人在外国所为之交易或行为呈请许可时,须由本人或使用主人具呈呈请书。此时必须将为其交易或行为者之住所、职业及姓名或商号一并记载之。

第二十四条　命令第一条第二项、第十一条第二项、第十三条至第十五条、第十五条第二项、第二十二条、第二十五条、第二十七条、第二十七条之二或第二十七条之四第一项所规定之应具呈经济部大臣之报告书,除另有规定者外,必须依据本令各附属格式填就正副二份后,除依命令第一条第二项、第十三条至第十五条所规定之报告书外,必须经由就近满洲中央银行具呈之。

依前项之手续依据本令附属格式呈报一事,倘因业务上或其他情由殊有障碍时,得将其情由具呈经济部大臣。此时经济部大臣得规定特别手续。

根据命令第三条之二或第十一条之三所规定之应向经济部大臣提出之报告书,应依另纸之格式,缮就一份提出之。

依命令第二十七条之三第一项之规定应向经济部大臣具呈之报告书,须填就正副二份,经由就近满洲中央银行呈报之。

依命令第二十八条所规定之呈报书,应准照命令第二十七条所规定之报告书之格式填具之。

命令第十九条第三项所规定之呈报书及前项之呈报书,必须缮就正副二份,经由就近满洲中央银行具呈之。

附则

本令自公布日施行。

康德二年财政部令第五十八号,废止之。

附则(康德五年三月二十九日经济部令第一四号)

本令自公布日施行。但对于关于康德五年三月三十一日以前之交易或行为,依命令第二十七条之规定应提出之外币证券库存额之增减报告书、外币存款额之增减报告书、外币贷款额之增减报告书、外币标示之保险契约报告书或外币借款额之增减报告书,及依命令第十六条所规定之价金之抵充及收回价金报告书,仍照旧例。

附则(康德五年十一月八日经济部令第四五号)

本令自康德五年十一月十五日施行。

对在康德五年十月三十一日以前之交易或行为,应提出之报告书,仍依从前之例。

附则(康德六年七月二十七日经济部令第二九号)

本令自康德六年八月一日施行。

产业、金融

商工公会法

(康德四年十二月一日敕令第三七九号)

朕依《组织法》第三十六条,经咨询参议府,裁可《商工公会法》,著即公布。

(国务总理、经济部、产业部大臣副署)

第一条　商工公会以谋商工业之改善发达为目的。

第二条　商工公会为法人。

第三条　商工公会之地区依新京特别市、市及街之区域。但有特别情形者,不在此限。

第四条　商工公会之名称中,应用商工公会之文字。

非商工公会不得于其名称中,用示为商工公会之文字。

第五条　拟设立商工公会者,依第十二条第一项及第十四条规定,应为会员之人三十人以上为发起人，经应为会员之人三分之二以上之同意，开创立总会、订定定款其他必要事项，应受主管部大臣之认可。

第六条　商工公会于有前条设立之认可之日成立。

商工公会成立后，职员任命以前之必要事务，由发起人行之。

第七条　已有前条设立之认可者，具有第十二条之条件之人，视为全部加入者。

第八条　主管部大臣为商工业之助长或统制认为有必要者，得对于商工公会地区内之商工业人，命应服从商工公会所定之营业条件。

第九条　定款应记载左列事项。

一、名称、地区及事务所之所在地；

二、参事之定数；

三、职员之定数及权限；

四、关于会议之规定；

五、关于事业及其执行之规定；

六、关于庶务及会计之规定。

第十条　商工公会为达成其目的，执行左列事业。

一、关于商工业之连络调整；

二、关于商工业之调停或仲裁；

三、关于商工业之通报；

四、关于商工业之指导；

五、关于商工业之仲介或斡旋；

六、关于商工业之证明或鉴定。

七、关于商工业之调查；

八、关于商工业之营造物之设置或管理；

九、其他为企图商工业改善发达之必要事业。

第十一条　商工公会对于会员，依定款所定，得命达成商工公会目的之必要事项。

第十二条　商工公会之会员，须具有左列条件之人。

一、帝国人民或依帝国法令设立之会社或经主管部大臣认许之会社者；

二、于商工公会地区内有本店、支店及其他营业场者；

三、以自己名义为商行为营业者，于商工公会地区内，将营业税或法人营业税一年间缴纳命令所定之额以上者,但对于地区外尚有营业场之人之纳税额算出方法,以命令定之。

于前项第三款纳税额决定以前,以其最近所决定之一年间纳税额视为其纳税额。

会社之资本或以财产为目的之出资系命令所定金额以上者,虽未具有关于第一项第三款之纳税条件,仍为第一项之会员。

对于因继承而继承被继承人之身分之人,关于第一项第三款纳税之条件被继承人所具有者,视为该人具有者。

对于合并后存续之会社或因合并而设立之会社,准用前项规定。

第十三条 商工公会认为必要者,依定款所定,虽未具有前条第一项之条件之人,得为会员。

第十四条 依帝国法令所设立之关于商工业之团体而在商工公会地区内有主事务所者,得为商工公会之会员。

于前项情形,团体员得不加入商工公会。

第十五条 主管部大臣认为必要者,不拘前三条之规定,在商工公会地区内有本店、支店及其他之营业场、主事务所或住所者,得指定为特别会员。

第十六条 商工公会置参事总会。

第十七条 参事总会以主管部大臣所选任之参事及铨衡委员所选定之参事组织之。

关于铨衡委员之事项,由主管部大臣定之。

第十八条 参事为名誉职。

第十九条 参事之任期为四年。

补阙参事之任期,为其前任者之残任期间。

第二十条 左列事项须经参事总会之议。

一、定款之变更;

二、经费之预算及赋课征收方法;

三、事业报告及收支决算之承认;

四、借入金;

五、顾问之选任或解任;

六、过怠金之赋课;

七、商工公会之合并或解散;

八、其他重要事项。

前项第一款至第五款及第七款所揭事项之议决，应受主管部大臣之认可。

第二十一条　参事总会由会长招集之。

参事总会之议长为会长。

关于参事总会议事之事项，以定款定之。

第二十二条　商工公会置左列职员。

会长　一人

副会长　三人以内

理事　十人以内

会长代表商工公会综理会务。

副会长辅佐会长，会长遇有事故时代理其职务。副会长二人以上者，其代理顺序依定款定之。

理事辅佐会长及副会长掌理会务。

第二十三条　职员为名誉职。

商工公会得以定款规定职员为有给职。

第二十四条　商工公会之职员，由主管部大臣任免之。但非会员之理事，不得超过其总数之二分之一。

第二十五条　商工公会依定款所定，就重要事项为咨问计，得置顾问。

顾问为名誉职。

第二十六条　商工公会为应必要，得置商业部、工业部或其他之部。

部之名称、组织、权限及其他关于部之必要事项，以定款定之。

第二十七条　商工公会对其会员，得赋课经费。

关于前项经费赋课之限制及方法，以命令定之。

第二十八条　商工公会依定款所定，得向违反定款者征收过怠金。

第二十九条　如有滞纳经费或过怠金之人而有会长之请求时，新京特别市、市、县或旗依地方税之例处分之。于此情形，商工公会应交付其征收金百分之四于新京特别市、市、县或旗。

前项之征收金次于新京特别市、市、县或旗其他准此者之征收金有优先权。对其时效，依地方税之例。

关于经费之赋课或过怠金之征收,得为诉愿。

第三十条　商工公会依定款所定,得征收使用费及手续费。

第三十一条　商工公会虽解散后,在清算目的范围内,仍视为存续。

第三十二条　商工公会解散者,应由参事总会选任清算人。清算人缺员者亦同。

清算人之选任,应受主管部大臣之认可。

第三十三条　如无依前条之规定为清算人之人者,由主管部大臣选任之。

第三十四条　清算人代表商工公会,有为清算必要之一切行为之权限。

第三十五条　清算人定清算及财产处分方法,经参事总会之议决后,应受主管部大臣之认可。

参事总会不为或不能为前项之议决者,清算人应受主管部大臣之认可,定清算及财产处分之方法。

第三十六条　商工公会虽解散后,为还清其债务,得赋课征收必要之金额。

关于前项之赋课征收,准用第二十七条及第二十九条之规定。

第三十七条　主管部大臣认为有必要者,不论何时,得命商工公会报告会务或财产之状况,或使所部官吏检查金库账簿其他诸般之文书物件。

第三十八条　主管部大臣关于商工公会之会务,得为公益上或监督上必要之命令。

第三十九条　主管部大臣认为商工会之决议有违反法令或定款或有害公益者,得取消其决议。

主管部大臣认为商工公会之参事、职员或清算人之行为有违反法令或定款或有害公益者,得解任之。

第四十条　商工公会为共同达成其目的,得设立省商工公会。

省商工公会之地区依省之区域。

第四十一条　省商工公会为法人。

拟设立省商工公会时,由五以上商工公会为发起人,经商工公会总数之三分之二以上之同意,开创立总会,订定定款其他必要事项,应受主管部大臣之认可。

已有前项设立之认可者,该区域内之商工公会视为全部加入者。

第四十二条　省商工公会置总会。

总会以所属商工公会之代表人组织之。

第四十三条　省商工公会依定款所定,得向所属商工公会分赋经费及征收过怠金。

第四十四条　第四条、第六条、第八条至第十一条、第十八条至第二十六条、第二十七条第二项、第二十九条第三项及第三十条至第三十九条之规定,于省商工公会准用之。

第四十五条　主管部大臣得将本法所规定职权之一部,委任省长或新京特别市长。

第四十六条　第三条中称街者,在未施行街制之地谓准于街者。

第四十七条　违反第四条第二项规定之人,处一千圆以下之过料。

第四十八条　违反第八条规定之主管部大臣之命令之人,处一千圆以下之过料。

第四十九条　于本法,主管部大臣为经济部大臣。但关于第八条为经济部大臣及产业部大臣。

经济部大臣关于其所管之重要事项,应与产业部大臣协议。

附则

第五十条　本法自康德四年十二月一日施行。

第五十一条　本法施行之际现存商会其他准此之团体,视为与本法施行同时根据本法设立之商工公会。

第五十二条　前条之团体,本法施行之际在同一地区内存有二以上者,于本法施行后六月以内,应依合并之手续设立一商工公会。

第五十三条　关于前二条之施行必要之事项,以命令定之。

《商工公会法》施行规则

（康德四年十二月一日经济部令第四九号、产业部令第二三号）

兹制定《〈商工公会法〉施行规则》如左。

第一章　商工公会
第一节　设立

第一条　拟设立商工公会者,发起人应以记载左列事项之书面,对应为会员之人征求设立之同意。

一、设立之理由；

二、地区；

三、事业计画之概要；

四、一事业年度之经费收支概算。

设立之同意，应于前项书面记名盖印为之。

第二条 已有法定之同意者时，发起人应速召开创立总会。拟召开创立总会时，至少于十四日以前，应将会议之目的事项、日时及场所通知应为会员之人。

第三条 于创立总会，得以代理人行使议决权。但非应为会员之人，不得为代理人。

代理人应提出凭证代理权之书面。

第四条 创立总会终结时，发起人应具设立认可声请书，速同证明已有法定之设立同意者之书面、定款、创立总会议事录誊本及记连左列事项之书面，速呈议主管部大臣。

一、设立之理由；

二、地区；

三、事业计画之概要；

四、应为会员之人之营业种目别之数；

五、一事业年度之经费收支概算；

六、新京特别市或市与市街村或街与街村合为一地区时，则《商工公会法》第三条但书之事由。

第五条 已认可商工公会之设立时，主管部大臣任命职员布告左记事项。

一、名称、地区及事务所之所在地；

二、会长、副会长及理事之姓名及住所。

第六条 发起人已任命职员时，应速交卸一切事务与职员，且已选定参事后，要求召开参事总会，报告经执行事务，要求其承认创立费及其清偿方法。

前项参事总会，应议决经费之预算及赋课征收方法。

商工公会应将经第一项承认之创立费及其清偿方法呈报主管部大臣。

第二节　铨衡委员

第七条　铨衡委员，每各省及新京特别市设置之。

前项之委员，以委员长一人、常任委员若干人为之，且有必要时，得置临时委员。

第八条　委员长以省长或新京特别市长充之。

常任委员及临时委员，由地方行政官署之高等官或富有学识经验者之中，省长或新京特别市长任命之。

第九条　委员长监督常任委员及临时委员，掌理关于参事铨衡一切之事务。

第十条　商工公会经准设立认可时，铨衡委员会应速选定参事。参事之任满、死亡或退任时亦同。

前项之参事选定终了时，委员长应添附其履历书，如或团体者，则其代表人之履历书，将其姓名、名称报告主管部大臣，并通知商工公会。

代表人变更时亦同。

第三节　管理

第十一条　《商工公会法》第十二条第一项第三款之纳税额规定如左。

在新京特别市及市内有事务所者　二十圆；

其它　十圆。

第十二条　对于《商工公会法》第十二条第一项第三款但书所载者，在商工公会地区所属之新京特别市、市、街或村有营业税或法人营业税之定率者，以依其定率之本税额，视为在其地区内之纳税额。

前项之定率无规定时，商工公会应规定应视为在其地区内之纳税额之金额，受主管部大臣之认可。

第十三条　《商工公会法》第十二条第三项所载会社，以会社之资本或财产为目的之出资金额，定为五万圆。

第十四条　会员会社或团体，应定其代表人。

一人于同一商工公会，不得为二以上会社或团体之代表人。

第十五条　主管部大臣于选任职员时未特定任期者，其职员之任期自选任日起为四年。

第十六条　商工公会依定款所定，为处理商工公会日常会务，得由理事中以若干人为常务理事。

已选定前项之常务理事时,商工公会应速将其姓名呈报主管部大臣。其变更时亦同。

第十七条 拟选任顾问时,商工公会应速添附其履历书,如系会社者,则其代表人之履历书,将认可声请书呈报主管部大臣。

拟解任顾问时,商工公会应速将记载其姓名或名称及解任事由之认可声请书,呈报主管部大臣。

第十八条 商工公会之事业年度以每年一月一日为始,以十二月三十一日为止。

第十九条 商工公会应以受设立认可之日及每年一月一日之现在编造会员名簿。

会员名簿应记载会员之姓名或名称、出生年月日、住所、营业种类、纳税种目及在其地区之纳税额。

以具有第十三条所定金额以上之资本额或财产为目的之出资额之会社,及《商工公会法》第十三条之会员而未具有关于纳税之条件者,替代前项之纳税种目及纳税额,应记载以资本或财产为目的之出资金额。

依《商工公会法》第十四条之规定,在会员团体替代第一项之纳税额,应记载其所属各团体员一年间之营业税,或在法人营业税地区内之纳税额之总额。

第二十条 商工公会会员名簿编造完成时,在事务所或指定场所供关系人十四日以上之纵览。

商工公会于纵览之日前三日,应公告其纵览期间及场所,并呈报主管部大臣。

第二十一条 关系人关于会员名簿有不服者,在纵览期间内对商工公会得声明异议。

商工公会接到前项所声明之异议,自接受声明之日起十四日以内应决定之,并通知异议声明人或关系人。

不服前项决定之异议声明人或关系人,自接到决定通知之日起三十日以内,得声请省长或新京特别市长之裁决。

第二十二条 会员名簿纵览期间满了后,经过二十日确定之。

会员名簿在翌年名簿确定之日以前保存之。

依前条规定,商工公会为决定或依省长或新京特别市长之裁决须修正名簿者,商工公会应即修正之。会员有加入或脱退时亦同。

已修正会员名簿时,商工公会应公告其意旨并呈报主管部大臣。

第二十三条　于第二十一条之情形决定确定之,或依省长或新京特别市长之裁决以致会员名簿无效时,应从新编造之。

会员名簿编造后遇有商工公会地区扩大时,其新属地区之会员应追加之。

于此情形,准用第十九条至前条及前项之规定。

对于前二项规定之名簿编造、追加、纵览、确定及声明异议之关于商工公会决定之期日及期间,依省长或新京特别市长之决定。

第二十四条　加入商工公会团体之团体员具有《商工公会法》第十二条第一项之条件者,不欲加入商工公会时,应将其意旨经由所属团体长报告商工公会。

前项之团体员已脱退其团体者,其团体长应速将其意旨报告商工公会。

第二十五条　商工公会对于会员以一年间之营业税或在法人营业税之地区内之纳税额为标准,依在其百分之十以内所定之赋课率,得赋课其经费。

商工公会受主管部大臣之认可时,得超过前项之限制,赋课其经费。

第二十六条　以具有第十三条所定金额以上之资本额或财产为目的之出资额之会社,及《商工公会法》第十三条之会员而未具有关于纳税之条件者,依以资本或财产为目的之出资金额之万分之二以内为标准,得赋课经费。

第二十七条　商工公会依《商工公会法》第十四条规定,对会员团体以其所属各团体员一年间营业税或在法人营业税之地区内之纳税额之总额为标准,依其百分之五以内所定之率,得赋课其经费。

第二十五条第二项之规定,于前项之情形准用之。

第二十八条　商工公会不得对于会员超过自负担经费义务发生之月起至其消灭之月止之月额赋课经费。但已征收之经费,依定款所定,得不退还之。

第二十九条　商工公会之事业年度未满一年者,第二十五条至第二十七条之赋课率，以其年度开始之月至终了之月止之月额计算之。

第三十条　接到商工公会之经费赋课或过怠金征收之通知者，有不服其处分时，自其接到通知之日起三十日以内，得向商工公会声明异议。

商工公会接到前项声明异议时，应速经参事总会之议决定之，通知异议声明人。

第三十一条　接到前条第二项之决定者，有不服其决定时，自接到通知之日起三十日以内，得诉愿于省长或新京特别市长。

第三十二条　第二十五条至前条之规定，为清偿《商工公会法》第三十六条规定之债务所必要之金额赋课征收之际，准用之。但其赋课率，得不依第二十五条至第二十九条之限制。

第三十三条　接到《商工公会法》第二十九条第一项滞纳处分者，有不服其处分时，自接到处分日起三十日以内，关于以市、街或村为地区之商工公会，得向市长、县长或旗长声明异议；以新京特别市为地区者，得向新京特别市长声明异议。

第三十四条　接到对前条之声明异议之决定者，有不服其决定时，自接到通知日起三十日以内，关于以市、街或村为地区之商工公会，得诉愿于省长；以新京特别市为地区者，得诉愿于主管部大臣。

关于对前条之声明异议之决定，商工公会亦得诉愿。

第三十五条　对于依《商工公会法》第十五条之规定，特别会员之经费之赋课，由主管大臣定之，通知商工公会。

第十一条至第十三条及第二十五条至第三十一条之规定，对特别会员不适用之。

第三十六条　商工公会于每年三月末日前，应于上年度之收支决算及事业报告书添附上年度末日之现在财产目录及贷借对照表，呈主管部大臣，受其认可。

第三十七条　拟行借款时，商工公会应具其借入金额、利率、期间、有无担保之种类、贷款人、借款必要之事由并记载偿还方法之书面，缴主管部大臣，受其认可。

第三十八条　商工公会每年十二月末日以前，应将其翌年度经费预算及赋课征收方法之认可，声请主管部大臣。但在商工公会之新设立者，应自议决之日起，于七日以内声请认可。

经费预算及赋课征收方法变更之认可，应自议决之日起，于七日以内声请认可。

第三十九条　关于《商工公会法》第二十条第一项第一款至第五款及第七款之议决认可声请书，应添附会议议事，录之誉本。

第四节　清算

第四十条　商工公会已解散时，由主管部大臣布告其旨。

第四十一条　商工公会已选任清算人时，应速添附其履历书。如解任时，具其事由，同认可声请书呈缴主管部大臣。

第四十二条　认可清算人之选任或解任，或选任或解任清算人时，由主管部大臣布告其姓名及住所。

第四十三条　清算人自就职之日起六个月以内，应规定清算及财产处分方法，经参事总会之议。

前项之清算及财产处分方法，经过参事总会之议时，应将认可声请书添附财产目录及贷借对照表，于七日以内呈缴主管部大臣。

参事总会在第一项之期间内不为议决或不能时，清算人应具其事由，定清算及财产处分方法，于期间经过后七日以内，于认可声请书添附财产目录及贷借对照表，呈缴主管部大臣。

第四十四条　清算结了时，清算人应添附关于清算之一切书类，将其意旨呈报主管部大臣。

第二章　省商工公会

第四十五条　省商工公会对于商工公会以最近经费赋课标准所为之一年间纳税额总额为标准，于其百分之一以内之定率，得分赋其经费；并以最近其经费赋课标准所为之缴纳资本及财产为目的之出资金额为标准，于其二十万分之一以内之定率，得分赋其经费。但依定款所定，不妨以经费二分之一为限，以商工公会之上年度预算额为标准分赋之。

第四十六条　第二十一条、第二十九条及前条之规定，依《商工公会法》第四十四条规定所准用之。《商工公会法》第三十六条规定，为清偿债务分赋征收必要金额时，准用之。但其分赋率，得不依前条之规定。

第四十七条　接到省商工公会经费分赋或过怠金征收通知者，有不服其处分时，自接到通知之日起三十日以内，得向省商工公会声明异议。

第三十条第二项及第三十一条之规定，前项异议之声明准用之。

第四十八条　第一条至第六条、第十五条至第十八条、第十九条第一项、第二十八条、第二十九条及第三十六条至第四十四条之规定，省商工公会准用之。但第四条第二款、第四款及第六款，不在此限。

第三章　杂则

第四十九条　依《商工公会法》或根据同法所发之命令，向主管部大臣应提出之书类，应经由省长或新京特别市长。

第五十条　商工公会应以定款规定本则所定告示之方法。

第五十一条　本则自《商工公会法》施行日施行。

第五十二条　《商工公会法》第五十一条之商工公会依《商工公会法》第五十二条规定不为合并者，于本则施行后二个月以内，作成《商工公会法》第九条规定之定款，添附记载左列事项之书面，受主管部大臣之认可。

一、沿革概要；

二、会员营业种目别之数；

三、事业计画概要；

四、一事业年度之收支概算。

第五十三条　主管部大臣已为前条之认可时，任命职员布告左列事项。

一、定款变更之年月日；

二、名称、地区及事务所所在地；

三、会长、副会长及理事之姓名及住所。

第五十四条　职员已任命后，应速接办一切之事务，且参事选定后，召集参事总会，附议经费预算及赋课征收方法。

第五十五条　经奉第五十二条之认可时，铨衡委员应速为参事之选定。

第十条第二项规定，于前项情形准用之。

第五十六条　《商工公会法》第五十一条之商工公会依《商工公会法》第五十二条之规定拟行合并者，在本则施行后四个月内，应作成合并契约书，受主管部大臣之认可。

前项契约书中应记载依合并方法及预定期日合并应行接管之财产

及其他必要事项,拟合并之各团体代表人记名盖印后,并添附经会董或准此之议决证据书面。

第一项之认可声请书,须添附记载拟合并各团体之沿革概要之书面。

合并契约书依主管部大臣之认可,发生其效力。

第五十七条　合并契约书经认可时,拟合并之各团体之代表人应速依《商工公会法》第九条之规定作成定款,添附记载第四条第二款至第五款所载事项之书面,受主管大臣之认可。

第五十八条　第五十三条至第五十五条之规定,已有前条之认可者准用之。

第五十九条　依前条之规定依准用第五十四条之规定职员接办事务时,须速为合并契约书所记载之重要书类及财产之移转。

第六十条　《商工公会法》第五十一条之商工公会自本则施行日起,至依本则之规定经费之预算及赋课征收方法之决定,不拘第十一条至第十八条及第二十五条至第三十二条之规定,得仍如从前执行会务。但重要财产之处分其他恐有重大影响于商工公会事项,事先非受司法大臣之认可,不得为之。

中央批发市场法

(康德元年十月二十五日敕令第一三号)

修正　康德元年八月敕令第二四六号

朕依《组织法》第四十一条,经咨询参议府,裁可《中央批发市场法》,著即公布。

(国务总理、实业部大臣副署)

第一条　本法所称中央批发市场,系指地方公共团体或于特别情形以公益为目的之法人,为批发鱼类、肉类、鸟类、卵、蔬菜及果实起见,在经济部大臣所指定之区域内,依本法开设之市场而言。

中央批发市场如有特别情形,得不批发前项所载物品之一部或批发其他之日用品。(康四·第二四六号本条中修正)

第二条　凡开设中央批发市场应先具业务规程及关于事业计画之文书,呈请经济部大臣认可。其设置中央批发市场之分场时亦同。(康

四・第二四六号本条中修正）

第三条　左列事项应以业务规程定之。

一、中央批发市场之经办品目；

二、中央批发市场所收受之使用费、保管费及手续费；

三、经营批发业者所收受之手续费。

第四条　业务规程或事业计画之变更，应呈请经济部大臣认可。

第五条　经济部大臣认为有必要时，在予以依第二条规定认可之际，得对于其认可附加限制或条件。

第六条　中央批发市场开设后，对于其经办品目，在该指定区域内，不得在市场以外之处所为批发市场行为。

第七条　中央批发市场开设之际，对于其经办品目在该指定区域内如有与中央批发市场类似业务之市场时，经济部大臣应命其闭歇。

第八条　中央批发市场之开设者，对于依前条规定被命闭歇之市场开设者及经营批发业者，应补偿其损失。

依前项规定应补偿之金额，依当事人之协议定之，如协议不谐时，应呈请经济部大臣裁决。有不服经济部大臣之裁决者，自受到裁决书之送达日起九十日内，得向法院出诉。

第九条　凡拟在中央批发市场经营批发业者，应呈请经济部大臣许可。

第十条　依前条之规定经营批发业者，应依命令所定，对于开设者缴纳保证金。

第十一条　开设者以关于中央批发市场所收受之使用费、保管费及手续费为限，对于保证金有优先于其他之债权人之权利。

前项之优先权优先于依第十二条规定之优先权。

第十二条　对于依第九条之规定经营批发业者贩卖或委托贩卖者，以关于因贩卖或委托贩卖所生之债权为限，对于经营批发业者之保证金有优先于其他之债权人之权利。

第十三条　关于中央批发市场之买卖应依巢卖方法。但有业务规程所定之特别情形时，不在此限。

第十四条　在中央批发市场经营批发业者，应依命令所定，对于开设者报告买卖价格及交易额。

第十五条　在中央批发市场经营批发业者，在执行其业务之中央批发市场,对于自己所经办品目、部类之物品,不得为经纪业务。

第十六条　开设者得依业务规程所定,对于依第九条之规定经营批发业者,停止其业务或课千圆以下之过怠金或停止参加于买卖者之入场。

第十七条　经济部大臣认为有必要时,关于中央批发市场之构造、设备、业务规程之变更、业务或财产状况之报告及其他各项,得发事业监督上必要之命令或处分。

第十八条　经济部大臣,如开设者或经营批发业者违反本法或根据本法所发之命令时、违反根据本法或命令所为之处分时、违反业务规程时或认为有害公益之虞时,得为左列之处分。

一、撤销依第二条规定之认可;

二、停止中央批发市场业务;

三、解任中央批发市场之重要职员;

四、撤销经营批发业者之业务许可或停止其业务。

第十九条　经济部大臣认为有必要时,得派员检查开设者或经营批发业者之业务关系、各项之账簿、财产及其他物件。

第二十条　中央批发市场之废止,应呈请经济部大臣认可。

第二十一条　经济部大臣得依命令所定,对于省长委任依本法职权之一部分。

第二十二条　有左列各款情形之一者,处以一年以下之有期徒刑或千圆以下之罚金。

一、违反第六条或第十五条之规定者;

二、不服从依第七条规定之命令者;

三、不为依第十四条规定之报告或为虚伪之报告者。

第二十三条　第一条之法人或依第九条规定经营批发业者,受依第十九条规定之检查时拒绝、妨碍或规避职务之执行,或检查之际对于该官吏之询问不为答辩或为虚伪之陈述者,处以千圆以下之罚金。

第二十四条　违反第六条、第七条、第十四条或第十五条规定者,如系未成年人或禁治产人时,第二十二条之罚则适用于法定代理人。但关于营业与成年人有同一能力之未成年人,不在此限。

第二十五条　使用人及其他从事人有违反第六条、第七条、第十四条或第十五条规定之行为时,除罚该行为人外,并处罚其使用主。

第二十六条　法人之使用人及其他从业员如关于法人之业务有违反第六条、第七条、第十四条或第十五条规定之行为时，除罚该行为人外，并处罚该法人之重要职员或执行业务之社员。

法人之重要职员或执行业务之社员有前项之行为时，处罚该重要职员或社员。

第二十七条　有第二十五条及前条第一项之情形，如应受处罚之使用主、重要职员或社员证明其对于各该违法行为无法防止时，则不罚之。

附则

本法自公布之日起施行。

附则（康德四年八月十二日敕令第二四六号）

本法自康德四年七月一日施行。

银行法

（康德五年十二月二十四日敕令第三一五号）

朕依《组织法》第三十六条，经咨询参议府，裁可《银行法》，著即公布。

（国务总理、经济部大臣代理[经济部次长]副署）

第一条　凡营左列业务者为银行。

一、收受存款及贷放款项或经营票据贴现者；

二、办理汇兑交易者。

凡以收受存款为营业者，视为银行。

第二条　银行业非受经济部大臣之许可，不得经营之。

第三条　收受定期积金或承受金钱信托，关于适用本法，视为存款之收受。

第四条　银行收受展期存款或定期积金或承受金钱信托，应受经济部大臣之认可。

第五条　银行应提存相当于展期存款及定期积金所收受总额之五分之一以上之国债或经济部大臣所指定之有价证券。

前项之收受总额，依每年六月及十二月之末日结余定之。

第六条　为展期存款或定期积金者，依前条之规定所提存之国债或有价证券,有质权。

第七条 银行业非为资本金五十万圆以上之株式会社,不得经营之。但于敕令指定之地域设有本店或支店之银行,资本金不得少于一百万圆。

依前项但书之规定,如有地域之指定时,于其地域内设有本店或支店之银行而资本金未满一百万圆者,自指定之日起限定三年,得不依前项但书之资本金。

第八条 银行于其商号中,应用银行之文字。

非银行者于其商号中,不得使用表示银行之文字。

第九条 银行除经营承受依社债担保权、信托法之信托或保管寄存及其他银行业附随业务之外,不得经营他项之业务。

第十条 银行于列下情形,应受经济部大臣之认可。

一、变更商号;

二、变更资本金;

三、设置或废止支店及其他营业所或代理店;

四、变更本店及其他营业所之位置;

五、支店以外之营业所改为支店;

六、选任或解任董事或监察人;

七、利益金之处分。

第十一条 银行不得使代理店主关于其代理事务设立代理店之出张所及其他准营业所或复代理店。

银行之代理店主关于其代理事务,不得设立代理店之出张所及其他准营业所或复代理店。

第十二条 银行于未达其资本总额以前,应公债每决算期之纯益十分之一以上为准备金。

第十三条 银行应备存存款总额十分之一以上之存款付还准备金。但展期存款及定期积金之收受额,不算入其总额中。

前项之存款付还准备金,应以现金、邮政转账储金、国债或受经济部大臣认可之有价证券保有之,或存入经济部大臣所指定之银行。

银行对第一项之付还准备金,如有不足存款总额十分之一时,于填补足数以前,不得为新户放款或为票据贴现或为利益配当金之支付。

第十四条 银行之决算期为六月末及十二月末。

第十五条　银行应于每决算期做成业务报告书，提出于经济部大臣。

第十六条　银行应于每决算期，依经济部大臣所定之样式，作成贷借对照表，公告之。

第十七条　银行之监查人，应于每决算期作成记载关于银行业务及财产状况调查结果之监查录，备置于本店。

第十八条　从事银行之常务董事或经理人，拟从事以营利为目的之其他事业之常务时，应受经济部大臣之许可。

第十九条　银行业者间拟组成组合时，应受经济部大臣之认可。

第二十条　银行之合并，非受经济部大臣之认可，不发生其效力。

第二十一条　银行已为合并之决议时，应依准用《会社法》第二百四十六条第一项规定之该法第二百九十一条第一项之规定所为之催告，勿须对存款者为之。

第二十二条　银行已为合并之决议时，准用《会社法》第二百四十六条第一项但书规定之该法第二百九十一条第一项规定之期间，得减至一月。因合并而株式合并时，准用《会社法》第二百四十七条第一项但书规定之该法第二百九十一条第二项规定之期间亦同。

第二十三条　银行之休日限于庆祝日、节祀日、星期日及其他银行营业所所在地所行之一般休日。

银行因天灾及其他不可避免之事变临时休业时，应即时公告其旨，呈报于经济部大臣。

第二十四条　银行停止付还存款时应即时公告其旨，并将其事由呈报于经济部大臣。

第二十五条　经济部大臣得随时命令银行或依第十九条规定之组合，为关于其业务之报告或令其提出账簿书类。

第二十六条　经济部大臣得随时命令所属官吏检查银行之业务及财务之状况。但认有必要时，不妨令特委嘱者检查。

依前项但书之规定特委嘱者，关于其业务，依法令视为从事公务之职员。

第二十七条　经济部大臣对于银行或依第十九条规定之组合，关于其业务，得发监督上或公益上必要之命令或为处分。

第二十八条　银行或依第十九条规定之组合违反法令、定款或经济部大臣之命令或为妨害公益之行为时，经济部大臣对于银行得停止其营业之全部或一部，或命其改任监事或检查人，或取消其营业许可，对于第十九条规定之组合得命其解散。

第二十九条 经济部大臣对于命令停止业务之银行，依其整理之状况认为必要时，得取消其营业许可。

第三十条 银行业废止或银行解散之决议，非受经济部大臣之认可，不发生其效力。

第三十一条 银行变更其目的为经营其他业务之会社而存续时，经济部大臣对于该会社以清偿存款债务为止，得命令提存财产或为其他必要之命令。因合并所成非银行之会社承继存款债务时，亦同。

第二十五条及第二十六条之规定，于前项情形准用之。

第三十二条 银行被取消营业之许可时，因此解散。

于前项情形，清算人因利害关系人之请求或以职权，由法院选任之。其清算人之解任亦同。

第三十三条 除前条情形外，法院因利害关系人之请求或以职权，得解任清算人。

依前项规定解任清算人时，法院得选任清算人。

第三十四条 法院得检查银行之清算事务及财产之状况，命令提存财产或其他为清算监督上必要之命令。

第三十五条 于银行之清算或破产时，法院对于从事银行之检查监督之官吏或依第二十六条第一项但书之规定从事检查者，得征求意见或委嘱其检查或调查。

第三十六条 于银行之清算或破产时，从事银行之检查监督之官吏及依第二十六条第一项但书之规定从事检查者，对于法院得申述意见。

第三十七条 在本法施行地外设有本店之银行，拟在本法施行地内设立支店或其他营业所或代理店而经营银行业者，应定代表者于各营业所或代理店，受第二条所规定之许可。

依前项之规定已受许可时，其营业所或代理店关于本法之适用，视为银行。

经济部大臣关于依第一项之规定已受许可之银行，不拘本法之规定，得另行规定。

第三十八条　未受许可而经营银行业者,处五千圆以下之罚金。

第三十九条　违反第四条之规定者,处三千圆以下之罚金。

第四十条　有左列各款情形之一者,处一年以下之徒刑或一千圆以下之罚金。

一、以欺罔公案为目的,关于银行之业务为虚伪之公告或依其他方法为虚伪之宣传者;

二、依本法检查时隐藏账簿书类为不实之声明或依其他方法妨碍或拒绝检查者。

第四十一条　有左列各款情形之一者,处一千圆以下之罚金。

一、违反第五条第一项或第九条至第十三条之规定者;

二、懈怠本法所定应备置于银行之书类或应提出于经济部大臣之账簿书类,或不载应记载之事项或为不实之记载者;

三、懈怠本法所定之呈报或公告或为不实之呈报者;

四、违反基于本法所发之命令或处分者。

第四十二条　违反第十八条之规定者,处五百圆以下之罚金。

第四十三条　违反第八条第二项之规定者,处三百圆以下之过料。

第四十四条　执行法人业务之社员或职员或清算人关于法人之业务有抵触本法罚则之行为时,处罚该行为人。

第三十七条第一项之营业所或代理店之代表人关于其营业所或代理店之业务为前项之行为时,处罚该行为人。

法人或第三十七条第一项之营业所或代理店之使用人、其他从业员为第一项之行为时,处罚该行为人及执行法人业务之社员或职员、清算人或第三十七条第一项之营业所或代理店之代表人。

第四十五条　于前条第三项之情形,应受处罚之社员或职员、清算人或代表人证明无法防止使用人、其他从业员所为之行为时,则不处罚之。

第四十六条　银行依本法所为之公告,应依政府公报或揭载关于时事事项之日刊新闻纸。

附则

第四十七条　本法自康德六年一月一日实行。

第四十八条　大同二年敕令第八十六条《银行法》,废止之。

依从前之规定已受营业许可之银行,而于本法施行之际现仍存在者,视为依本法已受许可之银行。

依从前之规定所为之认可、处分其他之行为,本法中与此有相当之规定时,视为依本法所为者。

第四十九条　对前条第二项之银行资本金,限于本法施行后三年,不适用第七条第一项之规定。前条第二项之银行合并而新设立银行时,对其银行之资本金亦同。

第五十条　经济部大臣特认为有必要而指定之银行,暂不适用第七条之规定。

第五十一条　本法施行之际现为银行而其商号中不用银行文字者,及非为银行而其商号中有可表示银行之文字者,限于本法施行后六月以内,得仍续用其名称。

第五十二条　本法施行之际现营第九条业务以外业务之银行,限于本法施行后一年以内,得继续其业务。

第五十三条　本法施行之际,现收受展期存款或定期积金或承受金钱信托者,应将其旨于本法施行后三月以内,呈报于经济部大臣。

为前项之呈报者,限于已为契约者,迄其完了,得继续之。

第五十四条　本法施行之际,现从事银行之常务董事或经理人,而从事以营利为目的之其他事业之常务者,应将其旨于本法施行后三月以内,呈报于经济部大臣。

为前项之呈报者,限于本法施行后一年以内,得继续从事其事业之常务。

兴农合作社法

（康德七年三月二十三日敕令第四二号）

第一章　通则

第一条　本法以农家之协同精神为基本,设立社团,以谋农事之改良发达、增进农家之福利而资国家经济之发展为目的。

第二条　依本法所设立之社团为兴农合作社（以下简称合作社）、兴农合作社联合会（以下简称联合会）及兴农合作社中央会（以下简称中央会）。

第三条　合作社、联合会及中央会为法人。合作社、联合会及中央会不得以营利为目的执行其业务。

第四条 合作社、联合会及中央会因于其主事务所之所在地为设立之登记而成立。

第五条 合作社、联合会及中央会之住所为其主事务所之所在地。

第六条 合作社、联合会或中央会应于其名称中使用兴农合作社、兴农合作社联合会或兴农合作社中央会之文字。

非合作社、联合会或中央会者,不得于其名称中使用表示其为兴农合作社、兴农合作社联合会或兴农合作社中央会之文字。

第七条 政府于预算之范围内,对于合作社、联合会及中央会助成其业务上必要之经费。

第八条 合作社、联合会及中央会除本法另有规定者外,由主管部大臣监督之。

主管部大臣得将对合作社或联合会监督权之一部,委任于省长或新京特别市长。

省长得经主管部大臣之认可,将依前项所被委任对合作社监督权之一部,更行委任于市长、县长或旗长。

第九条 本法所称主管部大臣者,系指产业部大臣及经济部大臣而言。

第二章 合作社
第一节 总则

第十条 合作社以社员协同而谋农事之改良发达、增进其福利为目的。

第十一条 合作社之区域,依新京特别市、市、县或旗之区域。但有特别事由时,不在此限。

第十二条 合作社之社员,以在其区域内营独立生计之农民为限。

合作社依地方之情形认为有必要时,虽系前项以外者,如有左列各款情形之一而营独立生计者,得为其社员。

一、对于区域内之土地有权利者;

二、与农事有关系而于区域内有住所或居所者。

第十三条 法人不得为合作社之社员。但主管部大臣所定者,不在此限。

第十四条 合作社之社员不出资。

第十五条 合作社之社员对于合作社之财产无其持分。

第十六条 虽合作社不能以其财产还清债务,社员对于合作社之债务不负清偿之责。

第十七条 合作社于其目的达成上为社员执行左列业务。

一、关于农事之共励业务;

二、关于农事及生活上所需资金之贷放及贮金之收受业务;

三、关于生产物之共同贩卖业务;

四、关于农事及生活上所需物之共同购买业务;

五、关于农事及生活上所需施设之共同利用业务;

六、除前列各款外,经主管部大臣认可之业务。

第十八条 合作社得经主管部大臣之认可,对非社员者贷放资金并收受贮金。

合作社以无妨社员之利用为限,得依定款之所定,使非社员者利用其施设。

第十九条 合作社得经主管部大臣之认可,代理他法人之业务或为其媒介。

第二节 设立

第二十条 主管部大臣任命合作社设立委员,使其处理关于设立合作社之一切事务。

第二十一条 设立委员应作成合作社之定款,添具社员名簿,受主管部大臣之认可。

第二十二条 定款除本法规定者外,应记载左列事项,由设立委员会署名之。

一、目的;

二、名称;

三、区域;

四、主事务所及分事务所之所在地;

五、关于社员之资格事项;

六、关于社员之加入及脱退事项;

七、关于业务之执行事项。

第二十三条 设立委员经定款之认可时,应于三星期以内,于主事务所之所在地为设立之登记。

前项之登记应登记左列事项。

一、目的；

二、名称；

三、区域；

四、主事务所及分事务所；

五、定款认可之年月日；

六、社长、理事长、理事及监事之姓名及住所。

合作社应于为设立之登记后二星期以内，于分事务所之所在地登记前项所揭之事项。

第二十四条　设立委员已为合作社之设立登记时，应速将其事务移交合作社社长。

第二十五条　合作社拟变更定款时，应受主管部大臣之认可。

第二十六条　《民法》第四十七条至第五十一条之规定，对于合作社之登记准用之。

第三节　社员之加入及脱退

第二十七条　欲为社员者应为加入合作社之要约，受其承诺。

第二十八条　社员得以三月以前之预告脱退。

第二十九条　社员因左列事由而脱退。

一、社员资格之丧失；

二、死亡；

三、破产；

四、禁治产；

五、除名。

除名之事由应以定款定之。

第四节　兴农会

第三十条　合作社为使其业务之遂行圆滑，得使部落、屯或其他适当地域内之社员组织兴农会。

兴农会以强化会员之相扶协同、俾合作社与会员之关系紧密为目的。

第三十一条　关于兴农会，除本法规定者外，有必要之事项，由主管部大臣定之。

第三十二条　合作社为使兴农会相互间及兴农会与合作社之联络紧密，得于街、村或准此之地域内置办事处。

第五节　管理

第三十三条　合作社置社长、理事长、理事三人以内及监事二人以内。

合作社对于理事长及理事,应支给主管部门大臣指定之薪金及津贴。

第三十四条　社长就在新京特别市长、市长、县长或旗长之职者,由主管部大臣任命之。

理事长、理事及监事,由主管部大臣任免之。

监事之任期为二年。

监事不得兼任社长、理事长、理事、参与或社员代表。

第三十五条　社长代表合作社统督其业务。但对于合作社之常务,由理事长代表之。

理事长于社长之统督下,掌理合作社之业务。

理事长有事故时,依定款之所定,由理事中之一人执行其职务。

理事辅佐理事长,依定款之所定,掌理合作社之业务。

第三十六条　监事监查合作社之财产及业务执行之状况。

监事对于合作社之财产状况或业务之执行认为有不正或不当之点时,应向主管部大臣申报之。

第三十七条　社长、理事长、理事及监事应认真且遵道义,执行其职务。

第三十八条　关于合作社与社长、理事长或理事间之契约或诉讼,由监事代表合作社。

第三十九条　对于合作社之代表,从关于代理之规定。

第四十条　合作社对于社长、理事长或理事因执行其职务所加他人之损害,负赔偿之责。

第四十一条　为谋合作社于地方行政官署及协和会之联络,俾合作社之业务运营圆滑,于合作社置参与。

参与以主管部大臣就地方行政官署之官吏及协和会之职员中指定者充之。

主管部大臣认为有必要时,得就地方之有德望者中委嘱参与。

第四十二条　参与审议社长付议之事项。

第四十三条　社长应将左列事项付于参与之审议。

一、定款之变更；

二、事业计画及经费预算；

三、兴农会之设置计画；

四、社员代表之委嘱；

五、财产目录、贷借对照表、损益计算书、事业报告书及剩余金处分案；

六、合并或分割；

七、除前列各款外，应受认可之事项或其他由社长认为重要之事项。

第四十四条　为资业务之适切运行，于合作社置协议会。

协议会以社员代表组织之，协议社长付议之事项。

社员代表就适于代表社员意思者中，由社长委嘱之。

第四十五条　社长每年至少应开协议会一次。

第四十六条　社长应将左列事项付议于协议会。

一、定款之变更；

二、关于业务实施计画之事项；

三、兴农会之设置；

四、社员之除名；

五、除前列各款外，由社长认为必要之事项。

第四十七条　社长应将上年度之事业概况报告于协议会。

第四十八条　合作社之事业年度为一年。

第四十九条　合作社对于每事业年度之事业计画及经费预算，应受主管部大臣之认可。拟变更时亦同。

第五十条　合作社应将贮金总额五分之一以上之金额为退还准备金，依主管部大臣之所定管理之。

前项之金额，依每年四月末日及十月末日现在之贮金总额定之。

合作社之贮金债权人，于第一项之退还准备金上有质权。

第五十一条　社长应于每事业年度终了后二月以内，作成财产目录、贷借对照表、损益计算书、事业报告书及剩余金处分案，添具监事之意见书，提出于主管部大臣，受其认可。

第五十二条　合作社每事业年度剩余金应公积全额以为准备金。但经主管部大臣之认可时，不在此限。

前项之准备金除充缺损之补填者外，非经主管部大臣之认可，不得处分。

第五十三条　社长应将定款、社员名簿及第五十一条之书类备置于主事务所，以供社员及债权人之阅览。

第六节　监督

第五十四条　主管部大臣、省长、新京特别市长、市长、县长或旗长，无论何时，得使社长、理事长、理事或清算人为关于合作社之业务、财产、清算事务及其他必要事项之报告，或检查其业务、财产、清算事务及其他之状况，或为其他监督上必要之命令或处分。

第五十五条　主管部大臣依合作社之业务或财产之状况认为其业务难以继续时，得停止其业务或解散合作社。

第七节　合并、分割、解散及清算

第五十六条　合作社拟为合并时，应为合并契约，受主管部大臣之认可。

合作社拟为分割时，应定分割后设立之合作社所应承继之权利义务之范围，受主管部大臣之认可。

第五十七条　第二十条至第二十二条之规定，对于因合并或分割而设立之合作社准用之。但声请定款之认可，无须填具社员名簿。

第五十八条　合作社为合并或分割时，应自受定款之认可或定款变更之认可之日起，于三星期以内，于各事务所之所在地，对于合并后存续之合作社为变更之登记；对于因合并或分割而消灭之合作社为解散之登记；对于因合并或分割而设立之合作社为设立之登记。

第五十九条　合作社之合并或分割、因合并后存续之合作社或因合并或分割所设立之合作社，于其主事务所之所在地为前条之登记而生其效力。

第六十条　合并后存续之合作社或因合并而设立之合作社，于合并发生效力时承继因合并而消灭之合作社之权利义务。

第六十一条　因分割而设立之合作社于分割发生效力时，于依第五十六条第二项之规定所受认可之范围内，承继因分割而消灭之合作社之权利义务。

第六十二条　合作社因左列事由而解散。

一、合并；

二、分割；

三、破产；

四、社员之缺亡；

五、主管部大臣之解散处分。

第六十三条　合作社解散时，除因合并、分割或破产者外，应为清算。

第六十四条　清算人由主管部大臣任命之。

对于清算人，应支给主管部大臣指定之报酬及津贴。

第六十五条　清算人于其职务之范围内，与社长及理事长有同一之权利，负同一之义务。

第六十六条　《民法》第五十一条、第七十八条、第八十二条及第八十四条至第九十一条之规定，对于合作社之清算准用之。

第六十七条　清算后之残余财产归属于中央会。

第三章　联合会

第六十八条　联合会以谋合作社之普及发达，俾会员相互间及会员与中央会间之联络紧密，会员之业务遂行、圆滑、适正为目的。

第六十九条　联合会之区域依省之区域。

第七十条　联合会区域内之合作社为联合会之会员。

第七十一条　联合会为达成其目的，执行左列业务。

一、关于会员之指导及便宜之供与业务；

二、关于会员所执行业务之居间或经济业务；

三、关于中央会所执行金融业务之代理业务；

四、关于会员职员之训练业务；

五、受中央会委托之业务；

六、除前列各款外，经主管部大臣认可之业务。

第七十二条　联合会置会长、理事长、理事三人以内及监事二人以内。

会长就在省长之职者，由主管部大臣任命之。

第七十三条　第十四条至第十六条、第二十条至第二十六条、第二十九条、第三十三条第二项、第三十四条第二项至第四项、第三十五条至第四十三条、第四十四条第一项及第二项、第四十五条至第四十九条并第五十一条至第六十七条之规定，对于联合会准用之。但关于协议会，所谓社员代表者为会员。

第四章　中央会

第七十四条　中央会以谋合作社及联合会之普及发达，俾会员相互间之联络紧密，业务之遂行、圆滑、适正为目的。

第七十五条　合作社及联合会为中央会之会员。

第七十六条　中央会为达成其目的，执行左列事务。

一、关于会员之指导及便宜之供与业务；

二、关于对会员之资金贷放及其存款之收受业务；

三、关于会员职员之养成及训练业务；

四、关于合作社及联合会之发达上必要之研究及调查业务；

五、特由主管部大臣所命之业务；

六、除前列各款外，经主管部大臣认可之业务。

第七十七条　中央会得经主管部大臣之认可，由非会员者收受存款。

第七十八条　中央会得监查会员之业务。

第七十九条　中央会之基本金为三千万圆，由政府出捐。

第八十条　定款除本法规定者外，应记录左列事项，由设立委员署名之。

一、目的；

二、名称；

三、基本金；

四、主事务所及分事务所之所在地；

五、关于业务之执行事项。

第八十一条　设立委员经定款之认可时，应于三星期内于主事务所之所在地为设立之登记。

前项之登记应登记左列事项。

姓名及住所。

第八十二条　中央会置理事长、副理事长二人、理事六人以内及监事三人以内，由国务总理大臣任命之。

理事长、副理事长及理事之任期为四年，监事之任期为二年。

中央会对于理事长、副理事长、理事及监事，应支给主管部大臣指定之报酬及津贴。

第八十三条　理事长代表中央会综理其业务。

理事长有事故时，由副理事长中之一人执行其职务；理事长及副理事长均有事故时，由理事中之一人执行理事长之职务。

副理事长及理事辅佐理事长，依定款之所定，掌理中央会之业务。

监事监查中央会之财产及业务执行之状况。

第八十四条　中央会置参与。

参与应理事长之咨问，审议中央会之重要事项。

参与就关系各部局之高等官、协和会之职员及有学识经验者中，由总理大臣任命或委嘱之。

第八十五条　中央会置协议会。

协议会以中央会指定之会员组织之，协议理事长认为必要而付议之事项。

第八十六条　中央会除依左列方法外，不得运用余裕金。

一、对于贮金部或主管部大臣所指定银行存入；

二、国债或其他经主管部大臣认可之有价证券之买入、应募或承受。

第八十七条　主管部大臣认为理事长、副理事长、理事或监事之行为有违反法令、定款或依本法之命令或有害公益时，得解任之。

第八十八条　主管部大臣置兴农合作社中央会监理官，使其监理中央会之业务。

兴农合作社中央会监理官，无论何时，得检查中央会之金库、账簿及其他文书物件，或使其报告事业上之计算及状况，或出席一切之会议陈述意见。

第八十九条　第十四条至第十六条、第二十条、第二十一条、第二十三条第二项、第二十四条至第二十六条、第二十九条、第三十四条第四项、第三十六条第二项、第三十七条至第四十条、第四十五条、第四十七条至第四十九条及第五十一条至第五十四条之规定，对于中央会准用之。

第五章　罚则

第九十条　合作社之社长、理事长、理事、监事或清算人，联合会之会长、理事长、理事、监事或清算人，或中央会之理事长、副理事长、理事或监事，无论以任何名义，于合作社、联合会或中央会之业务范围外为贷放或投机交易时,处一年以下之徒刑或一千圆以下之罚金。

第九十一条　合作社之社长、理事长、理事、监事或清算人,联合会之会长、理事长、理事、监事或清算人,或中央会之理事长、副理事长、理事或监事,有左列各款情形之一时,处五圆以上三百圆以下之过料。但对于其行为应科刑时,不在此限。

一、应受监督官署之认可者不受其认可时;

二、不为监督官署或兴农合作社、中央会监理官所命之报告或为虚伪之报告或拒绝其检查时;

三、不从监督官署之命令或处分时;

四、拒绝中央会所执行之监查或对于执行其监查者为不实之申述或隐蔽事实时;

五、懈怠本法或根据本法所发命令所定之公告、报告、呈报、催告或申报,或为不正之公告、报告、呈报、催告或申报时;

六、懈怠备置本法或根据本法所发命令所定之书类,或于书类内不记载应记载之事项或为不实之记载时;

七、懈怠本法所定之登记时;

八、违反本法之规定运用余裕金时;

九、不为本法所定退还准备金之准备或不将其遵从根据本法所发命令之规定而管理时;

十、违反本法之规定,不为准备金之公积或将其处分时;

十一、经营合作社、联合会或中央会之目的业务范围外之事业时。

第九十二条　违反第六条第二项之规定者,处三百圆以下之过料。

附则

第九十三条　本法自康德七年四月一日施行。

第九十四条　主管部大臣指定之金融合作社及金融会,于主管部大臣指定之合作社成立同时即行解散,其权利义务不为清算而移转于该合作社。

于前项情形,合作社对于已行解散之金融合作社社员或金融会会员,应速退还其持分。

依前项规定应退还之金额,依出资缴纳金之额。

第九十五条　金融合作社联合会及金融会联合会于中央会成立同时即行解散,其权利义务不为清算而移转于中央会。

第九十六条　依前二条规定已行解散之金融合作社、金融会、金融合作社联合会及金融会联合会之解散登记，应依经济部大臣之通知，由登记处为其登记。

第九十七条　主管部大臣指定之农事合作社或省农事合作社作联合会，于主管部大臣指定之合作社或联合会成立同时即行解散，其权利义务不为清算而移转于该合作社或联合会。

无尽业法

（康德三年九月五日敕令第一四〇号）

修正　康德四年六月敕令第一四一号—月第三六三号

朕依《组织法》第四十一条，经咨询参议府，裁可《无尽业法》，著即公布。

（国务总理、财政部大臣副署）

第一条　本法所称无尽者，系指订定一定之股数及给付金额，使其于定期缴纳应缴款，每一股依抽签、投标或其他类似方法对于缴款人给付金钱而言。依类似无尽之方法给付金钱、有价证券或其他之财产者亦同。

第二条　无尽业非受经济部大臣之许可，不得经营之。

第三条　拟受无尽业之许可者，应于呈请书添附章程、记载事业方法之书状及无尽契约约款，提出于经济部大臣。

第四条　无尽业非资本金五万圆以上之股份有限公司，不得经营之。

第五条　无尽公司在其商号中须用无尽之文字。

非无尽公司者，不得在其商号中用表示其为无尽业者之文字。

第六条　无尽公司不得经营他项业务。但受经济部大臣之认可为无尽加入人，以契约给付金额为限度收受存款，不在此限。

第七条　无尽公司之营业区域，应于章程中记载之。

第八条　无尽公司于左列情形，应受经济部大臣之认可。

一、变更章程时；

二、变更事业方法或无尽契约约款时；

三、设置办事处或代理店时；

四、变更本店或其他营业处之位置时；

五、决定或变更董事及监察人时。

第九条　无尽公司不得使代理店主关于其代理事务设置代理店之办事处及其他从营业处或复代理店。

第十条　无尽公司除依左列方法外，不得运用其营业上之资金。

一、国债、地方债、依特别法令设立之法人之债券或股票及其他经济部大臣指定之有价证券之购买；

二、以前款之有价证券或不动产为担保之放款；

三、对于缴款人以已缴金额为限度之放款；

四、对于缴款人超过已缴金额，以契约给付金额为限度之放款；

五、向银行及金融合作社之存款或邮政储金。

依前项第四款规定之放款总额，不得超过缴纳资本金及诸准备金之总额。

第十一条　无尽公司以公司财产不能清偿其债务时，就基于无尽契约之公司债务，各董事连带负清偿之责。

前项之责任，关于董事卸任登记前之债务，卸任登记后二年间仍存续。

第十二条　无尽公司并其董事、监察人、使用人及代理店主，不问以何人之名义，不得以自己之计算与该公司订立无尽契约。

第十三条　无尽公司为第一回之抽签、投标或其他类似之方法后，不得变更给付、为缴款人之不利益或增加缴款额。

第十四条　无尽公司在达到资本之总额以前，每分配利益时，应为准备金公积利益之十分之一以上。

第十五条　无尽公司非受经济部大臣之认可，不得为利益金之处分。

第十六条　无尽公司之营业年度自一月至六月及自七月至十二月。

第十七条　无尽公司每营业年度应作成业务报告书，提出于经济部大臣。

第十八条　无尽公司每营业年度应依经济部大臣所定之样式，作成资产负债表，依新闻纸公告之。

第十九条　无尽公司之监察人，每营业年度应作成关于无尽公司之业务及财产之状况调查结果记载之监查书,备置于本店。

第二十条　从事无尽公司常务之董事或经理人,拟从事以营利为目的之他项业务时,应受经济部大臣之认可。

第二十一条　缴款人对于无尽公司,得以其加入无尽之缴款人五分之一以上之同意,关于其加入之无尽,就命令所定事项请求交付说明书。

第二十二条　无尽公司之合并,非受经济部大臣之认可,不发生效力。

第二十三条　经济部大臣得随时令无尽公司提出关于其业务之报告书或监察书及其他文件账簿。

第二十四条　经济部大臣得随时命令该官吏检查无尽公司之业务及财产状况。

第二十五条　经济部大臣依无尽公司之业务或财产状况认为必要时,得命令变更事业方法或无尽契约约款、停止业务或提存财产及为其他必要命令。

第二十六条　无尽公司违反法令、章程或经济部大臣之命令或为妨碍公益之行为时,经济部大臣得命令停止业务或改选董事、监察人或撤销业务之许可。

无尽公司之董事、监察人或经理人违反法令或章程或为妨碍公益之行为时,经济部大臣得命令其改选。

第二十七条　经济部大臣对于业令停止业务之无尽公司,依其整理状况认为必要时,得撤销营业之许可。

第二十八条　无尽业之废止或无尽公司之解散之决议,非受经济部大臣之认可,不发生效力。

第二十九条　无尽公司变更其目的为经营他项业务公司而存续时,迄至该公司清偿对于缴款人之债务止,经济部大臣得命令财产之提存并为其他必要命令。因合并而非无尽公司之公司承继对于无尽公司之缴款人之债务时,亦同。

第二十三条及第二十四条之规定,于前项情形准用之。

第三十条　无尽公司经撤销营业之许可时,因之解散。

第三十一条　无尽公司之清算人由经济部大臣任免之,清算人之报酬由经济部大臣定之。

　　第三十二条　　经济部大臣得随时命令该官吏检查无尽公司之清算事务及财产状况，并得命令财产之提存及为其他清算之监督上必要命令。

　　第三十三条　　无尽公司之清算完结时，清算人应即速将其颠末以书状报告于经济部大臣。

　　第三十四条　　以无尽之管理为营业者，视为无尽业。

　　经济部大臣关于经营前项业务之公司之取缔，得制定另项之规定。

　　第三十五条　　未受许可而经营无尽业者，处五千圆以下之罚金。

　　第三十六条　　有左列各款情形之一者，处二千圆以下之罚金。

　　一、违反第六条、第十条或第十二条之规定者；

　　二、违反依第二十五条或第二十六条第一项规定之业务停止命令者；

　　三、在章程所定之营业区域外为营业者。

　　第三十七条　　有左列各款情形之一者，处一千圆以下之罚金。

　　一、违反第八条、第九条、第十三条或第十五条之规定者；

　　二、依第十七条、第十九条、第二十三条或第三十三条之规定，无尽公司应备具之文件怠于备具，或应提出于经济部大臣之文件怠于提出，或应记载之事项不为记载或为不实之记载者；

　　三、依第十八条之规定，应公告之时怠于公告或为虚伪之公告者；

　　四、阻碍依第二十四条或第三十二条规定之该官吏之职务执行，或对于讯问不为答辩或为虚伪之答辩者；

　　五、除前条第二款外，违反依第二十五条或第二十六条规定之命令者；

　　六、违反依第二十九条或第三十二条规定之命令者。

　　第三十八条　　有左列各款情形之一者，处五百圆以下之罚金。

　　一、违反第二十条之规定者；

　　二、关于无尽公司之业务，以广告或其他方法为夸大或虚伪之宣传者。

　　第三十九条　　有左列各款情形之一者，处三百圆以下之罚金。

　　一、违反第五条第二项之规定者；

　　二、无正当理由拒绝依第二十一条规定之说明书之交付或交付不实之说明书者。

第四十条　使用人或其他从业员关于使用主之业务有触犯本法罚则之行为时，除罚该行为人外，并处罚使用主。但使用主为心神丧失人或关于营业未具有与成年人同一能力之未成年人时，则处罚其法定代理人。

第四十一条　法人之使用人或其他从业员关于法人之业务有触犯本法罚则之行为时，除罚该行为人外，并处罚执行法人业务之职员或股东。

执行法人业务之职员或股东有前项行为时，则处罚该职员或股东。

第四十二条　于第四十条或前条第一项情形，应受处罚之使用主、法定代理人、职员或股东证明其对于该违反行为无法防止时，则不罚之。

附则

第四十三条　本法自公布日施行。

第四十四条　已受日本帝国领事官之认可之无尽公司，本法施行之际现存者，依经济部大臣所定呈报时，视为依本法业经许可者。

第四十四条之二　已受满洲帝国驻扎大日本帝国特命全权大使之免许，于康德四年十二月一日现营本法第一条之业务者，应于康德四年十二月三十一日以前，依经济部大臣所定呈报其旨。（康四•第三六三号本条追加）

第四十五条　前二条之无尽公司关于其营业上之资金运用，除依第十条之规定外，得为有确实担保之放款。（康四•第三六三号本条中修正）

第四十六条　依第四十四条之二规定之无尽公司现所有之非无尽加入人者之存款，须于康德九年十二月三十一日以前整理之。

附则（康德四年十一月敕令第三六三号）

本法自康德四年十二月一日施行。

临时资金统制法

（康德五年九月十六日敕令第二二九号）

朕依《组织法》第三十六条，经咨询参议府，裁可《临时资金统制法》，著即公布。

（国务总理大臣、经济部大臣代理经济部次长、司法部大臣副署）

第一条　本法关联现下之时局,为图资金之活用,以统制其需给为目的。

第二条　银行及保险会社拟贷放关于属事业设备之新设、扩张或改良之资金时,应依经济部大臣之所定,受其认可。银行、保险会社及以办理有价证券之应募、承受或募集为业者拟办理外国有价证券之应募、承受或募集时,亦同。

前项之规定,于前项资金之贷放或借入,依其他法令须受政府之许可或认可而已受其许可或认可时,不适用之。

第三条　拟设立会社者,应依经济部大臣之所定,受其认可。

会社之设立非受前项之认可,不发生其效力。

对于经营为会社目的之事业,依其他法令须受政府之许可或认可而会社已受其许可或认可时,视为已受第一项之认可者。

第四条　拟为左列行为之会社,应依经济部大臣之所定,受其认可。

一、资本之增加;

二、合并;

三、目的之变更;

四、第二回以后之株金之征收;

五、社债之募集;

六、事业设备之新设、扩张或改良而其资金不依株金之缴纳、社债之发行或由银行或保险会社之借入者。

前项第一款至第三款所列之行为非受经济部大臣之认可,不发生其效力。

前二项之规定,于第一项所列之行为依其他法令须受政府之许可或认可而已受其许可或认可时,不适用之。

第五条　以经济部大臣所定重要产业之开发为目的之会社,为充其事业设备所需之费用,得受其认可,不拘《会社法》第一百五十八条第一项及第二项之规定,达于已缴纳株金额之二倍为止,募集社债。

第六条　主管官署对于第二条第一项资金之贷放或借入、第三条第一项为会社目的之事业之经营或第四条第一项所列之行为依其他法令拟为许可或认可时,应先与经济部大臣协议。主管官署对于会社根据其他法令拟为关于其资金计画之命令时,亦同。

第七条　经济部大臣为调查资金之状况认为有必要时，关于左列事项，得向关系人征取报告或派该管官吏检查账簿书类及其他物件。

一、关于资金之需给及移动事项；

二、关于有价证券事项；

三、关于国际收支事项；

四、关于事业之资金计画事项。

第八条　经济部大臣得使满洲中央银行办理关于第二条至第五条所规定认可之事务。

办理前项事务所需之经费，为满洲中央银行之负担。

于第一项情形，从事于该事务之满洲中央银行职员，视为依法令从事于公务之职员。

第九条　有左列各款情形之一者，处一万圆以下之罚金。

一、违反第二条之规定未受认可而为资金之贷放或办理有价证券之应募、承受或募集者；

二、违反第四条第一项之规定未受认可而为株金缴纳之催告、社债之募集或设备之新设、扩张或改良者。

关于前项规定之适用，依康德五年敕令第二二五号《关于适用行政法规罚则之件》。

附则

本法自康德五年十月一日施行。

《临时资金统制法》施行规则

（康德五年九月二十日经济部令第四二号）

修正　康德六年十二月经济部令第七三号

兹将《〈临时资金统制法〉施行规则》制定如左。

第一条　银行及保险会社在拟为一笔五万圆以上资金之贷与者，或拟为总额将及五万圆以上资金之贷与，将其总额分为数笔贷与者，而认为其资金使用属于事业设备之新设、扩张或改良时，关于为其贷与，应受经济部大臣之认可。

前项五万圆以上，如认为关于资金之贷与为属于另表所列之事业设备之新设、扩张或改良而供用者,则为三万圆以上。

拟受第一项之认可者,应作成记载左列事项之认可呈请书正副二通,经由满洲中央银行提出于经济部大臣。

一、呈请人之商号及住所;

二、借主之姓名、商号或名称及住所;

三、贷与之种类、时期及金额(对分数笔贷与者,其贷与总额并各笔贷与之种类、时期及金额);

四、贷与之利率、偿还期限、担保其他之条件;

五、关于借主使用贷与金所为事业设备之新设、扩张或改良之计画及其预算之大要并资金调达方法。

于前项之认可呈请书,应添附左列书类。

一、足以知悉借主之事业大要之书类;

二、借主为会社时,最近决算期末之贷借对照表及损益计算书。(康六·第七三号本条中修正)。

第二条　银行、保险会社及有价证券承受业者,拟为外国有价证券之应募者,应募额为额面总额五万圆以上时,关于其应募,应受经济部大臣之认可。

拟受前项之认可者,应作成记载左列事项之认可呈请书正副二通,经由满洲中央银行提出于经济部大臣。

一、呈请人之姓名或商号及住所;

二、外国有价证券发行人之商号或名称及住所;

三、应募之外国有价证券之种类、数量及价额。

于前项之认可呈请书,应添附左列事项。

一、足以知悉外国有价证券发行人之事业大要之书类;

二、外国有价证券发行人或其受托人所作成之募集趣意书或准此书类。(康六·第七三号本条中修正)

第三条　银行、保险会社及有价证券承受业者,拟为外国有价证券之承受或募集之办理时,承受额或募集之办理额为额面总额五万圆以上者,关于其承受或募集之办理,应受经济部大臣之认可。

拟受前项之认可者,应作成记载左列事项之认可呈请书正副二通,经由满洲中央银行提出于经济部大臣:

一、呈请人之姓名或商号及住所;

二、外国有价证券发行人之商号或名称及住所；

三、所为承受或募集之办理之外国有价证券之种类、数量及价额；

四、关于承受或募集之办理条件；

五、外国有价证券之发行时期、总额及条件；

六、依外国有价证券之发行所调达之资金之使途。

于前项之认可呈请书，应添附左列书类。

一、足以知悉外国有价证券发行人之事业大要之书类；

二、外国有价证券发行人之最近决算期末之贷借对照表及损益计算书；

三、外国有价证券发行人或其受托人所作成之募集趣意书或准此书类。（康六·第七三号本条中修正）

第四条　拟设立资本金（株金总额或出资总额之谓，以下同）二十万圆以上之会社之发起人或社员，对其设立应受经济部大臣之认可。

拟受前项之认可者，应于作成定款后作成记载左列事项之认可呈请书正副二通，经由满洲中央银行提出于经济部大臣。

一、呈请人之姓名及住所；

二、会社之商号、本店所在地及资本金额；

三、会社之目的事业之大要；

四、必须设立会社之事由；

五、会社之事业、设备之计画及其预算之大要并资金调达方法；

六、如为株式会社时，株金之第一次缴纳之时期及金额。

于前项之认可呈请书，应添附定款并事业计画明细书及事业收支计画书。

于株式会社之创立总会变更定款时，或创立总会之终结为经过自会社设立认可之日起六月以上之后时，发起人应更准照前二项之规定，为认可之呈请。（康六·第七三号本条中修正）

第五条　资本金二十万圆以上之会社拟为增加资本者，关于其资本增加，应受经济部大臣之认可。资本金未满二十万圆之会社拟增加资本金为二十万圆以上时，亦同。

拟受前项认可之会社，应作成记载左列事项之认可呈请书正副二通，经由满洲中央银行提出于经济部大臣。

一、会社之商号及本店所在地；

二、会社之现在资本金额及如为株式会社时其缴纳株金额；

三、资本增加之金额，并如为株式会社时，其新株株金之第一次缴纳之时期及金额；

四、资本增加之方法；

五、必须增加资本之事由；

六、依资本增加所调达资金之使途；

七、以资本增加属于事业设备之新设、扩张或改良为目的者，关于此项之计画及其预算之大要并资金之调达方法。

于前项之认可呈请书，应添附左列书类：

一、定款并最近决算期末之贷借对照表及损益计算书；

二、随资本增加之事业计画明细书及事业收支计画书。

株式会社自资本增加认可之日起，六月以内不为新株株金之第一次缴纳之催告时，于其催告前，应更准照前二项之规定，为认可之呈请。（康六·第七三号本条中修正）

第六条　资本金二十万圆以上之会社拟为合并时，关于其合并，应受经济部大臣之认可。资本金未满二十万圆之会社因合并而设立或合并后存续之会社之资本金拟为二十万圆以上之合并时，亦同。

拟受前项之认可之会社，应与为合并契约之会社合同，作成记载左列事项之认可呈请书正副二通，经由满洲中央银行提出于经济部大臣。

一、为合并契约之会社之商号及本店所在地；

二、为合并契约之各会社之目的并资本金额及缴纳资本金额；

三、合并后存续之会社或因合并而设立之会社之商号及本店所在地；

四、合并后存续之会社或因合并而设立之会社之目的并资本金额及缴纳资本金额；

五、合并之方法及时期；

六、必须合并之事由；

七、合并后存续之会社或因合并而设立之会社之事业大要。

于前项之认可呈请书，应添附左列书类。

一、合并契约书之誊本；

二、合并后存续之会社或因合并而设立之会社之定款并事业计画明细书及事业收支计画书；

三、为合并契约之各会社之定款并最近决算期末之贷借对照表及损益计算书。（康六·第七三号本条中修正）

第七条 资本金二十万圆以上之会社拟为目的之变更时，关于其变更，应受经济部大臣之认可。

拟受前项认可之会社，应作成记载左列事项之认可呈请书正副二通，经由满洲中央银行提出于经济部大臣。

一、会社之商号及本店所在地；

二、会社之资本金额及缴纳资本金额；

三、会社现在之目的及变更后之目的；

四、必须变更目的之事由；

五、目的变更后之事业之大要。

于前项之认可呈请书，应添附左列书类：

一、现在之定款及目的，变更后之定款案，并最近决算期末之贷借对照表及损益计算书；

二、随目的变更之事业计画明细书及事业收支计画书。（康六·第七三号本节中修正）

第八条 资本金二十万圆以上之株式会社，拟为第二次以后之株金缴纳之征收时，关于其征收，应受经济部大臣之认可。

拟受前项认可之会社，应作成记载左列事项之认可呈请书正副二通，经由满洲中央银行提出于经济部大臣。

一、会社之商号及本店所在地；

二、会社之资本金额及缴纳资本金额；

三、拟征收之株金缴纳方法、时期及金额；

四、必须为株金征收之事由；

五、依株金之缴纳所调达株金之使途；

六、以株金之征收属于事业设备之新设、扩张或改良为目的者，关于此项之计画及其预算之大要并资金之调达方法。

于前项之认可呈请书，应添附左列书类。

一、定款并最近决算期末之贷借对照表及损益计算书；

二、随株金征收之事业计画明细书及事业收支计算书。（康六·第七三号本条中修正）

第九条 资本金二十万圆以上之株式会社拟募集社债时，关于其募集,应受经济部大臣之认可。

拟受前项认可之会社,应作成记载左列事项之认可呈请书正副二通,经由满洲中央银行提出于经济部大臣。

一、会社之商号及本店所在地;

二、会社之资本金额及缴纳资本金额;

三、社债发行之时期、总额及条件;

四、必须募集社债之事由;

五、依社债募集所调达资金之使途;

六、社债募集以属于事业设备之新设、扩张或改良为目的者,关于此项之计画及其预算之大要并资金调达之方法。

于前项之认可呈请书,应添附左列书类。

一、定款并最近决算期末之贷借对照表及损益计算书;

二、随社债募集之事业计画明细书及事业收支计画书;

三、社债要约证之情形及募集趣意书;

四、社债使银行、保险会社或由有价证券承受业者或其他者为其承受或募集之办理时,关于其承受或募集之办理之契约书案;

五、社债依社债担保权信托法被附于担保权时,其信托证书案。(康六·第七三号本条中修正)

第九条之二　　资本金二十万圆以上之会社,拟按超过年百分之八之利率为每事业年度之利益配当(不问其为记念配当、特别配当其他名称之如何特别之配当除外,以下同)时,除合于左列各款情形之一者,关于按该利率之利益配当,应受经济部大臣之认可。

一、援用最近决算期之利益配当率或依其率以下之率时;

二、于最近之决算期,依年百分之八以上、百分之十未满之率为利益配当之会社,按于其利益配当率增加年百分之一(在以一年为一事业年度者,为百分之二)以下之率时,但配当率不得超过年百分之十。

资本金二十万圆以上之会社,拟将经济部大臣指定之会社每事业年度之利益配当按超过年利百分之八利率时,除合于前项第一款之情形者,关于按该利率之利益配当,应受经济部大臣之认可。

拟受前二项认可之会社,应作或记载左列事项之认可呈请书正副二份,经由满洲中央银行提出于经济部大臣。

一、会社之商号及本店所在地;

二、会社之资本金额及缴纳资本金额；

三、会社所营事业之概要；

四、该利益配当所属之事业年度；

五、该利益配当之预定率（如关于优先株及其他利益配当发行数种有差别之株式会社，其每种类之预定率）及须按该利率为配当之事由；

六、该利益配当之支付开始之预定日期；

七、于该利益配当所属之事业年度内受政府补助金、补给金及其他之交付金时，该交付金之名称、金额、事由及交付官厅名；

八、该利益配当所属之事业年度、前四事业年度之利益配当之利率，于同一事业年度内之记念配当、特别配当及其他不问名称之如何为特别之利益配当（以下简称特别利益配当）时，该事业年度及配当之利率；

九、其他可为参考之事项。

于前项之认可呈请书，应添附左列书类。

一、定款及株主或准此者之名簿；

二、关于该利益配当所属之事业年度及前四事业年度之财产目录、贷借对照表、损益计算书及利益金处分之书类；

三、足以明知该利益配当所属之事业年度之主要收入、支出及资产偿却之内容之书类；

四、会社之经历书。

第九条之三　资本金二十万圆以上之会社，拟为利益配当外之特别利益配当时，除该特别利益配当之利率，加算该利益配当之利率，未超过年利百分之八时，关于按该利率之特别利益配当，应受经济部大臣之认可。

前条第三项及第四项之规定，于前项情形准用之。（康六·第七三号本条追加）

第十条　不依《临时资金统制法》第四条之二第一项第一款至第三款所列之资金，而拟为属于五万圆以上之事业设备之新设、扩张或改良者，关于其新设、扩张或改良，应受经济部大臣之认可。

前项五万圆以上，如关于属于另设所列之事业设备之新设、扩张或改良者，则为三万圆以上。

拟受前二项之认可者，应作成记载左列事项之认可呈请书正副二份，经由满洲中央银行提出于经济部大臣。

一、申请人之住所及姓名、商号或名称；

二、如为会社，其资本金额及缴纳资本金额；

三、关于属于事业设备之新设、扩张或改良之计画及其他预算之大要并资金等调达方法；

四、属于事业设备之新设、扩张或改良之必要事由。

于前项之认可呈请书，应添附左列书类。

一、如系会社，则为定款并最近决算期末之贷借对照表及损益计算书；如系会社以外之法人，则为定款或准此之书类并足以明知事业及资产负债之概要之书类；如系商人，则为足以明知现在所营事业之概要之书类。（如系为无人格之团体呈请时，则为该团体之规约并足以明知事业及资产负债之概要之书类）

二、随属于事业设备之新设、扩张或改良之事业计画书、明细书及事业收支计画书。（康六·第七三号本条修正）

第十一条　经营属于《临时资金统制法》第五条之重要产业之事业之株式会社，拟为超过《会社法》第一百五十八条第一项及第二项所规定之限制募集社债，受经济部大臣之认可时，应作成记载第九条第二项所揭事项及必须超过《会社法》第一百五十八条第一项及第二项所规定之限制募集社债之事由之认可呈请书正副二通，经由满洲中央银行提出于经济部大臣。

于前项认可呈请书，应添附左列书类及第九条第三项所揭之书类。

一、会社之登记簿之誊本；

二、附于社债之担保物件之目录；

三、前款之担保物件为会社之财产时，将其价格按最近决算期末之财产目录之科目别所记载之书类；

四、第九条第三项第四款及第五款所揭之书类。

第十二条　资本金二十万圆以上之会社及拟为翌年中二十万圆以上之事业设备之新设、扩张或改良之计画者，应准据本令附属书式，作成翌年一月起至十二月止之资金计画书正副二份，于每年十一月末日以前，经由满洲中央银行提出于经济部大臣。

每年十二月中设立之资本金二十万圆以上之会社，及因合并或资本增加而成为资本金二十万圆以上之会社，并于每年十二月中拟为翌年中二十万圆以上之事业设备之新设、扩张或改良之计画者，应于同月末日以前,准照前项之规定,将资金计画书提出于经济部大臣。

依前二项之规定提出资金计画书者,关于其资金计画书之记载事项有合于左列各款之一之变更时,应随时准照前二项之规定,将其意旨报告经济部大臣。

一、关于属事业设备之新设、扩张或改良之计画所需之资金有二十万圆以上之增减时;

二、如对于所属需金应生二十万圆以上之增减之事业设备之新设、扩张或改良有计画之变更时;

三、如有金额二十万圆以上之筹调方法之变更时。(康六·第七三号本条修正)

第十二条之二 于每年一月起至十二月止之间设立之资本金二十万圆以上之会社,及因合并或资本金增加而成为资本金二十万圆以上之会社,并自每年一月起至十二月末日止之间拟为二十万圆以上之事业设备之新设、扩张或改良之计画者,关于该年中之资金计画,应准照前条第一项之规定,速将资金计画书提出于经济部大臣。

前条第三项之规定,于前项之情形准用之。(康六·第七三号本条追加)

第十三条 银行及保险会社合于左列各款之一时,应分为每月一日起至十日止、十一日起至二十日止及二十一日起至末日止之三回,于翌旬中作成其报告书正副二通,经由满洲中央银行提出于经济部大臣。

一、为一笔三万圆以上资金之贷与时;

二、贷与总额三万圆以上之资金分数笔贷与者,为其各笔之贷与时。

银行、保险会社及有价证券承受业者,合于左列各款之一时,应随时作成报告书正副二通,经由满洲中央银行提出于经济部大臣。

一、为额面总额五万圆以上之外国有价证券之应募,受其分摊时;

二、缔结关于额面总额五万圆以上之外国有价证券之承受或募集之办理之契约时。

资本金二十万圆以上之会社发行社债者,应随时作成报告书正副二通,经由满洲中央银行提出于经济部大臣。

依前二项之规定应提出于经济部大臣之报告书,应从其属报告之事项之区分,记载左列事项。

一、关于资金贷与之报告书。

（一）借主之姓名、商号或名称及住所；

（二）借主之事业之种类；

（三）贷与之年月日；

（四）贷与之种类及金额；

（五）贷与之利率、偿还期限及其他之条件；

（六）贷与金之使途。

二、关于外国有价证券应募之报告书。

（一）发行人之商号或名称及住所；

（二）发行人之事业之种类；

（三）应募分摊之年月日；

（四）受分摊之外国有价证券之种类、数量、价额及缴纳之时期；

三、关于外国有价证券之承受或募集之办理之报告书。

（一）发行人之商号或名称及住所；

（二）发行人之事业之种类；

（三）关于承受或募集之办理之契约缔结年月日；

（四）为承受或募集之办理之外国有价证券之种类、数量及价额；

（五）关于承受或募集之办理之条件；

（六）发行之时期、总额及条件；

（七）依发行所调达资金之使途。

四、关于社债发行之报告书。

（一）会社之商号及本店；

（二）社债发行之种类及条件；

（三）社债金缴纳完了之年月日；

（四）为社债之承受者之姓名、商号或名称及住所并承受额；

（五）募集办理人之姓名或商号及住所并募集办理额。（康六·第七三号本条中修正）

第十三条之二　资本金二十万圆以上之会社，于每事业年度之决算确定后三十日以内，应作成记载左列事项之报告书正副二份，经由满洲中央银行提出于经济部大臣。

一、会社之商号及本店所在地；

二、会社之资本金额及缴纳金额；

三、该事业年度之利益配当及特别利益配当之利率。

前项之报告书,应添附左列书类。

一、关于该事业年度之财产目录、贷借对照表、损益计算书及利益金处分之书类或总括以上诸表之决算报告书;

二、足以明知该事业年度之主要收入、支出及资产偿却之内容之书类;

三、定款及株主或准此者之名簿。(康六·第七三号本条追加)

第十四条 经济部大臣除本令规定者外,对于关系人得命提出关于依《临时资金统制法》之认可所必要之书类。

附则

本令自康德五年十月一日施行。

会社依株金之缴纳、社债之发行或由银行及保险会社借入所得之资金,而于本令施行前已为其株金缴纳之催告、社债之募集或借入者,拟为属于其事业设备之新设、扩张及改良,须十万圆以上资金时,应准照第十条之规定,关于其新设、扩张或改良,受经济部大臣之认可。但本令施行之际现在着手其新设、扩张或改良者,而于本令施行后一月以内预计完了者,不在此限。

附则(康德六年十二月二十六日经济部令第七三号)

本令自康德七年一月一日施行。

资本金二十万圆以上之会社,于本令施行最初之利益配当时,以康德六年十月三十一日以前最近决定之利益配当率,为第九条之二第一项第一款规定之最近决算期之利益配当。

本令施行前已着手于左列设备之新设、扩张或改良者,迄于本令施行日尚未完了该设备之新设、扩张或改良时,应准照第十条第三项之规定,关于其设备之新设、扩张或改良,于本令施行后即速受经济部大臣之认可。

一、资本金五十万圆以上之会社,不依株金之缴纳或社债之募集,以所得之资金为五万圆以上、十万圆未满事业之设备;

二、资本金未满五十万圆之会社或会社以外之法人或个人,以由银行或保险会社借入之资金为五万圆以上、十万圆未满事业之设备;

三、为前款所规定者依前款以外之方法,以所得之资金为五万圆以上事业之设备。

前项五万圆以上,如为属于另表二所列之事业设备之新设、扩张或改良者,则为三万圆以上。

资本金二十万圆以上之会社,于本令施行后三十日内,关于本令施行前最近终了之事业年度,应准照第十三条之二之规定作成报告书正副二份,经由满洲中央银行提出于经济部大臣。

家畜交易市场法

（康德二年十二月二十八日敕令第一六一号）

朕依《组织法》第四十一条,经咨询参议府,裁可《家畜交易市场法》,著即公布。

（国务总理、军政部、实业部、蒙政部大臣副署）

第一条　本法所称家畜者,系指马、骡、驴、牛、绵羊、山羊、豚及骆驼而言。

第二条　家畜交易市场（以下简称市场）非公共团体或以命令所定者,不得开设。

第三条　欲开设市场者,应缮具业务规程及关于事业计画之文件,呈经监督官署许可。

欲变更业务规程或事业计画时,应呈请监督官署认可。

第四条　公共团体开设常设市场时,监督官署依其声请呈经主管部大臣认可,得命令认为必要区域内私设市场之废场。

第五条　有前条情形,公共团体对于被命废场之私设市场开设者,应补偿其损失。

依前项之规定应补偿之金额,依协议定之,如协议不谐,应呈请监督官署之决定。对于其决定有不服者,自接受决定书之日起,在九十日以内得出诉于法院。

第六条　在市场,非在其场内或附属处所之家畜,不得买卖或交换。

第七条　关于常设市场监督官署呈经主管部大臣认可所指定之区域内,除命令另有规定者外,对该市场所办理之家畜,不得开设市场。

第八条　以家畜之买卖、交换或其居间为业者,在市场附近之区域内,当市场开场日及其前后之期间中,对于该市场所办理之家畜,不得为买卖、交换或其居间。但命令另有规定者，不在此限。

前项之区域及期间，由监督官署指定之。

第九条　市场开设者无正当事由，不得拒绝其市场所办理之家畜入场或在场内买卖或交换。

第十条　公共团体在其开设市场之业务规程中，得设关于五十圆以下过怠金之规定。

在市场为关于家畜买卖或交换之行为者，以不知业务规程，不得免其责任。

第十一条　关于市场及其附属建设物之位置、构造及设备，市场内之交易方法，市场内居间业者及家畜宿业者之资格及营业，市场监督并对市场家畜传染病预防及其他家畜卫生上所必要之事项，以命令定之。

第十二条　监督官署认为有必要时，得派该管官吏临检市场或其附属处所，检查市场开设者、居间业者或家畜宿业者之账簿文件及其他物品，询问关系人，诊断在市场或其附属处所之家畜或停止其移动。

第十三条　市场之休场或废场，应经监督官署认可。市场开设许可之际监督官署所指定之期间内不开场时，亦同。

第十四条　监督官署有左列情形时，得撤销市场开设之许可，又停止或限制业务。

一、市场开设者违反本法或根据本法所发之命令时；

二、认为市场之开设有卫生上危害及其他有害公益之虞时。

第十五条　未经许可而开设市场者，处六月以下之有期徒刑或五百圆以下之罚金。

第十六条　违反第三条第二项或第十三条者，处一百圆以下之罚金。

第十七条　违反第六条或第九条者，或不服从依第十四条规定之停止或限制处分者，处三百圆以下之罚金。

第十八条　违反第八条者，处三百圆以下之罚金。

第十九条　意图犯前条之罪，而依第八条第二项之规定在监督官署所指定之区域及期间内，系留马、骡、驴或牛于家畜店或家畜宿者，处拘役或一百圆以下之罚金。明知情形而使其系留马、骡、驴或牛之家畜店业者或家畜宿业者，亦同。

第二十条　阻碍依第十二条之规定之该管官吏执行职务，或对其询问不为答辩或为虚伪之陈述者，或违反依该条规定之家畜移动停止命令者，处三百圆以下之罚金。

第二十一条　使用人及其他从业员关于其使用主之业务有抵触本法或根据本法所发命令罚则之行为时，除罚该行为人外，并罚其使用主。

第二十二条　家畜营业者如系关于营业未具有与成年人同一能力之未成年人或心神丧失人时，依本法或根据本法所发之命令应适用之罚则，对于其法定代理人适用之。

第二十三条　法人之使用人及其他从业员关于法人之业务有抵触本法或根据本法所发命令罚则之行为时，除罚该行为人外，并罚执行业务之董事、监察人或社员。

执行法人业务之董事、监察人或社员为前项行为时，罚该董事、监察人或社员。

第二十四条　有第二十一条或前条第一项情形，使用主或董事、监察人或社员，证明无从防止该违反行为时，则不罚之。

第二十五条　本法所称监督官署者，系指省长、北满特别区长官或特别市长而言。对于特别市所开设之市场，系指主管部大臣而言。

第二十六条　本法对于帝室、政府及地方行政官署所为之家畜买卖或交换，不适用之。

附则

本法自公布日施行。

本法施行之际公共团体开设之市场，即视依本法业经许可者。

《家畜交易市场法》施行规则

（康德二年十二月二十八日实业部令第二七号、军政部令第四号、蒙政部令第二七号）

兹制定《〈家畜交易市场法〉施行规则》如左。

（实业部、军政部、蒙政部大臣副署）

第一条　家畜交易市场（以下单称市场）分为常设市场、定期市场及临时市场。

所称常设市场，系指每年开场一百日以上者而言；所称定期市场，系指每年定期开场，其开场日期不达一百日者而言；所称临时市场，系指不合于常设市场及定期市场者而言。

第二条　得依《家畜交易市场法》第二条之规定开设市场者,除公共团体外,为主管部大臣所指定之以谋畜产之改良发达为目的之组合及其他团体。但非属组合之团体,不得开设常设市场及定期市场。

第三条　前条所定之组合及其他团体,欲呈请《家畜交易市场法》第三条第一项之许可时,须将其章程或准此之文件及其事业报告书,呈送于监督官署。

第四条　业务规程须记载左列事项。但未设有居间业者或家畜宿业者之市场,其业务规程得省略第六款或第七款之事项。

一、事务所之位置;

二、家畜之种类;

三、开场之日时;

四、交易之方法及手续;

五、市场征收之费用及其种类并征收方法;

六、居间业者之佣钱;

七、家畜宿业者之宿费及系留费;

八、违约者处分之方法;

九、前各款之外业务执行上必要之事项。

前项第六款之居间业者,系指在市场或其附属处所,以作家畜买卖或交换之斡旋为业者而言;第七款之家畜宿业者,系指在市场或其附属处所,以留宿或系留家畜为业者而言。

第五条　事业计画书须记载左列事项。但临时市场之事业计画书,得省略第二款及第四款之事项。

一、市场之名称、位置及附近之略图;

二、用地之面积、建设物及其他工作物之名称、面积、个数、构造、设备并图面;

三、入场家畜估计数;

四、事业资金及收支计算;

五、市场之管理方法。

常设市场或定期市场之事业计画书,须附添记载市场开设地方之家畜集散并交易之状况及其他关于开设市场之必要事项之文件。

第六条　在《家畜交易市场法》第七条所定常设市场之区域内,限于临时市场,得开设之。

第七条　监督官署已制定、变更或取消《家畜交易市场法》第七条或第八条第一项之区域及期间时,应告示之。

第八条　以家畜之买卖或交换或其斡旋为业者,因有不得已事由,如得到该市场开设人之同意并经监督官署之许可时,得在《家畜交易市场法》第八条第一项之区域及期间内,为家畜之买卖或交换或其斡旋。

第九条　市场须按其类别,在其名称中使用常设家畜交易市场、定期家畜交易市场或临时家畜交易市场之字样。

非属市场者,不得在其名称中使用可以表示为市场之字样。

第十条　市场开设人须设定市场之管理人,将其姓名及住址呈报监督官署。其有变更时亦同。

第十一条　市场开设人员须将市场之名称以牌匾标示之,并于场内备置业务规程,且揭示其摘要。

第十二条　市场开设人须按家畜之种类分别缮制台账,对于每匹入场家畜,记入左列事项。

一、入场年月日;

二、产地、购买地或交换地;

三、饲养地;

四、性(牡、牝、骟或阉之别);

五、毛色;

六、在马、骡、驴及骆驼之时,其体高;

七、在牛、绵羊、山羊及豚之时,其体重;

八、年龄;

九、现在用途。

定期市场或临时市场之开设人,如依第十九条第二项之规定无秤量器之设备时,第七款之体重须记入推测体重。

入场家畜已买卖或交换时,市场开设人须在第一项台账内记入其年月日、买卖或交换当事人之姓名或名称及住址并其价额。

第十三条　在市场买卖或交换之家畜及其价款,须依业务规程所定,经由市场开设人而授受之。

第十四条　常设市场开设人须按已买卖或交换之家畜之每一种类,将其匹数并其最高、最低、平均之价额并其他监督官署所定事项,在其翌日于市场内揭示之。

市场开设人须将该市场之交易成绩报告监督官署。其事项、样式及日期,由监督官署定之。

第十五条　市场开设人,须使兽医对于牵入市场或其附属处所之家畜施行健康检查。

常设市场开设人,须置兽医使办理家畜之卫生事务。

第十六条　入场家畜如罹染炭疽、假性皮疽、牛疫、牛肺疫、口蹄疫、羊痘、豚虎列拉、豚疫或其他主管部大臣特指定之家畜传染病或已罹染之嫌疑时,市场开设人须呈报监督官署,并报告该市场所在地之家畜传染病预防关系官署,且为左列之处置。

一、家畜之隔离;

二、接触病源或有已接触之嫌疑者,或污染病毒或有已污染嫌疑之处所或物品之消毒;

三、罹染家畜传染病或有已罹染嫌疑之家畜之尸体,其烧却或埋却。

前项第三款之烧却或埋却,须于不接近人家、饮料水、河流或道路之场所为之。在埋却之时,其土坑虽投入尸体,尚须留有离地面一米以上之余地,于投入尸体后,以石灰或其他有消毒力之物品厚撒其上,而以土填塞之。

市场开设人因为有不得已事由,不能为第一项各款所载处置时,须即具报于监督官署,请求指示。

第十七条　前条第一项之处置所需之费用,除另行规定时外,为市场开设人之负担。但市场开设人对于第三款之处置,得将直接所需费用之一部,使该家畜所有人负担之。

第十八条　市场及其附属建筑物之位置,须在公众及家畜之卫生上无妨碍之处所。

第十九条　常设市场须设检查所、卖场、系场、畜舍、隔离所、饲粮仓库及葬物坑,其构造、设备,依左列各款行之。但监督官署依土地之状况,得斟酌之。

一、检查所须施设家畜之健康检查、体高及体重之测计并治疗上所必需之设备;

二、卖场须筑屋顶,以不渗透质之材料造地盘,并附以六十分之一

之斜度,且设脏水沟,且在系场或畜会买卖或〈交〉换时,得不设卖场;

三、系场须以不渗透质材料造地盘,并附以六十分之一斜度,且设脏水沟;

四、畜舍及隔离所须筑屋顶,以不渗透质之材料造地盘,且附以六十分之一之斜度,其内壁以不渗透质之材料造壁腰,更设以适当之窗及通路,其栏房在马、骡及驴时,按每一匹区划之,在牛、绵羊、山羊、豚及骆驼时,则适宜区划之,并须设置尿坑;

五、马、骡、驴、牛及骆驼之饲槽,须每一匹分别设置之;

六、饲料仓库须以不渗透材质之材料造之,且设以适当之窗;

七、脏物坑及尿坑须以不渗透之材料造之,且加以覆盖,以防雨水之浸人。

定期市场及临时市场并其附属建设物之构造、设备,依土地之状况斟酌前项各款之规定,由监督官署定之。

第二十条　欲经营居间业或家畜宿业者,须呈请监督官署之许可。

监督官署与以前项之许可时,应发给许可证。

第一项之许可在该监督官署之管辖区域外无效。

第二十一条　有左列各款情形之一者,不得受居间业或家畜宿业之许可。

一、未成年人,但关于营业于成年人具有同一能力之未成年人,不在此限;

二、禁治产人;

三、被处一年以上之有期徒刑满期或赦免后未逾三年者,但经监督官署认为有悛改之状者,不在此限;

四、被取消居间业或家畜宿业之许可者;

五、违反《家畜交易市场法》或本规则而受处罚,其情节重者;

六、受破产之宣告,未复权者;

七、无三年以上从事于畜产业之经验者;

八、对于经营居间业或家畜宿业,未经市场开设人同意者;

九、素行不良而有害公益之虞者。

市场开设人对于依第二十七条第一项第五款之规定被取消同意者,在其取消后未逾一年时,不得与以前项第八款之同意。

第二十二条　欲呈请居间业或家畜宿业之许可者,须备具呈请书,附添左列文件，向监督官署呈递之。

一、履历书；

二、资产清册；

三、关于身元之官公署证明书；

四、欲为营业之市场之开设人同意书。

第二十三条　居间业者或家畜宿业者将许可证毁损或遗失时，或姓名有变更时，须即呈报监督官署，请求再发给或换写许可证。

第二十四条　居间业或家畜宿业者将营业场所变更于其他市场时，须即时将其市场开设人之同意书呈送于监督官署，请求换写许可证。在二个以上之市场为营业时亦同。但此时须呈送各市场开设人之同意书。

第二十五条　居间业者或家畜宿业者在其为营业之市场，不得以自己之计算买卖或交换家畜。

第二十六条　家畜宿业者除有正当事由时外，不得休止其营业或拒绝家畜之留宿。

第二十七条　居间业者或家畜宿业者有左列各款情形之一时，营业许可失其效力。

一、死亡时；

二、受禁治产之宣告时；

三、被处一年以上之有期徒刑时；

四、受破产之宣告时；

五、违反业务规程，对于经营居间业或家畜宿业被市场开设人取消同意时。

居间业者兼营家畜宿业者，或家畜宿业者兼营居间业者，其一方之营业许可被取消时，他方之营业许可失其效力。

第二十八条　居间业者违反《家畜交易市场法》或本规则而受处罚时，或有左列各款情形之一时，监督官署得取消居间业之许可，或命其停止营业。

一、强行要求家畜之买卖或交易之斡旋时；

二、伪称马或牛之种类、血统、产地或年龄或隐蔽疾病恶癖而为买卖交易时；

三、强行要求业务规程所定佣钱以外之金钱或其他酬报时；

四、前各款之外，在营业上有不正行为时。

第二十九条　家畜宿业者违反《家畜交易市场法》或本规则而受处罚时，或有左列各款情形之一时，监督官署得取消家畜宿业之许可，或命其停止营业。

一、强行要求家畜之留宿或系留时；

二、强索业务规程所定宿费或系留费以上之金钱或其他物品时；

三、于其营业之处所私为家畜之买卖或交换时；

四、前各款之外在营业上有不正之行为时。

第三十条　居间业者或家畜宿业者有左列各款情形之一时，须即时缴还许可证。

一、依第二十七条第一项第二款至第五款之规定，丧失许可之效力时；

二、被取消许可时；

三、废业时。

居间业者或家畜宿业者死亡时，须由其承继人缴还许可证。

第三十一条　违反第九条第二项、第十条、第二十三条、第二十四条或前条者，处五十圆以下之罚金。

第三十二条　有左列各款情形之一者，处一百圆以下之罚金。

一、违反第十一条、第二十一条第二项或第二十六条者；

二、不计入第十二条所列之事项或为虚伪之记入者；

三、不揭示第十四条第一项所列事项或为虚伪之揭示者。

四、不为第十四条第二项之报告或为虚伪之报告者。

第三十三条　违反第十三条、第十五条、第十六条或第二十五条者，或有第二十八条第一款至第三款或第二十九条第一款至第三款情形之一者，处二百圆以下之罚金。

第三十四条　未经许可而经营居间业或家畜宿业者，处二百圆以下之罚金。以伪诈方法请得许可者，亦同。

第三十五条　监督官署已许可开设市场时，应备具载有许可年月日、市场之名称及位置并开设人之名称之文件，附添业务规程及事业计画书，向主管部大臣报告之。业务规程或事业计画书有变更时，亦同。

监督官署取消开设许可、认可休场或废场或停止、限制业务时，需向主管部大臣报告之。

第三十六条　监督官署应依附录样式,按各市场分别缮造一个年分之交易成绩报告表及调查表,每年至三月末日以前,将依据附录样式第一号及附表第一至第三者,呈送于军政部大臣;将依据附录样式第二号至第六号及附表第四者,呈送于实业部大臣或蒙政部大臣。

附则

本规则自《家畜交易市场法》施行之日施行。

养豚奖励规则

（康德三年三月二十日实业部令第五号）

修正　康德四年七月实业部令第三号

兹制定《养豚奖励规则》如左。

第一条　产业部大臣为谋豚之改良增殖起见,依本规则于每年度预算范围内发给奖励金。

第二条　奖励金为对于特别市、县、市或产业部大臣认为适当之团体所需之左列费用或补助金而发给之。

一、购入改良用豚种所需之费用;

二、对于购入改良用豚种之补助金。

第三条　奖励金之金额在前条第一款时,为其购入价格及输送费之二分之一以内;在第二款时,为其补助金之范围以内。但不得超过其购入价格及输送费之二分之一。

第四条　欲请发给奖励金者,应备具呈请书,连同左列文件,于每年一月三十一日前呈递于产业部大臣。但认为有特别情由时,虽在期间经过后,亦得受理之。

一、专业计画书;

二、收支预算书。

除前项之文件外,产业部大臣遇有认为必要之文件时,得命其提出之。

第五条　受到准予发给奖励金之指令者欲请将奖励金交付时,应于购入及输送完毕后备具请求书,连同精算书,向产业部大臣呈请之。

第六条　受到奖励金之交付者,自受到之日起三年之间,非经产业部大臣认可,不得将其以所受到之奖励金购入之豚种转让或使转让之,或变更其用途或使变更其用途。

第七条 受到奖励金之交付者,自受到之日起三年之间,每年须将以所受到之奖励金购入或使购入之豚种,分别依照后附表式,缮造关于奖励豚种之报告书,于其年度终了后即呈送于产业部大臣,不得延误。

第八条 依本规则应呈送于产业部大臣之文件,在特别市区域内之团体须经由特别市长,在县或市时须经由省长,在县或市区域内之团体须经由县长或市长及省长转报之。

第九条 受到准予发给奖励金之指令者或已受到奖励金之交付者,有左列各款情事之一时,产业部大臣得取消其准予发给奖励金之指令,或将已交付之奖励金全部或一部命令退还之。

一、违反本则之规定时;

二、违反发给奖励金之条件时;

三、事业施行方法认为不适当时。

附则

本令自公布日施行。

第四条中所称之一月三十一日,限于康德三年度为三月三十一日。

毛皮皮革类统制法

(康德五年十二月二十六日敕令第三三九号)

朕依《组织法》第三十六条,经咨询参议府,裁可《毛皮皮革类统制法》,著即公布。

(国务总理、产业部大臣、经济部大臣代理[经济部次长]副署)

第一条 本法所称毛皮者,系指犬、绵羊或山羊之毛皮;所称皮者,系指牛、马、骡、驴、绵羊、山羊或猪之皮;所称革者,系指牛、马、骡、驴、绵羊、山羊或猪之皮已鞣制者而言。

第二条 主管部大臣为确保毛皮、皮及革类之资源而调整其需给,认为特有必要时,对于毛皮、皮、革、以革为原料之产品或单宁之配给、让渡、使用或消费,得发命令或为处分。

第三条　主管部大臣对于与前条之命令或处分有关系之事项,得为报告或为账簿及其他之检查。

第四条　本法所称主管部大臣者,系指产业部大臣及经济部大臣而言。

第五条　违反依第二条规定之命令或处分或根据其命令所为之处分者,处五千圆以下之罚金。

第六条　违反第三条规定不为报告或为虚伪之报告者,处三百圆以下之罚金。

第七条　对于前二条之规定之适用,依康德五年敕令第二百二十五号《关于适用行政法规罚则之件》。

附则

本法自公布日施行。

马事调查法

(康德四年二月四日敕令第四号)

修正　康德四年六月敕令第一四一号

朕依《组织法》第四十一条,经咨询参议府,裁可《马事调查法》,著即公布。

(国务总理、军政部、民政部、蒙政部大臣副署)

第一条　本法所称马质调查者,系指关于马匹(包括骡及驴,以下同)性能之调查而言;所称马数调查者,系指关于马匹匹数之调查而言;所称马事资材调查者,系指关于马具、蹄铁及其他马事资材之性能或数量之调查而言。

第二条　治安部大臣拟行马质调查时,应依命令所定,命令省长集合马匹。

省长接受前项命令时,应命各警察官署长饬甲长,使马匹之所有人或管理人牵马至马质调查场。

第三条　马质调查由治安部大臣所派马质调查官行之。

凡有关之督察署长及甲长,应于马质调查时莅场。

第四条　治安部大臣对于马匹之所有人或管理人,依命令所定给以津贴。

第五条　治安部大臣依命令所定,令省长执行该管辖区域内之马数调查。

在前项情形,省长命令警察官署长饬甲长,执行该甲内之马数调查。

第六条　治安部大臣得令所属官吏监查马数,调查有关之地方官公署之马数调查事务。

第七条　对于马事资材调查,准用第二条、第三条、第五条、第六条及第十一条之规定。

第八条　关于马事调查之必要事项,由治安部大臣与民政部大臣或蒙政部大臣协议定之。

第九条　该管官公吏为马事调查之有必要时,得进入马厩及其他处所检查马匹、马事资材及其他之物或寻问关系人。

第十条　该管官公吏或曾在其职者,将因根据本法执行职务而知悉他人业务上之秘密无故泄露或窃用时,处一年以下之徒刑或一千圆以下之罚金。

第十一条　不服从第二条第二项所定牵马至马质调查场之命令者,处五十圆以下之罚金。

第十二条　阻障依第九条规定之该管官公吏之职务执行,或对于寻问不为答辩或为虚伪之答辩者,处三百圆以下之罚金。

第十三条　本法所称省长者,在首都警察厅管内,则系指督察总监而言;在哈尔滨警察厅管内,则系指督察厅长而言。所称甲长者,系指甲长或准此者或警察署长所指定者而言。所称甲者,系指甲或准此者而言。

第十四条　本法对于帝室或官署所管理之马匹及马事资材,或职务上有乘马必要之军人或警察官吏所有之马匹及马事资材,不适用之。

附则

第十五条　本法自公布日施行。

第十六条　康德元年敕令第九十二号《临时马事调查令》,废止之。

第十七条　治安部大臣对于认为不能执行依本法之马数调查或马事资材调查之区域,得暂时另定调查机关。

附则（康德四年六月二十七日敕令第一四一号）

本法自康德四年七月一日施行。

鸟兽保护法

（康德三年十一月二日敕令第一六一号）

朕依《组织法》第四十一条，经咨询参议府，裁可《鸟兽保护法》，著即公布。

（国务总理、实业部、民政部、蒙政部大臣副署）

第一条　狩猎鸟兽以外之鸟兽，不得捕获之。

狩猎鸟兽之种类以命令定之。

第二条　鸟类之卵除以命令规定者外，不得采取之。关于捕获属于狩猎鸟类之雏亦同。

第三条　狩猎鸟兽除以命令规定者外，如系狩猎鸟类，则自五月一日至八月三十一日之间不得捕获之；如系狩猎兽类，则自四月一日至十月三十一日之间不得捕获之。

第四条　主管部大臣因特殊狩猎鸟兽之保护繁殖认为必要时，得指定区域禁止或限制其捕获。

第五条　主管部大臣、省长、警察总监或哈尔滨警察厅长，因狩猎鸟兽之保护繁殖或其他事由认为必要时，得指定十年以内之期间设定禁猎区。

第六条　狩猎鸟兽不得使用爆发物、剧药、毒药、剧物、毒物、地枪、电气或危险之罥罟窝弓及陷阱而捕获之。

第七条　省长、警察总监或哈尔滨警察厅长，因狩猎鸟兽之保护繁殖或其他事由认为必要时，得经主管部大臣之认可，禁止或限制特定之捕获方法。

第八条　日出前或日没后不得为枪猎。

在市街及其他人烟稠密或众人群集之地方，或向人畜、建筑物、火车、电车或舰船而有枪弹能达到之虞者，不得为枪猎。

第九条　省长、警察总监或哈尔滨警察厅长，因预防危险或其他事由认为必要时，得指定区域禁止枪猎。

第十条　在左列地方不得捕获狩猎鸟兽。

一、禁猎区；

二、公道；

三、公园；

四、庙宇、社寺界内；

五、墓地。

第十一条　因研究学术、驱除有害鸟兽或其他特别事由，如经主管部大臣、省长、警察总监或哈尔滨警察厅长之许可时，不拘第八条以外前列各条之规定，得捕获鸟兽或采取鸟类之卵。

主管部大臣、省长、警察总监或哈尔滨警察厅长为前项之许可时，发给许可证。

第十二条　依前条第一项之规定捕获之鸟兽或采取之鸟类之卵，不得转让或受让。但经警察官署之许可时，不在此限。

第十三条　国、特别市、市、县或旗，得依命令之所定设置猎区。

第十四条　在猎区内，非经猎区设定者之承认，不得捕获鸟兽或采取鸟类之卵。

第十五条　警察官吏或森林官吏，得检查捕获之鸟兽或采取之鸟类之卵。

第十六条　违反本法或根据本法所发之命令而捕获之鸟兽或采取之鸟类之卵，不得转让或受让。

第十七条　主管部大臣认为必要时，得指定种类，禁止或限制鸟兽或其骨肉皮毛类之输出或输入。

第十八条　鸟兽或其肉骨皮毛类之输出或输入营业者，应将其旨意呈报省长、警察总监或哈尔滨警察厅长。废止其营业时亦同。

第十九条　有左列各款情形之一者，处五百圆以下之罚金。

一、违反第一条、第二条、第三条或第八条之规定者；

二、违反依第四条或第十七条规定之禁止或限制者。

第二十条　有左列各款情形之一者，处三百圆以下之罚金。

一、违反第六条或第十条之规定者；

二、违反依第七条或第九条规定之禁止或限制者；

三、阻障依第十五条规定之该管官吏之检查者。

第二十一条　有左列各款情形之一者，处一百圆以下之罚金。

一、违反第十二条、第十四条、第十六条或第十八条之规定者；

二、使他人使用第十一条第二项之许可证者。

第二十二条　将禁猎区及猎区之标识移转、污损、毁坏或卸却者，处五十圆以下罚金。

第二十三条　违反第六条之规定供犯罪用之物件，及违反本法或根据本法所发之命令捕获之鸟兽或采取之鸟兽之卵，而犯人所有或持有者，没收之。

附则

本法施行日期以敕令定之。

（依康德四年二月敕令第一二号自同年三月一日施行）

矿业法

（康德二年八月一日敕令第八五号）

修正　康德四年八月敕令第二三九号

朕依《组织法》第四十一条，经咨询参议府，裁可《矿业法》，著即公布。

（国务总理、实业部、蒙政部大臣副署）

第一章　总则

第一条　本法所称矿业，系指矿物之采掘及其附属事业而言。

第二条　本法所称矿物，系指金矿、银矿、铂矿、铜矿、铅矿、锌矿、锡矿、铁矿、锑矿、铝矿、铰矿、钴矿、硫化铁矿、铬铁矿、锰矿、铋矿、重石矿、铜矿、汞矿、砒矿、磷矿、硫黄、笔铅、煤、煤油（包括与含油层有密接关系之可燃性天然瓦斯）、土沥青、油页岩、石灰石、白云石、苦土石、萤石、长石、火黏土、重晶石、硝石、石膏、硅石、滑石、石绵及云母而言。

第三条　未经采掘之矿物（包括矿滓及废矿）为国有。

第四条　非帝国人民或依帝国法令成立之法人，不得为矿业权者。但产业部大臣而之特别许可者，不在此限。（康四·第二三九号本条中修正）

第五条　在距市街地、铁道、轨道、道路、水道、运河、河湖、沼池、堤塘、庙宇社寺界内地、墓地、公园地及其他营造物或建筑物周围六十米以内之地面及地下，非经该管官署之许可并所有人及利害关系人之承诺，不得采掘矿物。

　　所有人及利害关系人无正当理由，不得拒绝前项之承诺。

　　第六条　矿区相重复时，矿业权者及租矿权者，其权利互受限制。

　　第七条　本法所规定之矿业权者或租矿权者之权利义务，与矿业权或租矿权同时移转；本法所规定之矿业权者或租矿权者之权利义务，视为与租矿权之设定或消灭同时移转于租矿权者或矿业权者。但因矿业权之消灭或租矿权消灭时，不在此限。

　　第八条　依本法规定所为之手续及其他行为，对于欲呈请矿业者、矿业呈请人、矿业权者、租矿权者、土地所有人及其他利害关系人之继承人，亦有其效力。

　　第九条　因国防或资源保全有必要时，得以敕令指定地域或矿物，限制矿业之呈请。

　　第十条　产业部大臣得依命令所定，将本法所定权限之一部委任于矿业监督署长及省长。（康四·第二三九号本条中修正）

　　第十一条　（康四·第二三九号删除）

第二章　矿业权

　　第十二条　矿业权者，在矿区内有采掘取得已经许可矿物之权利。

　　第十三条　矿业权为物权。除本法有规定者外，准用关于不动产之规定。

　　第十四条　矿业权除为继承、让与、滞纳处分、强制执行、抵押权及租矿权之标的外，不得为权利之标的。

　　第十五条　合办矿业呈请人或合办矿业权者，应推定一人为代表人而呈报于矿业监督署长。如未经呈报者，由矿业监督署长指定之。

　　代表人对于国家，代表合办矿业呈请人或合办矿业权者。

　　合办矿业呈请人或合办矿业权者，视为订有合伙契约。

　　第十六条　凡欲经营矿业者，应具呈请书，连同呈请区域之图说，呈请产业部大臣。

　　第十七条　产业部大臣认为呈请之矿业有害公益或无经营矿业之价值时，矿业之呈请不许可之。

　　第十八条　在同一区域，不设定二以上之矿业权。但对于异种之矿物分别经营矿业而无障碍时，及有第四十二条规定之情形时，不在此限。

　　第十九条　关于同种矿物，对于同一区域矿业之呈请相重复时，以呈请书发出之日期时刻在先者为优先者,如呈请书发出之日期时刻相同时,矿业监督署长应指定期间通告各该矿业呈请人互相协商妥协后呈报之。

矿业呈请人不为前项所规定之呈报时,则依抽签之法决定优先者。

第二十条　关于异种矿物,对于同一区域如有矿业之呈请,矿业监督署长认为有碍分别经营矿业时,应指定期间通告各该矿业呈请人互相协商妥协后呈报之。

矿业呈请人不为前项所规定之呈报时,以呈请书发出之日期时刻在先者为优先者,如呈请书发出之日期时刻相同时,则依抽签之法决定优先者。

第二十一条　矿业呈请区域于呈请当时对于同种矿物与矿区相重复者,关于其重复区域矿业之呈请,不许可之。

第二十二条　矿业呈请区域于呈请当时关于异种矿物与矿区相重复,产业部大臣认为有碍分别经营矿业者,关于其重复区域矿业之呈请,不许可之。(康四・第二三九号本条中修正)

第二十三条　如有前五条情形,同一矿床内存在之异种矿物视为同种矿物。

第二十四条　产业部大臣认为矿业呈请区域之位置形状与矿床之位置形状不合,有损矿利时,应指定期间,令该矿业呈请人更正其呈请区域。

矿业呈请人于前项之指定期间内不为更正时,其矿业之呈请不许可之。

第二十五条　矿业呈请人之名义得变更之。

矿业呈请人之名义变更,非经呈报于产业部大臣,不生效力。

第二十六条　矿业呈请人得呈请增减其呈请区域。

关于矿业呈请之规定,于依前项规定之呈请准用之。

第二十七条　左列事项登录于矿业原簿。

一、矿业权之设定、移转、变更、消灭及处分之限制;

二、以矿业权为标的之抵押权之设定、移转、变更、消灭及处分之限制;

三、合办矿业权者之脱退。

前项之登录准为登记。

关于登录之规定，以敕令定之。

第二十八条　前条第一项所列事项，除左列各款情事外，非经登录，不生效力。

一、因继承之矿业权移转；

二、因死亡之合办矿业权者脱退。

第二十九条　矿业权之处分受限制时，矿业权者不得抛弃其矿业权。

第三十条　因错误设定矿业权时，产业部大臣应指定期间，令矿业权者更正矿区或撤销其矿业权。（康四·第二三九号本条中修正）

第三十一条　有左列各款情形之一时，产业部大臣应撤销其矿业权。

一、认为矿业有害公益时；

二、不遵依第三十条规定之命令时；

三、不遵依第四十一条规定之命令时；

四、不遵依第四十二条第一项规定之命令时。

第三十二条　有左列各款情形之一时，产业部大臣得撤销其矿业权。

一、无正当理由，自矿业权设定登录之日起一年以内不开工，或继续停工至一年以上时；

二、矿业权者不遵依第七十八条规定之命令时；

三、矿业权者违反第八十一条第二项之规定而经营矿业时；

四、矿业权者使非租矿权者采掘取得矿物时；

五、矿业权者不缴纳矿业税时。（康四·第二三九号本条中修正）

第三十三条　已为矿业权消灭之登录时，矿业监督署长应即通知抵押权人及租矿权者。

抵押权人接到依前项规定之通知时，得在矿业监督署长指定期间内请求拍卖该矿业权。但依第三十条或第三十一条第一款规定之矿业权撤销时，不在此限。

因拍卖所得之价款，除依次拨付拍卖之费用及清偿对于抵押权人之债务并支付矿业从业人之工资外，其余概归国库。

租矿权者接到依第一项规定之通知时，得于矿业监督署长指定期间内呈请移转该矿业权，经其许可而为矿业权者。但依第二项所规定拍卖之申请经拍归时，或有第二项但书之情形时，不在此限。

矿业权在依第二项或第四项规定之矿业监督署长指定期间内，或迄至依拍卖或第四项规定为移转登录时止，在拍卖或租矿权之标的范围内，仍视为存续。

拍卖之买受人或租矿权者所取得之矿业权，视为在矿业权消灭登录之时矿业权即经移转。

第三十四条　依前条规定新取得矿业权者，得提供时价，请求收买前矿业权者因经营矿业所有之建筑物及其他工作物。关于此项情形，前矿业权者无正当理由，不得拒绝之。

第三章　矿区

第三十五条　矿区系指已为矿业权设定登录之土地区域而言。

矿区以地面境界线直下为限。

第三十六条　矿区为由一单位区域或共通单位区域一边相连接之二以上之单位区域而成者。

单位区域为经度线及纬度线合成之四边形，其各隅点之位置以经纬度之分位定之。相对之两边位置，有经度一分及纬度一分之差。

第三十七条　接触于国境线时，因矿种认为特有必要时及其他认为有不得已之事由时，得不拘于前条之规定设定矿区。

第三十八条　矿业权者得呈请矿区之合并或分割。如欲分割矿区之一部而合并于他矿区时亦同。

欲为依前项规定之呈请时，有抵押权或租矿权之设定者，应经抵押权人或租矿权者之承诺及关于其权利关系之协定。

第三十九条　矿业权者得呈请矿区之增减。

欲为依前项规定之呈请时，如有租矿权之设定，则应预先经租矿权者之承诺。

欲呈请减区时，如有抵押权之设定，则应预先经抵押权人之承诺。

第四十条　关于矿业呈请之规定，于依前二条规定之呈请准用之。

第四十一条　产业部大臣认为矿区之位置形状与矿床之位置形状不合，有损矿利时，应指定期间，令该矿业权者更正其矿区。

第四十二条　产业部大臣认为因矿床之位置形状，非掘进邻接矿区不能保护矿利时，征求邻接矿区之矿业权者、租矿权者及抵押权人之意见后，得令该矿业权者更正其矿区。

依前项规定更正矿区之矿业权者,在其邻接矿区内,唯于保护矿利之目的范围内,得行使其权利。(康四·第二三九号本条中修正)

第四十三条　邻接矿区之矿业权者或其他利害关系人,对他人矿区,得向矿业监督署长呈请其实地调查。

矿业权者关于自己之矿区境界,得向矿业监督署长呈请其实地调查。

依前二项规定之呈请人,应负担调查所需之费用。

第四章　租矿权

第四十四条　租矿权者支付租金于矿业权者,在其矿区内,有采掘取得矿物之权利。

第四十五条　非帝国人民或依帝国法令成立之法人,不得为租矿权者。但经产业部大臣之特别许可者,不在此限。(康四·第二三九号本条中修正)

第四十六条　租矿权为物权。除本法有规定者外,准用关于不动产之规定。

第四十七条　租矿权除为继承、让与、滞纳处分、强制执行或抵押权之标的外,不得为权利之标的。

欲让与租矿权或对租矿权设定抵押权时,应经矿业权者之承诺。

第四十八条　左列事项登录于矿业原簿。

一、租矿权之设定、移转、变更、消灭及处分之限制;

二、以租矿权为标的之抵押权之设定、移转、变更、消灭及处分之限制;

三、合办租矿权者之脱退。

前项之登录准为登记。

关于登录之规定,以敕令定之。

第四十九条　前条第一项所列事项,除左列各款情形外,非经登录不生效力。

一、因继承之租矿权移转;

二、因存续期间届满之租矿权消灭;

三、因矿业权消灭之租矿权消灭;

四、因死亡之合办租矿权者脱退。

第五十条　依限期或采掘量定妥租金之支付时,其租金因矿产物价格之变动,或租税及其他公课之增减,或较邻近矿区租矿权之租金甚不相当时,当事人得不拘契约之条件,对于将来请求之增减。

第五十一条 租矿权者迟付租金至一年以上时,矿业权者得请求租矿权之消灭。

第五十二条 租矿权者无正当理由,自租矿权设定登录或移转登录之日起六个月以内不开工,或继续停工至六个月以上时,矿业权者得限定相当期间请求其开工。

租矿权者不应允依前项规定之请求时,矿业权者得请求租矿权之消灭。

第五十三条 租矿权之存续期间定为二十年以内,如以超过二十年之期间设定租矿权时,期间缩短为二十年。

租矿权之存续期间得更新之。但其期间自更新之日起,不得逾二十年。

未曾以设定行为定租矿权之存续期间者,定为十年。

第五十四条 依前条第二项之规定,租矿权者请求更新而矿业权者不应允时,租矿权者得向矿业权者请求以时价收买其因经营矿业所有之土地及工作物并其他物件。关于此项情形,矿业权者无正当理由,不得拒绝。

第五十五条 租矿权已消灭时,矿业权者或新收得租矿权者得提供时价,请求收买前租矿权者因经营矿业所有之建筑物及其他工作物。关于此项情形,前租矿权者无正当理由,不得拒绝。

第五十六条 租矿权者有左列各款情形之一时,产业部大臣得禁止经营其事业。

一、不遵依第七十八条规定之命令时;

二、违反第八十一条第二项之规定而经营事业时;

三、使他人采掘取得矿物时;

四、不缴纳矿业税时。

依前项之规定受禁止经营事业时,其租矿权则消灭。(康四·第二三九号本条中修正)

第五十七条 第十五条、第二十九条、第三十三条、第三十四条及第四十三条之规定,于租矿权及租矿权者准用之。

第五章 土地之使用及收用

第五十八条 本章所称之补偿金,系指对价、使用费及其他土地所有人、利害关系人普通应受损失之补偿金而言。

第五十九条　欲呈请矿业者、矿业呈请人、矿业权者或租矿权者，因矿业呈请或矿业经营上因测量或调查如有进入他人之土地之必要时，须经矿业监督署长之认定。

经前项之认定者，须预先通知土地占有人，始得进入他人之土地。

第六十条　经前条第一项之认定者，因测量或查勘有必须除去障碍物时，应经矿业监督署长之认定。

经前项之认定者，须预先通知所有人及占有人，始得除去障碍物。

第六十一条　矿业权者或租矿权者，因防御矿业上紧急之危险有必要时，得进入他人之土地或使用之。

依前项之规定，矿业权者或租矿权者已进入或使用他人之土地时，应即通知土地占有人，并呈报矿业监督署长。

第六十二条　欲呈请矿业者、矿业呈请人、矿业权者或租矿权者，因依前三条之规定已进入、使用他人之土地或除去障碍物，以致所有人及利害关系人蒙受损失时，应给予补偿金。

第六十三条　矿业权者或租矿权者因左列目的必须使用他人之土地时，应经矿业监督署长之认定。

一、锥钻孔或坑口之开凿；

二、矿物、土石、爆发药、用材、薪碳、矿滓或灰烬等堆存所之设置；

三、选矿场或制炼场之建设；

四、铁道、轨道、道路、运河、沟渠、管筒、池井、索道或电线等之建设；

五、其他矿业上必要之工程或工作物之建设。

矿业监督署长已为前项之认定时，应即通知土地所有人及利害关系人。

经依前项规定之通知后，矿业权者或租矿权者对于取得关于该土地之权利，应与土地所有人及利害关系人协商之。

第六十四条　使用土地至三年以上或认为因使用土地而变其形质时，土地所有人得请求矿业权者或租矿权者收用其土地。

第六十五条　因收用土地之一部而其余土地不能供从前之使用目的时，土地所有人得请求矿业权者或租矿权者收用其土地之全部。

第六十六条　矿业权者或租矿权者因使用或收用他人之土地，致土地所有人及利害关系人蒙受损失时,对于其损失,应给予补偿金。因使用或收用土地之一部,致其余土地之价值低减或其他关于其余土地发生损失时,亦同。

第六十七条 矿业权者或租矿权者因使用或收用他人之土地,致土地所有人及利害关系人必须新筑或改筑或修筑通路、沟渠、墙栅及其他工作物时,应给予补偿金。

第六十八条 经依第六十三条第二项规定之通知后,土地所有人及利害关系人必须变更土地之形质,或新筑或改筑或增筑或大修缮建筑物及其他工作物或增加物件时,应经矿业监督署长之认定。如未经认定而实行者,不得请求关于此项之补偿金。

第六十九条 经依第六十三条第二项规定之通知后,矿业权者或租矿权者因废止或变更其事业不使用该土地,致土地所有人及利害关系人蒙受损失时,对于其损失应给予补偿金。

第七十条 土地所有人及利害关系人,得使矿业权者或租矿权者对于补偿金取具相当之担保。

第七十一条 对于土地之使用或收用已经协商妥帖或裁决确定时,虽对于补偿金或担保裁决或判决尚未确定时,矿业权者或租矿权者得提存依裁决之补偿金,或取具担保使用或收用该土地。

第七十二条 矿业权者或租矿权者如不给予或提存补偿金或取具担保时,土地所有人及利害关系人得拒绝使用其土地。

第七十三条 收用土地时,于收用时期其所有权应归矿业权者或租矿权者,而其他权利消灭。

使用土地时,其权利于使用时期应归矿业权者或租矿权者,其他权利在使用期间内受停止其行使。但不妨害使用者,不在此限。

第七十四条 土地之使用终了时,矿业权者或租矿权者应即回复土地之原状,或对于因不能回复原状所生之损失给予补偿金而交还之。

第七十五条 抵押权对于因使用或收用其标的物而应给予之补偿金,亦得行使之。关于此项情形,债权人应在给予补偿金之前实行扣押。

第七十六条 本章之规定,于水之使用准用之。

第六章 矿业警察及监督

第七十七条 关于矿业之左列警察事务,依命令所定,由产业部大臣及矿业监督署长行之。

一、建设物及工作物之保安；

二、卫生及生命之保护；

三、危害之预防及其他公益之保护。（康四·第二三九号本条中修正）

第七十八条　产业部大臣认为有矿业上发生危险或防害公益之虞时，应令矿业权者为预防施设或停止工作之全部或一部。

矿业监督署长认为因避免紧急之危险有必要时，得发依前项规定之命令。（康四·第二三九号本条中修正）

第七十九条　虽矿业权消灭后在一年以内，产业部大臣或矿业监督署长仍得准据前条之规定，令该矿业权消灭当时之矿业权者，为关于预防危害之设备。

受依前项规定之命令者，在为关于预防危害设备之目的范围内，即视为矿业权者。（康四·第二三九号本条中修正）

第八十条　产业部大臣得令矿业权者选任或改任关于技术之管理人。

关于前项管理人之资格及职务，以命令定之。（康四·第二三九号本条中修正）

第八十一条　矿业权者应遵照命令所定，造具施工计画书，呈请矿业监督署长认可。如其欲变更时亦同。

矿业权者非遵照施工计画书，不得经营矿业。

第八十二条　矿业监督署长认为有必要时，得明示理由，令矿业权者变更施工计画书。

第八十三条　矿业权者应遵照命令所定，备置坑内实测图及矿业簿于矿业事务所，并造具其副本，呈送矿业监督署长。

第八十四条　矿业权者应遵照命令所定，造具关于矿业之详细说明书，呈送于矿业监督署长。

第八十五条　产业部大臣或矿业监督署长，得向矿业权者要求关于矿业之报告。

该管官吏得检查关于矿业之文书物件或前往坑内及其他处所履勘，如认为有关于矿业之犯罪时，实行侦查并扣押可为罪证之文书物件或封锁坑内全部或一部。

第八十六条　经设定租矿权时，第七十八条至第八十五条之规定，即于租矿权者适用之。

第七章 裁决、诉愿及诉讼

第八十七条 关于矿业呈请之许可、不许可、矿业权之撤销或依第五十六条第一项规定之事业之禁止如有不服者,得向产业部大臣提起诉愿。(康四·第二三九号本条中修正)

第八十八条 矿业权者或租矿权者关于第五条之承诺被拒绝或不能承诺时,得向矿业监督署长呈请裁决。

对于前项之裁决如有不服者,得向产业部大臣提起诉愿。(康四·第二三九号本条中修正)

第八十九条 关于土地之使用或收用、水之使用、补偿金或担保协商不谐或不能协商时,矿业权者、租矿权者及土地所有人,得向矿业监督署长呈请裁决。

前项之裁决中,关于土地之使用或收用或水之使用如有不服者,得向产业部大臣提起诉愿。

第一项之裁决中,关于补偿金或担保有不服者,得出诉于法院。(康四·第二三九号本条中修正)

第九十条 诉愿或诉讼,自受裁决书或处分通告书之日起经过六十日时,不得提起之。

前项之期间,对于未受裁决书或处分通告书者,自公示之日算起。

第八章 罚则

第九十一条 无矿业权或租矿权而采掘矿物,或以诈伪行为使设定矿业权者,处以三年以下之有期徒刑或三千圆以下之罚金。

矿业权者或租矿权者因过失侵掘矿区以外时,处以五百圆以下之罚金。

有前二项情形,没收其所采掘之矿物。如不能没收其全部或一部时,则追征其价额。

第九十二条 矿业权者或租矿权者有左列各款情形之一者,处以五百圆以下之罚金。

一、违反第五条之规定而采掘矿物者;

二、违反依第七十八条或第七十九条第一项规定之命令者。

第九十三条 有左列各款情形之一者,处以二百圆以下之罚金。

一、未经第六十条第一项之认定而除去障碍物者;

二、违反依第八十条第一项规定之命令者；

三、违反第八十一条、第八十三条或第八十四条之规定或违反依第八十二条规定之命令者。

第九十四条 不为依第八十五条规定之报告或为虚伪之报告，或妨碍该管官吏之执行职务者，处以三百圆以下之罚金。

第九十五条 矿业权者或租矿权者之使用人及其他从业员关于其使用主之业务有抵触本法罚则之行为时，除罚该行为人外，并处罚使用主。但该使用主为心神丧失人或关于营业未具有与成年人同一能力之未成年人时，则处罚其法定代理人。

第九十六条 法人之使用人及其他从业员关于该法人之业务有抵触本法罚则之行为时，除罚该行为人外，并处罚其董事、监察人或执行业务之社员。

法人之董事、监察人或执行业务之社员有前项之行为时，处罚该董事、监察人或社员。

第九十七条 有第九十五条及前条第一项情形，如其使用主或法定代理人或董事、监察人或社员证明其对于各该违反行为无法防止时，不处罚之。

附则

第九十八条 本法施行日期以敕令定之。

第九十九条 本法施行之际，依从前之规定现尚存在之矿业权，即视为依本法之规定经矿业权设定之登录。

第一百条 依从前之规定所为之处分或手续及其他行为，在本法中有相当之规定者，即视为依本法之规定为之。

第一百零一条 对于本法施行之际依从前之规定现尚存在之矿业权，而以第二条所规定之矿物以外之矿物为标的者，暂时仍依从前之例。

第一百零二条 本法施行之际，依从前之规定现尚存在之矿业权而定有存续期间者，其期间不得延长之。

第一百零三条 本法施行之际，对于第二条所规定之矿物以外之矿物现尚存在之矿业呈请，不许可之。

第一百零四条 对于第九十九条之矿业权，第三十六条之规定暂时不适用之。但产业部大臣认为有必要时，得指定期间，令矿业权者更正其矿区。

矿业权者如不遵依前项但书规定之命令时，产业部大臣得撤销其矿业权。

第一百零五条　在本法施行之际，对于第二条所规定之矿物现尚为矿业呈请人者，应在产业部大臣所指定之期间内，将其呈请区域更正为依第三十六条规定之区域。

在前项之期间内不为更正时，矿业之呈请即视为撤回。

　　　　附则（康德四年八月十二日敕令第二三九号）

本法自康德四年七月一日施行。

产金奖励规则

　　　　　　　　　（康德五年四月六日产业部令第二四号）

兹制定《产金奖励规则》如左。

第一条　产业部大臣依据本规则，对于以采掘金为目的之矿业权者或租矿权者，关其所为之探矿或凿孔机设备、选矿设备、精炼设备或砂金采掘设备等，按每年度之预算范围内，交付奖励金。

第二条　探矿奖励金额以所需费用之半额以内，且以合于左开各款之一金额为限度。

一、金矿床探矿者：

甲、在于横坑或斜坑对其延长　每米二十圆；

乙、在竖坑对其深度　每米四十圆。

二、砂金矿床探矿者：

甲、试锥　每孔五圆；

乙、冻硝　每孔十五圆。

第三条　设备奖励金额为凿孔机设备、选矿设备、精炼设备或砂金采掘设备所需费用之半额以内。

第四条　凡欲请交付探矿奖励金者，应于每年二月末日以前，按照格式第一号缮造呈请书，呈请产业部大臣。但对于认为有特别情事者，虽逾限，亦有时受理之。

第五条　凡欲请交付设备奖励金者，应于每年二月末日以前，按照格式第二号缮造呈请书，呈请产业部大臣。但对于认为有特别情事者，虽逾限，亦有时受理之。

第六条　产业部大臣受理前二条之呈请书而认其为应交付奖励金时,即拟定奖励金交付条件而发交指令书。

对于交付指令书前业经实行之探矿,不交付奖励金。但因特别情事预先得产业部大臣之承认者,不在此限。

关于发交指令书前已行施设之凿孔机设备、选矿设备、精炼设备及砂金采掘设备者,亦与前项同。

第七条　受奖励金交付指令者,如将矿采权或租矿权转让时,其承继人应添具证明转让之书类,而将其事呈报产业部大臣。

为前项呈报之承继人,即视为已受发给奖励金交付指令者。

第八条　受奖励金交付指令者,如欲变更探矿计画或凿孔机设备、选矿设备、精炼设备或砂金采掘设备计画时,应事先请产业部大臣承认。

第九条　奖励金于探矿已达预定之延长或深度,或预定地点之试锥或冻碏已完竣时,交付之。但有特别情事者,不在此限。

凿孔机设备、选矿设备、精炼设备或砂金采掘设备已完竣时,亦与前项同。

第十条　受探矿奖励金交付指令者,应备置探矿日志及探矿费支付簿。探矿日志须记载掘凿或试锥、冻碏之状况及地质、矿床之状态;采矿费支付簿须记载关于探矿之开支。

对于探矿费支付簿所记载之开支,应备置证据书类。

第十一条　受设备奖励金交付指令者,应备置工事日志、工事费支付簿及设备台账。工事日志须记载工事之状况;工事费支付簿须记载关于工事之开支;设备台账记载所设备之机械、器具及其他等。

对于工事支付簿所记载之开支,应备置证据书类。

第十二条　受奖励金交付指令者,应根据探矿日志或工事日志,每月十日以前,将关于其前月分之掘矿状况及地质、矿床之状态或工事之状况,按照格式第三号缮造报告书,呈送产业部大臣。

第十三条　因重大事故致探矿作业或凿孔机设备、选矿设备、精炼设备或砂金采掘设备等之工事发生障碍时,受发给奖励金交付指令者,应迅速将其概要呈报产业部大臣。

第十四条　受奖励金交付指令者欲休止或废止探矿作业或凿孔机设备、选矿设备、精炼设备或砂金采掘设备等之工事时,事前应呈请产业部大臣承认。

第十五条　产业部大臣认有必要时,对于受奖励金交付指令者,得命令其中止采矿或变更采矿计画,或凿孔机设备、选矿设备、精炼设备与砂金采掘设备之计画之变更。

第十六条　产业部大臣认有必要时,对于受奖励金支付指令者,得命令其报告关于采矿或凿孔机设备、选矿设备、精炼设备或砂金采掘设备之工事或会计,并检查其书类簿册或采矿及工事之状况。

第十七条　采矿达到预定之延长或深度,或预定地点之试锥、冻碃已完竣,或凿孔机设备、选矿设备、精炼设备、砂金采掘设备已完成时,受奖励金交付指令者,应迅速呈报产业部大臣。

第十八条　受奖励金交付指令者欲请求交付奖励金时,应按照格式第四号缮造呈请书,呈送产业部大臣。

第十九条　受奖励金交付指令者或受交付奖励金者有合左列各款情形之一时,产业部大臣得取销奖励金交付指令、减少奖励金之金额或命其缴还已交付奖励金之全部或一部。

一、违反本则或根据本则所命令之事项时;

二、违反奖励金交付条件时;

三、未经产业部大臣之承认而变更采矿计画或凿孔机设备、选矿设备、精炼设备或砂金采掘设备之计画时;

四、未经产业部大臣之承认而休止或废止采矿或凿孔机设备、选矿设备、精炼设备或砂金采掘设备之工事时;

五、受采矿中止之命令时。

附则

本则自公布日施行。

第四条及第五条所规定之奖励金呈请书,呈送期限限于康德五年,定为六月末日以前。

文官考试

文官令

(康德五年五月七日敕令第九五号)

《基本法》编参照。

简任文官铨衡委员会官制

（康德五年五月七日敕令第九六号）

朕经咨询参议府，裁可《简任文官铨衡委员会官制》，著即公布。

（国务总理大臣副署）

第一条　简任文官铨衡委员会属于国务总理大臣之监督，掌管关于简任官任用之铨衡事项。

第二条　简任文官铨衡委员会以委员长、副委员长及委员组织之。

认为有必要时，得置临时委员。

第三条　委员长以国务总理大臣充之。

委员长监督职员综理会务。

第四条　副委员长以总务长官充之。

副委员长辅佐委员长。委员长有事故时，代理其职务。

第五条　委员为十二人，就国务院简任官中，依国务总理大臣之奏请任命之。

临时委员依前项之例任命之。

第六条　委员会由委员长招集之。

委员长应至迟于委员会开会日之三日前，将招集及会议事项通知于常任委员及临时委员。但紧急时不在此限。

第七条　委员会置干事一人。

干事就总务厅高等官中，由国务总理大臣任命之。

干事承委员长之命掌理庶务。

附则

本令自《文官令》施行之日施行。

文官考试规程

（康德五年五月七日院令第一二号）

兹制定《文官考试规程》如左。

第一章　采用考试

第一条　采用考试之学术考查依笔试，人物及识见之考查依口试。

非及格于学术考查者,不得应试人物及识见之考察。

第二条 高等官采用考试之学术考查,就左列之必须科目及选择科目行之。

必须科目:

一、基本法;

二、民法;

三、经济学;

四、东洋史;

五、语学;

六、常识。

语学就满语、日语、蒙古语、英语、德语、法语及俄语中应试者之常用语以外者,使预选一种。

选择科目:

一、哲学概论;

二、世界地理;

三、社会学;

四、财政学;

五、经济史;

六、商法;

七、刑法;

八、行政法;

九、民事诉讼法;

十、刑事诉讼法;

十一、国际公法;

十二、国际私法。

选择科目使应试者预选二科目。

第三条 对于及格于国务总理大臣认为与高等官采用考试同等以上之外国文官考试者,免试高等官采用考试之学术考查。

第四条 甲种委任官采用考试之学术考查,就左列科目行之。

一、法制经济大意;

二、国语;

三、数学;

四、东洋史、世界地理；

五、论文；

六、常识。

第五条　乙种委任官采用考试之学术考查，就左列科目行之。

一、国语；

二、数学；

三、东洋史、满洲地理；

四、作文；

五、常识。

第六条　丙种委任官采用考试之学术考查，就左列科目行之。

一、国语；

二、算术；

三、作文；

四、常识。

第七条　除依第二条及第四条至前条规定之科目外，该管考试委员会认为有必要时，得经国务总理大臣之认可，另加科目。

第八条　对于学术考查科目中认为有必要之科目，得由该管考试委员会规定考试问题提出之范围。

第九条　关于法制之科目，得依应试者之声请，以国务总理大臣所定之外国之相当于该科目之科目代之。

第十条　关于法制之科目中，该管考试委员会认为有必要之科目之考试，得向应试者揭示法文行之。

第二章　登格考试

第十一条　登格考试之学术考查依笔试，执务能力之考查依笔试或口试，人物及识见考查依口试。

第十二条　各科高等官登格考试，对于既往之勤务成绩之审查及执务能力之考查，由高等文官考试委员会之各官署分科会行之。

第十三条　凡非既往之勤务成绩优秀且及格于学术及执务能力之考查者，不得应试人物及识见之考查。

第十四条　行政科高等官登格考试之学术考查，就左列之必须科目及选择科目行之。

必须科目：

一、基本法；

二、经济学；

三、东洋史；

四、常识。

选择科目：

一、哲学概论；

二、世界地理；

三、社会学；

四、财政学；

五、经济史；

六、民法；

七、商法；

八、刑法；

九、行政法；

十、国际公法。

选择科目使应试者预选一科目。

第十五条　司法科高等官登格考试之学术考查，就左列之必须科目及选择科目行之。

审判官及检察官考试：

必须科目：

一、基本法；

二、民法；

三、刑法；

四、东洋史；

五、常识。

选择科目：

一、经济学；

二、世界地理；

三、商法；

四、民事诉讼法；

五、刑事诉讼法；

六、国际公法；

七、国际私法。

选择科目使应试者预选二科目。

执行官、书记官、登录官及刑务官考试：

必须科目：

一、基本法；

二、民法；

三、刑法；

四、东洋史；

五、常识。

选择科目：

一、商法；

二、民事诉讼法；

三、刑事诉讼法；

四、不动产登录法；

五、强制执行法；

六、拍卖法；

七、监狱法。

选择科目使应试者预选二科目。

第十六条　行政科甲种委任官登格考试之学术考查，就左列科目行之。

一、法制经济大意；

二、东洋史、世界地理；

三、论文；

四、常识。

第十七条　司法科甲种委任官登格考试之学术考查，就左列科目行之。

执行官考试：

一、民法大意；

二、民事诉讼法大意；

三、强制执行法大意；

四、拍卖法；

五、常识。

书记官考试：

一、民法大意；

二、刑法大意；

三、民事诉讼法大意；

四、刑事诉讼法大意；

五、常识。

登录官考试：

一、民法大意；

二、不动产登录法；

三、工场抵押法；

四、常识。

刑务官考试：

一、刑法大意；

二、刑事诉讼法大意；

三、监狱法；

四、常识。

第十八条　除依第十四条至前条规定之科目外,该管考试委员会认为有必要时,得经国务总理大臣之认可,另加科目。

第十九条　行政科乙种委任官登格考试之学术考察,就左列科目行之。

一、国语；

二、东洋史、满洲地理；

三、作文；

四、常识。

第二十条　关于司法科乙种委任官登格考试之学术考查科目,准用第十七条之规定。

第二十一条　第八条及第十条之规定,于登格考试准用之。

第三章　适格考试

第二十二条　适格考试之执务能力及语学之考查依笔试或口试,人物及职见之考查依口试。

第二十三条　各科高等官适格考试,对于既往之勤务成绩之审查及执务能力之考查,由高等文官考试委员会之各官署分科会行之。

第二十四条　凡非既往之勤务成绩优秀且及格于语学及执务能力之考查者，不得应试人物及职见之考查。

第二十五条　适格考试之语学，委满语、日语、蒙古语及俄语中应试者之常用语以外者，使预选一种。

对于及格于语学检定考试三等以上者，免试适格考试之语学考查。

第四章　应试手续

第二十六条　凡欲应试采用考试者，应于应试愿书（第一号书式之一）添附左列书类，提出于该管考试委员长。

一、足资证明《文官令》第三十九条或第四十五条所定资格之书类；

二、本人亲笔之履历书（第二号书式）；

三、家族关书（第三号书式）；

四、健康诊断书（第四号书式，学校医或官公立医院所证明者）；

五、像片一张（须为愿书提出前一年以内所摄之上半身、脱帽、正面之四寸像片，而背面自署摄影年月日、生年月日及姓名者）；

对于国民高等学校以上之学校毕业者或于采用前有毕业希望者，除前项外，应添附最终学校长之人物考查书（第五号书式）及毕业成绩表。

对于由国务总理大臣所指定之机关推荐者，除前二项外，应添附该管机关之长之人物考查书（第五号书式）。

对于采用前有毕业希望者，无须添附第一项第一款之书类。

第二十七条　凡欲应试适格考试和登格考试者，应于应试愿书（第一号书式之二或三）添附前条第一项第二款及第五款所定之书类，提出于该管考试委员长。

第二十八条　应试愿书应载明考试之分科、等级及其他所定事项。

第五章　规则

第二十九条　应试者如于考试当日开试之时刻前未出席，或于考试中途休止时，不得应其考试。

第三十条　应试者应遵守考试委员长之告示及其他考试委员之指示。

第三十一条　文官考试之愿书提出期限、考试施行之期日及考试地，预以政府公报公告之。

第三十二条　文官考试及格者之姓名，以政府公报公告之。

第三十三条　对于适格考试及登格考试及格者,各发给及格证书。

第三十四条　应试愿书及其添附书类概不发还。但证书或证明书,因请求发送之。

第三十五条　关于文官考试,除本令规定者外,有必要之事项,由该管考试委员会定之。

附则

本规程自《文官令》施行之日施行。

关于文官特别考试之件

（康德五年九月二十二日院令第三〇号）

兹将《关于文官特别考试之件》制定如左。

第一条　行政科高等官特别登格考试之学术考查,就左列之必须科目及选择科目行之。

必须科目：

一、基本法

二、语学

三、常识

选择科目：

一、哲学概论

二、东洋史

三、世界地理

四、社会学

五、财政学

六、经济学

七、经济史

八、民法

九、商法

十、刑法

十一、行政法

十二、国际公法

选择科目使应试者预选一科目。

第二条　司法科高等官特别登格考试之学术考查,就左列之必须科目及选择科目行之。

审判官及检察官考试:

必须科目:

一、基本法;

二、民法或刑法;

三、语学;

四、常识。

选择科目:

一、经济学;

二、东洋史;

三、世界地理;

四、民法(限于未为必须科目应试时);

五、商法;

六、刑法(限于未为必须科目应试时);

七、民事诉讼法;

八、刑事诉讼法;

九、国际公法;

十、国际私法。

选择科目使应试者预选一科目。

执行官、书记官、登录官及刑务官考试:

必须科目:

一、基本法;

二、民法或刑法;

三、语学;

四、常识。

选择科目:

一、东洋史;

二、民法(限于未为必须科目应试时);

三、商法;

四、刑法(限于未为必须科目应试时);

五、民事诉讼法;

六、刑事诉讼法；

七、不动产登录法；

八、强制执行法；

九、监狱法。

选择科目使应试者预选一科目。

第三条　行政科甲种委任官特别登格考试之学术考查,就左列科目行之。

一、法制经济大意；

二、语学；

三、常识。

第四条　司法科甲种委任官特别登格考试之学术考查,就左列科目行之。

执行官考试：

一、民法大意；

二、强制执行法大意；

三、语学；

四、常识。

书记官考试：

一、民法大意或刑法大意；

二、民事诉讼法大意或刑事诉讼法大意；

三、语学；

四、常识。

登录官考试：

一、民法大意；

二、不动产登录法；

三、语学；

四、常识。

刑务官考试：

一、刑法大意；

二、监狱法；

三、语学；

四、常识。

第五条　行政科乙种委任官特别登格考试之学术考查，就左列科目行之。

一、作文；

二、语学；

三、常识。

第六条　对于司法科乙种委任官特别登格考试之学术考查科目，准用第四条之规定。

第七条　特别登格考试之语学，就满语、日语、蒙古语及俄语中除应试者之常用语以外者，使预选一种。

前项语学之考查，依笔试或口试。

第八条　对于特别适格考试及特别登格考试之语学考查之成绩判定，得加以斟酌。

第九条　对于特别适格考试及特别登格考试之施行，除前各条所定者外，依文官考试规程中关于适格考试及登格考试之规定。

附则

本令自《文官令》施行之日施行。

文官考试委员会官制

（康德五年五月七日敕令第九七号）

修正　康德六年二月敕令第一三号

朕经咨询参议府，裁可《文官考试委员会官制》，著即公布。

（国务总理大臣副署）

第一章　总则

第一条　文官考试委员会属于国务总理大臣之监督，分为高等文官考试委员会及委任文官考试委员会。

第二条　高等文官考试委员会掌管关于高等官考试事项，委任文官考试委员会掌管关于委任官考试事项。

第二章　高等文官考试委员会

第三条　高等文官考试委员会以委员长及委员组织之。

认为有必要时，得置临时委员。

第四条　为掌高等官适格考试及登格考试之勤务成绩之审查及执

务能力之考查,于国务院各部及其他认为有必要之官署,置高等文官考试委员会分科会。

前项之分科会,以就该管官署高等官中被任命之委员及临时委员组织之。

第五条　委员长以总务长官充之。

委员长监督职员综理会务。

委员长有事故时,由总务厅次长代理其职务。

第六条　常任委员为十五人,除以总务厅次长、司法部次长及总务厅人事处长充任外,并就国务院高等官中,依国务总理大臣之奏请任命之。

常任委员掌委员会之事务。(康六·第一二三号本条中修正)

第七条　临时委员就高等官或有学识经验者中,依国务总理大臣之奏请任命或委嘱之。

临时委员掌考试事宜。

第八条　委员会由委员长招集之。

委员长应至迟于委员会开会日之三日前,将招集及会议事项通知于常任委员及临时委员。但紧急时不在此限。

第九条　委员会置干事三人。

干事就总务厅及司法部高等官中,由国务总理大臣任命之。

干事承委员长之命掌理庶务。

第十条　委员会置书记五人以内。

书记就总务厅及司法部委任官中,由国务总理大臣任命之。

书记承上司之命办理庶务。

第三章　委任文官考试委员会

第十一条　委任文官考试委员会,于官制上有专行委任官之进退及赏罚权限之官署置之。

有特别事由时,国务院总务厅委任文官考试委员会得代其他考试委员会执行委任官考试。

第十二条　委任文官考试委员会掌管关于甲种、乙种及丙种委任官考试事项。但地方官署之委任文官考试委员会,掌管关于乙种及丙种委任官考试事项。

第十三条　各委员会以委员长及委员组织之。

第十四条　委员长以该管官署长充之。但在国务院总务厅及国务院各部，则以次长；在参议府，则以参议府秘书局长充之。

委员长监督职员综理会务。

委员长有事故时，由资深委员代理其职务。

第十五条　各委员会委员中之一人，就总务厅高等官中其他委员，就该管官署高等官中，由国务总理大臣任命之。

认为有必要时，得以上级官署高等官充任下级官署之委员。

委员掌委员会之事务。

第十六条　第八条之规定，于委任文官考试委员会准用之。

第十七条　各委员会置书记二人以内。书记就该管官署委任官中，由委员长任命之。

书记承上司之命办理庶务。

附则

本令自《文官令》施行之日施行。

附则（康德六年二月九日敕令第一三号）

本令自公布日施行。

关于依《文官令》第一百十八条规定之现职者之特例之件

（康德五年九月二十二日敕令第二三二号）

朕经咨询参议府，裁可《关于依〈文官令〉第一百〈一〉十八条规定之现职者之特例之件》，著即公布。

（国务总理、治安部、民生部、司法部、产业部、经济部大臣代理［经济部次长］、交通部大臣副署）

第一条　《文官令》施行之际，现为荐任行政官或荐任司法官者，依其人物、能力、勤务成绩及履历，得视为及格于行政科或司法科高等官适格考试者。

前项之规定，对于已得以任用为行政官或司法官者，而因官之情形于《文官令》施行之际现为荐任技术官或荐任教官者，准用之。

第二条　《文官令》施行之际，现毕业于大同学院第一部而为委任官、委任待遇官吏或雇员者之全员，及毕业于大同学院第二部而为委任官、委任待遇官吏或雇员者之中，由国务总理大臣认为成绩特别优秀者，其可为行政官或司法官者，视为及格于高等官采用考试者；其可为技术官者，视为经高等文官考试委员会之铨衡者，任用为高等官试补。

第三条　《文官令》施行之际现为学习法官者，视为及格于高等官采用考试者，任用为高等官试补。

第四条　及格于国务总理大臣认为与高等官采用考试同等以上之外国文官考试，于《文官令》施行之际现为委任官、委任待遇官吏或雇员者，其可为行政官或司法官者，得视为及格于高等官采用考试者，任用为高等官试补。

第五条　《文官令》施行之际，现于大同学院第一部在学中之委任官，其可为行政官或司法官者，视为及格于高等官采用考试者，任用为高等官试补；其可为技术官者，视为经高等文官考试委员会之铨衡者，任用为高等官试补。

第六条　已被许可入学于大同学院第一部，而于《文官令》施行之际现对于入学延期中者，于其事由终止时，准于前条之规定，任用为高等官试补。但被取消入学许可者，不在此限。

第七条　及格于《文官令》施行前所施行之高等官采用考试或司法考试或经荐任技术官采用之铨衡者，视为及格于依《文官令》之高等官采用考试或经铨衡者，任用为高等官试补。

第八条　《文官令》施行之际现于司法部法学校在学中者，而于《文官令》施行后毕业者，得视为及格于高等官采用考试者，任用为高等官试补。

第九条　《文官令》施行之际，现为委任行政官或委任司法官者，依其人物、能力、勤务成绩及履历，视为及格于行政科或司法科之甲种或乙种委任官适格考试者。但本属长官认为有特别事由者，得视为及格于行政科或司法科之丙种委任官适格考试者。

前项之规定，对于已得以任用为行政官或司法官者，而因官之情形于《文官令》施行之际现为委任技术官或委任教官者，准用之。

第十条　《文官令》施行之际现为委任待遇官吏者，其可为行政官或司法官者，依其人物、能力、勤务成绩及履历，视为及格于行政科或司法科之甲种、乙种或丙种委任官适格考试者，任用为委任行政官或委任司法官；其可为技术官或教官者，视为经委任文官考试委员会之铨衡者,任用为委任技术官或委任教官。但本属长官认为有特别事由者,其可为行政官或司法官者,视为及格于行政科或司法科之甲种、乙种或丙种委任官采用考试者;其可为技术官者,视为经委任文官考试委员会之铨衡者,均得任用为委任官试补。

第十一条　及格于《文官令》施行前所施行之执行官考试或书记官考试者,得视为及格于甲种委任官采用考试者,任用为委任官试补。

第十二条　及格于《文官令》施行前各官署所施行正规之职员采用考试或经铨衡者,得视为及格于依《文官令》之委任官采用考试或经铨衡者,任用为委任官试补。

第十三条　《文官令》施行之际现为事务雇员者,依其人物、能力、勤务成绩及履历,视为及格于甲种、乙种或丙种委任官采用考试者;现为技术雇员者,视为经委任文官考试委员会之铨衡者,均得任用为委任官试补。但于铨衡上认为有特别事由时,其为事务雇员者,视为及格于甲种、乙种或丙种委任官适格考试者;其为技术雇员者,视为经委任文官考试委员会之铨衡者,均得任用为委任官。

第十四条　《文官令》施行之际,现因官之情形未经任命而在职者,或为非文官之官公立学校教职员者,得经高等文官考试委员会或委任文官考试委员会之铨衡,任用为荐任官或委任官之行政官、司法官或教官。

第十五条　《文官令》施行之际,现为荐任官者而尚未依第一条之规定被视为高等官适格考试及格人者,及依第二条至第四条之规定被任用为高等官试补者,不拘其在职年数,以三回为限,得应行政科或司法科高等官特别适格考试。

依第十条但书或第十三条之规定被任用为委任官试补者,不拘其在职年数,以三回为限,得应委任官特别适格考试。

及格于特别适格考试者,视为及格于依《文官令》之适格考试者。

第十六条　依第九条或第十条之规定被视为甲种、乙种或丙种委任官适格考试及格人之委任官,不拘其在职年数及年龄,以三回为限,得应高等官特别登格考试或甲种或乙种委任官特别登格考试。

及格于特别登格考试者,视为及格于依《文官令》之登格考试者。

第十七条　本属长官认为有必要时,对于有应特别适格考试或特别登格考试之资格者,得命应试。

第十八条　特别适格考试及特别登格考试,于《文官令》施行后五年间,每年施行一回。但为本属长官认为有特别事由者,虽于《文官令》施行五年后,亦得特别施行特别适格考试或特别登格考试。

特别适格考试及特别登格考试,由文官考试委员会行之。

第十九条　关于特别适格考试及特别登格考试之施行所必要之事项,由国务总理大臣定之。

第二十条　对于依第二十三条之规定新被叙为荐任官一等者,《文官令》第五十五条、第六十二条及第七十三条所定以荐任官一等在职之年数,自依从前之规定被叙为荐任官二等之时起算而计算之。

于权衡上有特别事由者,不拘《文官令》第五十五条、第六十二条及第七十三条所定以荐任官一等在职之年数,得任用为简任官。

第二十一条　对于依第七条或第九条之规定被视为甲种委任官适格考试及格人者,《文官令》第六十六条及第七十四条所定之在职年数,自被任用为委任官之时起算而计算之。

于权衡上有特别事由者,不拘《文官令》第六十六条及第七十四条所定之委任官在职年数,得任用为荐任官。

第二十二条　对于《文官令》施行之际,现为委任官或委任待遇官吏者,而依第二条至第四条之规定被任用为高等官试补者,《文官令》第七十五条所定之在职年数,自被任用为委任官或委任待遇官吏之时起算而计算之。

第二十三条　《文官令》施行之际,现有左表上栏官等之荐任官,为不另受任命状或指叙令而被叙为各该相当下栏之官等者。

八等	七等	六等	五等	四等	三等	二等	一等
三等	三等	三等	三等	二等	二等	一等	一等

第二十四条　对于《文官令》施行之际现为高等官者,《文官令》第八十一条及第八十三条所定之在职年数,自左列各款之一所揭之时起算而计算之。

一、对于《文官令》施行之际现为简任官者,则为初被任用为简任官之时;

二、对于依前条之规定新被叙为荐任官二等者,则为依从前之规定被叙为荐任官四等之时;

三、对于依前条之规定新被叙为荐任官三等者,而依从前之规定在荐任官五等或六等者,则为被叙为荐任官六等之时;

四、对于依前条之规定新被叙为荐任官三等者,而依从前之规定在荐任官七等或八等者,则为本令施行之时对于权衡上有特别事由者,不拘其在职年数得另定官等。

第二十五条　对于《文官令》施行之际现为技术官及教官者,依其人物、能力、勤务成绩及履历,其荐任官,则支给文官给与令另表第三表第一号或第二号之俸给;其委任官,则支给文官给与令另表第四表第一号、第二号或第三号之俸给。

第二十六条　对于《文官令》施行之际,现受支给另表上栏俸给之文官而不另受任命状或指叙令者,支给各该相当下栏之俸给。

第二十七条　伴随文官给与令之施行所改订之俸给,加以职务津贴之全额及冬季津贴之半额之合计额,较减于旧俸给加以依康德元年敕令第九十一号《关于发给特别津贴之件》第一条规定之特别津贴之合计额时,支给相当于减少额之补偿津贴。

补偿津贴额每于增俸或于职务津贴或冬季津贴之额有变动,准于前项之规定算定后支给之。但补偿津贴额之中,因职务津贴全额及冬季津贴半额之合计额较减于《文官令》施行当时之该合计额而发生之金额,限于《文官令》施行后二年支给之。

关于补偿津贴之支给,依支给俸给之例。

第二十八条　前条之规定,对于《文官令》施行之际现为非文官之职员,而伴随本令之施行新被任用为文官者,准用之。

第二十九条　对于《文官令》施行之际现在职者而认为有必要者,得支给未满文官给与令另表第四表各号最低级俸之额之俸给。

第三十条　《文官令》施行之际现于服丧中者,至依从前之规定为服丧所与之休假满了为止服丧。

第三十一条　对于《文官令》施行之际现在职者,不拘《文官令》第九十条第一项之规定,依从前之规定至康德五年十二月末日为止,与以相当于在《文官令》施行后应与之特定休假日数之特别赐假。

附则

本令自《文官令》施行之日施行。

关于依《文官令》之指定认定等之件

（康德五年九月二十二日院令第三一号）

兹将《关于依〈文官令〉之指定认定等之件》制定如左。

第一条　有左列各款情形之一者，认定为有《文官令》第三十九条第一项第一款之学力者。

一、建国大学、大学或师道高等学校毕业者或于任用以前有毕业之希望者；

二、建国大学前期修了者或于任用以前有修了之希望者；

三、日本之高等专门学校以上之学校毕业者或于任用以前有毕业之希望者；

四、日本之高等考试之本格考试或预备考试及格者；

五、于日本被检定有高等专门学校毕业程度以上之学力者。

第二条　依《文官令》第三十九条第二项规定之高等官采用考试应试者之年龄，于任用预定年度之四月末日现在为未满二十六岁者。但对于在前条第一款至第三款所规定之学校有毕业或修了之希望者，为未满三十岁者。

第三条　有左列各款情形之一者，认定为有《文官令》第四十五条第一款之学力者。

一、国民高等学校或女子国民高等学校毕业者或于任用以前有毕业之希望者；

二、民生部大臣认为与国民高等学校或女子国民高等学校同等以上之学校毕业者或于任用以前有毕业之希望者；

三、女子国民高等学校及国民高等学校毕业程度学力检定及格者；

四、日本之中等学校以上之学校毕业者或于任用以前有毕业之希望者；

五、日本之普通考试及认为与此同等以上之文官任用资格考试及格者；

六、日本之高等学校高等科入学资格考试、专门学校入学者检定考试或实业学校毕业程度检定考试及格者。

第四条　依《文官令》第四十六条规定之甲种、乙种或丙种委任官采用考试应试者之年龄，于任用预定年度之四月末日现在为满十六岁以上、未满二十六岁者。但本属长官认为有必要时，得经国务总理大臣之认可变更之。

第五条　满洲帝国协和会指定为《文官令》第三十九条第一项第二款及第四十五条第二款之推认机关。

第六条　《文官令》第五十八条所规定之地方官署长指定如左。

一、省长；

二、新京特别市长；

三、市、县、旗长；

四、街长。

第七条　《文官令》第八十条第二项所规定之机关指定如左。

一、满洲帝国协和会；

二、特殊会社或准此之法人。

第八条　官制上有专行委任官之进退及赏罚权限之官署长，指定为依《文官令》第一百十三条第四项规定之官署长。

附则

本令自《文官令》施行之日施行。

《文官令》施行前于高等师范学校、高等农业学校、高等工业学校、新京医学校、哈尔滨医学专门学校、奉天医科专门学校、哈尔滨法学院、圣乌拉吉米尔专门学校或俄文师范专科学校毕业者，认定为有与第一条第一款所规定者同一之学力者。

关于依《文官令》考试规程之认定及指定之件

（康德六年五月二十六日院令第二四号）

兹将《关于依〈文官令〉考试规程之认定及指定之件》制定如左。

第一条　日本之高等考试本格考试对于文官考试规程第三条之适用，认定为与高等官采用考试同等者。

第二条　文官考试规程第九条所规定之外国，指定日本。

附则

本令自公布日施行。

文官考试问题集

关于康德六年度行政科高等官特别登格
考试学术考查问题之件

康德六年度行政科高等官特别登格考试学术考查之必须科目基本法及选择科目之各学科目，于学术考查当日，由左开问题中适宜出题。

计开：

（一）必须科目

基本法：

一、论皇帝之大权；

一、说明地位继承之范围及顺位；

一、论参议府之国法上之地位；

一、论国务总理大臣之地位并说明其与各部大臣之关系；

一、论人权保障与其制限；

一、《组织法》第二十四条试解说之，对其第二项特别说明其立法上之理由；

一、三权分立说试论评之；

一、法律与命令之关系试说明之。

（二）选择科目

哲学概论：

一、特殊与一般之关系；

一、何为抽象；

一、直观可能之条件；

一、指导者何故须有哲学的教养；

一、时间空间之内省；

一、"哲学的"与"科学的"之异同；

一、内界与外界之境；

一、父母与子女间之爱之本质；

一、人间何故称为小宇宙；

一、人格之扩大（自己之扩延）。

东洋史：

一、略述尼布楚条约之始末；

一、略述日俄战争之原因及结果；

一、略述鸦片战争之原因；

一、略述高句丽之兴亡；

一、略述孔孟之德治主义。

世界地理：

一、关于与满洲帝国有外交关系之诸国之政治地理，试就所知略述之；

一、满洲国与邻国之交通之现状并国内交通干线于世界交通上之地位；

一、沿海州；

一、试述满洲国与以主要同纬度国之气候为中心之自然地理之异同并记其原因；

一、居住于满洲帝国内之诸民族于世界之分布状态；

一、满洲国之产业于世界之地位；

一、列举亚细亚之独立国并记述对此所及之白人势力之现状。

社会学：

一、文化之高低优劣以何为标准；

一、国民与民族之区别为何；

一、群众（众团）心理之现象与宣传之效果；

一、满洲国之舆论及显现之方法；

一、满洲现在之社会层（阶级）；

一、试问制服之社会的意义；

一、在满洲（或蒙古）宗教之社会的势力；

一、试列举规定国民性之诸条件并附加简单之说明；

一、何为民心把握之力量。

财政学：

一、论康德六年度预算之特征；

一、通观我国国税及地方税，论农民负担之现状；

一、论我国保税制度之意义及效用；

一、论鸦片专卖制度之真义；

一、论投资特别会计。

经济学：

一、论评管理通货；

一、论现代联合经济；

一、论评满洲产业五年计画；

一、论评协同组合之本质；

一、论评国际投资之理论；

一、论国际收支改善之方策；

一、论在战时经济下储蓄运动之意义；

一、论平时经济对策与战时经济对策之异同；

一、论物价膨落之原因并论及统制经济下之物价对策；

一、论评满洲国特殊会社制度。

经济史：

一、试比较蒙古之土地制度与日本或西洋之经济史上之类似之制度；

一、试以经济发达段阶说为中心观察满洲帝国内居住之诸民族之支配的经济形态；

一、试简单比较日俄战争以后之满洲之经济之发达与亚米利加合众国建国以后之经济之发达；

一、试述明治维新以后之日本经济政策之概略并论及建国以后之满洲经济政策；

一、防谷令；

一、满洲帝国之币制统一与蒋介石政权之币制统一；

一、在满洲国及中国有无与日本之座或西洋中世之同职组合相类似之制度。

民法：

一、行为能力试说明之；

一、无权代理人所为法律行为之效力试说明之；

一、法律行为之取消原因及其效果试说明之；

一、将各种担保物权之特质比较试说明其异同；

一、债务人之迟滞试说明之；

一、保证债务之性质及效力试说明之；

一、试论以代替物清偿之性质；

一、契约解除之效力试说明之；

一、因不履行债务之损害赔偿与因不法行为之损害赔偿试比较论述之；

一、试论权利之滥用。

商法：

一、论述营业转让；

一、论董事之责任；

一、论票据行为之独立性；

一、论运送人之责任；

一、论船长之责任。

刑法：

一、说明刑法第八条之意义；

一、正当防卫与紧急避难之区别如何；

一、明示关于共犯之主观说与客观说适用上之相异点；

一、说明未遂犯；

一、说明放火罪；

一、关于伪证罪；

一、强盗罪与恐吓罪之区别。

行政法：

一、论官吏之义务；

一、论我国地方制度；

一、论行政监督；

一、论地方团体之机能；

一、论行政法上之强制手段；

一、论我国地方税制；

一、论警察权之界限；

一、论街村行政之综合的运营；

一、协和会之活动于地方行政上之意义；

一、行政官厅之组织及权限；

一、国际公法；

一、论国际公法之拘束力；

一、论国家之自卫权；

一、论国际河川之性质；

一、论外交官及领事官之特权；

一、试以日满两国之各立场构成九国条约否认之理论；

一、论一国家之对外义务与由此分离独立之国家之关系；

一、试概说中立国之权利义务。

关于康德六年度司法科高等官（执行官、书记官、登录官、刑务官）特别登格考试学术考查问题之件

对于康德六年度司法科高等官（执行官、书记官、登录官、刑务官）特别登格考试学术考查之各科目（除语学及常识），于学术考查当日，由左开问题中适宜出题之。

左开：

基本法：

一、说明《组织法》第二条；

二、论述参议府之职能；

三、论评三权分立主义；

四、论述各部大臣之国法上之地位及权限；

五、论评《人权保障法》第二条；

六、论述国务院总务长官之国法之上地位；

七、论述制定法令之手续；

八、论述官吏任命权。

民法：

一、说明《民法》第二条；

二、说明关于保护土地使用权之民法规定；

三、说明赔偿损害请求权之发生原因；

四、说明债权之消灭原因；

五、说明不动产登录之效力；

六、说明留置权之效力；

七、说明民法之取消之意义及效力；

八、说明民法之债权保护规定。

刑法：

一、刑法之效力；

二、犯罪之意义并犯罪行为；

三、刑罚之适用；

四、渎职罪；

五、伪证及证凭湮灭之罪；

六、竞合犯及连续罪；

七、共犯；

八、未遂罪；

九、强盗之罪及恐吓之罪。

东洋史：

一、清朝（康熙、乾隆）之对蒙古政策；

二、支那之外国租界之由来；

三、鸦片战争；

四、回教及回教乱之始末；

五、三教（儒、释、道）之历史的考察。

商法：

一、论述经理、代理商及居间人之差异；

二、论述转换社债；

三、论株券让与人之责任；

四、论述票据之伪造及变造；

五、论述票据保证；

六、论述商号权；

七、论述关于设立株式会社发起人之责任；

八、说明关于票据之连续背书。

民事诉讼法：

一、说明当事人之参加（《民诉》第六十九条）；

二、论辩论主义及口头主义；

三、当事人能力、诉讼能力及当事人适格之意义如何；

四、驻扎满洲国之某外国公使乘该使馆用汽车行驶中，因雇用之满人司机人之过失致外国人某负伤，该外国人某以右公使为对方向我国法院提起赔偿损害之诉，对于右项事件我国法院有无裁判权。

五、康德六年二月一日之第一次言词辩论期日，双方当事人皆不出庭。同年三月十日之第二次言词辩论期日，虽双方当事人出庭辩论，但同年四月二十日之第三次言词辩论期日，双方当事人又不出庭。至同年五月十日言词辩论期日，双方当事人出庭辩论，法院乃终局言词辩论。同年五月十七日谕知原告胜诉之判决，然而被告对此于同月二十日提起控诉，请求撤消第一审判决，为驳回被控诉人之请求之判决。此时控诉审法院应如何措置乎？

六、简单说明左列事项。

(1)质问权；

(2)中间确认之诉；

(3)应诉管辖。

七、共同诉讼在如何场合为必要乎？而其效果如何。

八、甲对乙以有五千圆之债权而行督促，乙因对甲不曾负担此种债务，向法院提起确认债务不存在之诉。此种场合，乙应立证债务不存在乎？

再，乙于甲主张之债务虽曾负担，但以业已还清现不存在为理由，请求确认不存在时，其立证责任如何。

九、论撤回裁判上之自认。

十、甲对乙提起请求贷款之诉而裁判上成立和解，然而甲以右项和解系因乙之强迫而成立将其取消为理由，更向法院请求将贷款事件继续审理而为指定期日。此时法院应如何措置乎？

刑事诉讼法：

一、说明我刑事诉讼法之特征；

二、论合法主义与便宜主义；

三、说明现行犯；

四、说明被告人地位；

五、说明于公判终局裁判之种类；

六、论检察官一体之原则；

七、说明牵连事件之管辖；

八、说明辩护人之权限；

九、说明证人之义务；

十、说明告诉；

十一、说明拘禁之原由。

不动产登录法：

一、先论于不动产登录法之国家补偿，再论及登录官之审查权；

二、说明告知登录；

三、说明异议之登录；

四、先论不动产登录制度之意义，再论及与不动产登记制度之异同；

五、说明有以登录官所为之处分为不当之人声明异议时登录官应采取之手续；

六、说明嘱托登录；

七、先论却下声请登录，再论及与撤回之异同；

八、说明关于河川基地之登录手续；

九、说明不以一定金额为目的担保债权之抵押权设定登录；

十、说明关于登录原因须要第三者之许可、同意或承诺之场合。

强制执行法：

一、执行权论；

二、说明债务名义（执行名义）；

三、论述执行认可；

四、对于不当强制执行之救济方法如何；

五、说明强制执行之种类；

六、说明配当手续之概略；

七、说明对于票据其他得以背书而移转证券债权之强制执行之概略；

八、论述于强制执行之事件之合并。

监狱法：

甲、乙两类中各出一问题

（甲类）

一、论我国之行刑指导精神；

一、论行刑教化之目的；

一、论行刑密行主义；

一、述未决拘禁之特质而论其处遇；

一、论保护在留。

（乙类）

一、论戒护之意义及目的；

一、论监狱作业之企业形态；

一、论监狱之自给自足主义；

一、论行刑上保健之地位；

一、论作业赏与金。

关于康德六年度司法科高等官（可为审判官、检察官者）特别登格考试学术考查问题之件

康德六年度司法科高等官（可为审判官、检察官者）特别登格考试学术考查问题中，对于经济学、东洋史、世界地理三科目，该日由左记问题中适宜选出之。

经济学问题：

一、说明总动员之目的及态样；

二、论中央银行之职能；

三、试述对于通货概念之变迁；

四、论战时物价之趋向与其对策；

五、试述汇兑行市、贸易及国内物价互相间之关联；

六、论生产之要件及其增加之方策。

东洋史问题：

一、鸦片战争；

二、《瑷珲条约》之由来；

三、义和团事变；

四、孔子教（儒教）之特色；

五、回教及其传来中国。

世界地理问题：

一、试举满洲国内之住民而述其各民族分布于世界之状态；

二、略述于围绕中华民国诸国之欧美势力之浸润；

三、列记太平洋诸国而略记其与满洲国之关系；

四、略述东部西伯利亚之资源与产业；

五、试就满洲国之国际河川述其所知者；

六、略述波兰诸邻国之主要民族；

七、试举满洲国与亚美利加合众国之类似点与相违点；

八、就满洲国之农业略述其所知者；

九、试由地理上比较北满与南满；

十、就满洲国与欧罗巴之交通路略述之。